insel taschenbuch

1000

Deutsche Gedichte und ihre Interpretationen

1000
Deutsche Gedichte und ihre Interpretationen

Herausgegeben
von Marcel Reich-Ranicki

Vierter Band

Von
Heinrich Heine
bis
Friedrich Nietzsche

Insel Verlag

Erste Auflage 1994

Quellenhinweise am Schluß des Bandes
Druck: Freiburger Graphische Betriebe, Freiburg
Printed in Germany

Von Heinrich Heine
bis Friedrich Nietzsche

INHALT

HEINRICH HEINE
AN DIE JUNGEN

Laß dich nicht kirren, laß dich nicht wirren
Durch goldne Äpfel in deinem Lauf!
Die Schwerter klirren, die Pfeile schwirren,
Doch halten sie nicht den Helden auf.

Ein kühnes Beginnen ist halbes Gewinnen,
Ein Alexander erbeutet die Welt!
Kein langes Besinnen! die Königinnen
Erwarten schon kniend den Sieger im Zelt.

Wir wagen, wir werben! besteigen als Erben
Des alten Darius Bett und Thron.
O süßes Verderben! o blühendes Sterben!
Berauschter Triumphtod zu Babylon!

WERNER ROSS
DER BITTERE GESCHMACK DES TRIUMPHS

Dieses Gedicht ist nicht im Heineton, in einem der Heinetöne, geschrieben. Es stößt stürmisch vor, fanfarenschmetternd, die End- und Binnenreime wirken wie schnelles rhythmisches Beifallklatschen. Furios und glorios wird zur Welteroberung geschritten, und zur Welt als einem eher unverdaulichen Objekt gesellen sich die Frauen, nichts Geringeres als Königinnen, gleich mehrere, kniend, wie sich's gehört. Krieg wird noch auf altertümliche Weise geführt, mit Schwert und Pfeil, und es gibt einen wirklichen Helden, der heißt Alexander und hat tatsächlich mit dreißig ein gewaltiges Stück Welt im Sturm genommen.

Aber Heine meint nicht Alexander. Das Gedicht ist ein Aufruf zu frischer Eroberungstat, es ist ja überschrieben »An die Jungen«. In der ersten Strophe ist es an einen einzelnen gerichtet, den neuen Alexander offenbar, in der dritten spricht eine Mehrzahl, die Schar, die mit dem Eroberer die Beute teilt.

Wir ahnen, wer der Held ist, der da so siegessicher vorprescht. Heine war alt, krank und müde, als er dieses Gedicht schrieb. Es erschien zuerst 1847 und wurde dann in den »Romanzero« aufgenommen, in das zweite Buch, das »Lamentationen« betitelt und also keineswegs für Triumphgesänge geeignet ist.

Im Jahr 1846 war Ferdinand Lassal, der sich alsbald in Lassalle umbenannte, nach Paris gekommen und hatte mit

Heine Freundschaft geschlossen. Lassalle hatte Hegel gelesen und seinem Vater mitgeteilt, daß er sich nun in seiner dritten Phase befinde, die ihn zur sich selbst erfassenden Vernunft, »d.h. zum selbstbewußten Gott« gemacht habe. Heine bewunderte den jungen Mann, er sah in ihm den Vertreter eines neuen Zeitalters, das »nichts von jener Entsagung und Bescheidenheit wissen will, womit wir uns mehr oder weniger heuchlerisch in unserer Zeit hindurchgelungert und hindurchgefaselt ...«

Lassalle war der Sieger und machte kein Hehl daraus. Er, der Itzig (so nannte ihn Karl Marx), hatte die Gräfin Hatzfeldt, eine Dame aus fürstlichem Geblüt, erobert, beinahe eine Königin. Als er später in vollbesetzten Sälen für seine Partei agitierte, meinte er, »so müsse es bei der Stiftung neuer Religionen ausgesehen haben«. Die Freundschaft zerschlug sich bald, denn Lassalle erwartete von Heine Vasallendienste.

Wenn das Gedicht ihn meint (vielleicht auch noch Karl Marx, der es ja auch nicht unter hohem Adel tat), dann ist dieser lyrische Siegeslauf mit Bitterkeit unterlegt. Heine, der Emigrant, Heine, der Trommler ohne Armee, Heine, der zu Tode Verwundete – und an ihm vorbei marschieren nun die Bataillone der neuen Zeit, an ihrer Spitze der junge Jude aus Breslau, dem der Vater das Geld nachwirft, der rauschende Champagner-Soireen veranstaltet. Darum ist dieses Heldenlied ganz auf die Schlußpointe hin angelegt, die im gleichen Rhythmus, als ginge es mit dem Siegen immer so weiter, mit den gleichen gleißenden Vokabeln, mit »süß« und »blühend«, den Sturz, das Ende beschreibt: »Berauschter Triumphtod zu Babylon!«

Heine kann nicht umhin, sich und die anderen an jene Ballade zu erinnern, die er schon mit sechzehn, den Klang der

Synagogengesänge noch im Ohr, gedichtet hatte, von dem gotteslästerlichen König Belsazar. In den Rausch der Sieger-Überheblichkeit tritt unbemerkt und unvermittelt der Tod. Heine hat aus Triumph und Tod *ein* Wort gemacht. Wenn er Lassalle meint: Was für eine Prophezeiung! Was für ein genauer Bezug zur angemaßten Göttlichkeit! Heine konnte nicht mehr erfahren, daß Lassalle mit neununddreißig starb, nicht sehr viel älter als Alexander, im Duell für eine seiner adligen Damen.

Zur Zeit der Freundschaftsblüte schrieb Heine an Lassalle: »Wohl haben Sie das Recht, frech zu sein ... In Vergleichung mit Ihnen bin ich doch nur eine bescheidene Fliege.« Aber diese Fliege summt noch immer; Lassalle mit zwölf Bänden gesammelter Schriften und Reden ist ziemlich tot.

HEINRICH HEINE
AN EINEN EHEMALIGEN GOETHEANER
(1832)

Hast du wirklich dich erhoben
Aus dem müßig kalten Dunstkreis,
Womit einst der kluge Kunstgreis
Dich von Weimar aus umwoben?

Gnügt dir nicht mehr die Bekanntschaft
Seiner Klärchen, seiner Gretchen?
Fliehst du Serlos keusche Mädchen
Und Ottiliens Wahlverwandtschaft?

Nur Germanien willst du dienen,
Und mit Mignon ists vorbei heut,
Und du strebst nach größrer Freiheit
Als du fandest bei Philinen?

Für des Volkes Oberhoheit
Lünebürgertümlich kämpfst du,
Und mit kühnen Worten dämpfst du
Der Despoten Bundesroheit!

In der Fern hör ich mit Freude,
Wie man voll von deinem Lob ist,
Und wie du der Mirabeau bist
Von der Lüneburger Heide!

HANSPETER BRODE
MIT GOETHE DEMOKRATISCH WERDEN

Das Gedicht entstand im August 1832, also fünf Monate nach Goethes Tod, und es bezeichnet den Riß, der im Gefolge dieses Ereignisses ideen- und literaturgeschichtlich in Deutschland eintritt. Heinrich Heine, dessen politische Anschauungen durch die Pariser Julirevolution von 1830 endgültig Profil gewannen, hat häufig vom »Ende der Kunstperiode« gesprochen und daran die Forderung geknüpft, der Schriftsteller müsse sich dem Tagesgeschehen zuwenden. In bewußter Abkehr von der Goethezeit macht Heine hier Ernst mit seinem Programm.

Vordergründig richten sich diese Strophen gegen einen Studienfreund aus gemeinsamen Göttinger Universitätsjahren. Dieser hat sich nunmehr ins politische Geschäft geworfen und leistet (als Mitglied der zweiten Kammer zu Lüneburg) seinen Beitrag im Kampf gegen Monarchen und Duodezfürsten des Deutschen Bundes. Aber Heine, obgleich selbst Anhänger des demokratischen Gedankens, hält nichts davon. Er weilt 1832 bereits »in der Fern« des Pariser Exils, das er im Vorjahr bezogen hat. Von weltstädtischer Warte aus blickt er über den Rhein hinweg voller Unbehagen ins enge deutsche Lüneburg.

Heines Bedenken gegen die gewandelte Einstellung des ehemaligen Gefährten lassen sich in dreifacher Hinsicht resümieren: Zum einen wird deutlich, daß mit Goethes Ableben die große Zeit des emanzipatorischen Aufschwungs in Deutschland vorbei ist. Im Zeitalter Metternichs ist Anpassung bei ruhigem Gang der Geschäfte Trumpf, und wo sich demokratische Kräfte regen, sind sie nach Heines Ansicht zum Scheitern verdammt: Von Leuten wie diesem »Goetheaner« ist infolge mangelnder Vorbereitung und unzureichender Praxis politisch nichts zu gewärtigen.

Denn der liberale Gedanke verbindet sich, zweitens, schon jetzt mit dem nationalen, und daran – Heine wittert es bereits drei Jahrzehnte vor Bismarck – wird er eines Tages zerbrechen. Das erotisch durchtönte, mittelmeerisch-europäische Freiheitsverlangen, das den Schriften Goethes Glanz und Signatur verlieh – man denke an Mignons Italienlieder – schlägt um in patriotische Engstirnigkeit; »Germanien« lautet hinfort die Parole. Statt Philines Pantöffelchen also die altdeutsche Freiheitsvariante, an die Stelle erotischer Weiträumigkeit tritt bornierte Teutomanie.

Die verpflichtende Größe der Französischen Revolution von 1789 ist in Vergessenheit geraten, weil der Gedanke der Volkssouveränität zurücktritt hinter jenem anderen, jetzt energisch aufkeimenden der »Wiedergeburt Deutschlands«. Mit dieser Akzentverschiebung hatte das Hambacher Fest vom Mai 1832 gerade eben Furore gemacht. Heine mißtraut den »kühnen Worten« der deutschen Mirabeaus von Lüneburger Westentaschenformat; wo es an Tatkraft fehlt, wird die obrigkeitliche Misere nur um so gründlicher verlängert.

Zum dritten: Wenn Heine den »klugen Kunstgreis« in »müßig kalter« Sphäre ansiedelt, so bedeutet dies keineswegs Feindschaft gegen Goethe, diesen »Ali Pascha unserer Literatur«, wie Heine ihn früher schnoddrig respektvoll nennen konnte. Hier tut sich vielmehr die Verachtung kund, die Heine für deutschtümelnde Anhänger oder Gegner Goethes empfindet. Er wehrt sich gegen ein auf vaterländische Teilnahme abgestelltes Goethebild und gegen Leute, die dem großen Alten aus Weimar kühle Reserve gegenüber der nationalen Euphorie von 1813 vorwerfen.

Wie anders nicht zu erwarten, stieß dieses Gedicht auf scharfe Ablehnung im radikal-demokratischen Lager. Selbst der titanische Karl Marx, der von Lüneburg und verwandten Bestrebungen gewiß nichts erwarten durfte, äußerte Empörung und schloß aus diesen Strophen einmal mehr auf Heines fragwürdigen Charakter (Franziska Kugelmann überliefert es in ihren Memoiren). Indessen, Heine behielt recht mit seiner bitteren Skepsis: Das deutsche Bürgertum im 19. Jahrhundert hat die goethische Hinterlassenschaft teils vaterländisch verfälscht, teils reaktionär mißachtet und somit das gewaltigste Erbe seiner Geistesgeschichte verraten, als es den »Sonderweg« in die machtgeschützte Innerlichkeit antrat.

Mit Goethe demokratisch werden und nicht gegen Goethe national, so lautet die Botschaft dieses Gedichtes. Sich dessen zu erinnern ist zeitgemäß, solange die deutsche Frage als quälendes Problem fortbesteht.

HEINRICH HEINE
AN EINEN
POLITISCHEN DICHTER

Du singst wie einst Tyrtäus sang,
Von Heldenmut beseelet,
Doch hast du schlecht dein Publikum
Und deine Zeit gewählet.

Beifällig horchen sie dir zwar,
Und loben schier begeistert:
Wie edel dein Gedankenflug,
Wie du die Form bemeistert.

Sie pflegen auch beim Glase Wein
Ein Vivat dir zu bringen,
Und manchen Schlachtgesang von dir
Lautbrüllend nachzusingen.

Der Knecht singt gern ein Freiheitslied
Des Abends in der Schenke:
Das fördert die Verdauungskraft
Und würzet die Getränke.

GÜNTER KUNERT
VERDAUUNGSFÖRDERUNG

Dieses heitere Kabinettstückchen des sonst eher melancholischen Ironikers ist gleichermaßen eine trauervolle Elegie wie ein (unbewußtes) Urteil über das eigene Werk. Entstanden ist das »Gedicht aus dem Nachlaß« im Jahre 1841, also im Vormärz, und gemünzt auf die soeben erschienenen »Unpolitischen Lieder« des Hoffmann von Fallersleben. Diesem wird unterstellt, er singe wie Tyrtäus, was ein etwas zwiespältiges Kompliment darstellt. Denn die Legende meint, die Athener hätten im Zweiten Messenischen Krieg den hilfesuchenden Lakedaimoniern nichts als einen lahmen Schulmeister zur Unterstützung geschickt, eben den Tyrtäus. Der jedoch, o Wunder, habe die Verzagten durch seine Kriegslieder dermaßen begeistert, daß sie die Feinde schlugen.

Nun aber singt der historisch verspätete Tyrtäus von 1841 zur falschen Zeit und vor den falschen Leuten: Es herrscht kein Krieg, sondern Biedermeier. »Das Volk, der große Lümmel«, mit Heines Worten gesprochen, schnarcht unter der Zipfelmütze hinterm Ofen, obwohl diverse Dichter unaufhörlich bemüht sind, ihn aufzuwecken. Trotz des Reveille-Getrommels der Worte geht das deutsche Wintermärchen (mit kurzer Unterbrechung 1848) seinen gewohnten Gang. Die deutsche Geschichte nimmt ihren bekannten Verlauf: bis zur Realisierung von Heines düsterer Prophezeiung, daß dort, wo man Bücher verbrenne, dasselbe auch mit Menschen geschehe. Übrigens nicht zuletzt unter Absingen des berühmtesten Liedes Hoffmanns von Fallersleben.

Trotz gegenteiliger Behauptungen: Die wirkliche Wirklichkeit ist stets eine andere als die literarisch hervorgerufene. Die frommen Hymnen der religiösen Inbrunst und der Erlösungssehnsucht haben die Geschäfte nicht gehindert und die Verbrechen nicht verhindert. Ja, noch die global bekannteste und demnächst ebenso global vergessene weltliche Hymne, nämlich die »Internationale«, ist schließlich zum Liedertafelbestandteil von Parteiversammlungen und Veteranentreffen geworden. Die Verdammten dieser Erde sind aufgewacht, um sich gegenseitig die Kehle durchzuschneiden und ein letztes Gefecht nach dem anderen zu veranstalten; das im Refrain beschworene Menschenrecht übertönt seine ständige Mißachtung und Verletzung. Der Knecht singt gern ein Freiheitslied, weil nur im Zustand der Bewußtseinslosigkeit Freiheit imaginiert werden kann. Dergestalt haben alle aufrüttelnden Gedichte und chorfähigen Appelle ihren psychohygienischen Zweck erfüllt.

Insofern irrt Heine, wenn er sagt, für Revolutionsklänge habe Tyrtäus junior die falsche Zeit und die falsche Zuhörerschaft gewählt. Die naive Erwartung, es bedürfe nur des richtigen Augenblickes und der richtigen Leute, damit die Macht des Wortes zur »materiellen Gewalt werde, wenn sie die Massen ergreift«, ist eine selbstbefriedigende, doch notwendige Einbildung für den politischen Dichter, um seinen übermenschlich großen Gestus durchzuhalten. Alle politischen Dichter, die wahrhaft genialen wie die unbedeutenden, eint der Aberglaube, ihre Zeilen würden durch Augen und Ohren der Empfänger stracks zur Aktion. Und Heinrich Manns oftmals mißbrauchte Sentenz, die Bücher von heute seien die Taten von morgen, impliziert nicht Literatur, sondern Propaganda. Kein Roman von Proust oder Kafka, kein Gedicht von Rimbaud oder Keats hätte sich dazu angeboten. Und nicht einmal Heines Gedichte haben den vom Dichter erhofften Auftrag erfüllt. Das hat er – wie man es diesem zu seinen Lebzeiten ungedruckten Gedicht entnehmen kann – wohl gewußt und hat es, entgegen dieser Einsicht, dennoch nicht glauben wollen. Weil die Vorbedingung unserer Kreativität reine Irrationalität ist.

HEINRICH HEINE
ANNO 1839

O, Deutschland, meine ferne Liebe,
Gedenk ich deiner, wein ich fast!
Das muntre Frankreich scheint mir trübe,
Das leichte Volk wird mir zur Last.

Nur der Verstand, so kalt und trocken,
Herrscht in dem witzigen Paris –
O, Narrheitsglöcklein, Glaubensglocken,
Wie klingelt ihr daheim so süß!

Höfliche Männer! Doch verdrossen
Geb ich den artgen Gruß zurück. –
Die Grobheit, die ich einst genossen
Im Vaterland, das war mein Glück!

Lächelnde Weiber! Plappern immer,
Wie Mühlenräder stets bewegt!
Da lob ich Deutschlands Frauenzimmer,
Das schweigend sich zu Bette legt.

Und alles dreht sich hier im Kreise,
Mit Ungestüm, wie'n toller Traum!
Bei uns bleibt alles hübsch im Gleise,
Wie angenagelt, rührt sich kaum.

Mir ist, als hört ich fern erklingen
Nachtwächterhörner, sanft und traut;

Nachtwächterlieder hör ich singen,
Dazwischen Nachtigallenlaut.

Dem Dichter war so wohl daheime,
In Schildas teurem Eichenhain!
Dort wob ich meine zarten Reime
Aus Veilchenduft und Mondenschein.

JOST HERMAND
ORTE. IRGENDWO

Wie übel es Heine in Deutschland ergangen ist, ist allgemein bekannt. Diesem Manne wurde wirklich alles angelastet: Eitelkeit, Gewinnsucht, Zynismus, Charakterlosigkeit, Gallomanie, Knoblauchgeruch, Vaterlandslosigkeit, Genußsucht, Oberflächlichkeit, Nihilismus, Wurzellosigkeit, Unsittlichkeit, Sensationalismus und was es sonst noch an »undeutschen« Charaktereigenschaften gibt. Angefangen von den Vipern Metternichs und den urteutonischen Rauschebärten des Vormärz bis zu den Völkischen und den Nazis: immer wieder traten im Deutschland der letzten 150 Jahre Gruppen auf, die an diesem Dichter ihr Mütchen zu kühlen versuchten. Selbst die Gebildeten unter seinen Verächtern bewiesen dabei oft eine seltsame Blindheit, indem sie sogar Heines witzigste Kapriolen und Hyperbeln für bare Münze nahmen.
Das gilt in besonderem Maße für seine Gedichte über Deutschland, die Heine nach 1831 im Pariser Exil geschrieben hat. Als ich diese Gedichte (die man mir in der Schule selbstverständlich vorenthalten hatte) gegen Ende der fünfziger Jahre zum erstenmal las, war ich für den politischen Stachel hinter ihrer verführerischen Glätte noch unempfindlich – und fand sie daher reichlich sentimental. All das erschien mir zu persönlich, ja geradezu privatistisch und damit unverbindlich. Auf den ersten Blick (und mit dem begnügte ich mich damals) gab es hier nichts Positives, nichts Aufbauendes, nichts Moralisch-

Erhebendes. Vor allem in dem Gedicht »Anno 1839« reihten sich offenbar nur witzige Antithesen aneinander, ohne daß sich daran in der letzten Strophe irgendein Lehrsatz oder wenigstens eine Sentenz anschloß.

Heute dagegen, nach vielen Jahren außerhalb Deutschlands, lese ich dieses Gedicht natürlich anders. Plötzlich nehme ich hinter seiner scheinbaren Oberflächlichkeit ganz neue Dimensionen wahr. Schließlich soll weder das, was hier zum »Lobe« Deutschlands, noch das, was hier zuungunsten Frankreichs gesagt wird, so aufgefaßt werden, wie es da steht. Denn das eine ist gar nicht so positiv und das andere gar nicht so negativ gemeint, wie es beim ersten Lesen wirkt.

Was in diesem Gedicht tatsächlich zum Ausdruck kommt, ist eine utopische Sehnsucht, die sich offenbar nirgends, weder in Deutschland noch in Frankreich oder irgendeinem anderen Land, zu Hause fühlt. Hier äußert sich eine Gesinnung, die sich an allem stößt, die mit allem unzufrieden ist, die alles wechselseitig in Frage stellt – und damit allen Genügsamen und in nationalen Klischees Befangenen ein ständiger Stachel im Fleische sein muß.

Nun, eine solche Empfindlichkeit, die überall aneckt, hat auch ihre bedenklich egoistischen Züge (und Heine wäre der letzte, der das nicht zugegeben hätte). Aber sie enthält zugleich einen Schuß Dialektik, der weit über das einzelne Ich hinausweist und zu einer im hegelianischen Sinne neuen Synthese drängt. Und damit gibt es in diesem Gedicht doch einen idealen Ort, der allerdings vom Leser selbst erschlossen werden muß. Heines »Anno 1839« läßt sich deshalb – über alles witzig unterkühlte Heimweh, über alle Deutschland-Problematik, über alle Freude an der ironischen Widersprüchlichkeit hinaus – auch als eine

Einübung in Dialektik lesen, für die es in der deutschen Lyrik vor Brecht nur wenige Beispiele gibt. Wer sich diese »dialektisierende Optik«, um einen Begriff Walter Benjamins aufzugreifen, einmal angeeignet hat, wird sie sich schwerlich wieder abgewöhnen können.

HEINRICH HEINE
AUTODAFÉ

Welke Veilchen, stäubge Locken,
Ein verblichen blaues Band,
Halb zerrissene Billette,
Längst vergeßner Herzenstand –

In die Flammen des Kamines
Werf ich sie verdroßnen Blicks;
Ängstlich knistern diese Trümmer
Meines Glücks und Mißgeschicks.

Liebeschwüre, flatterhafte
Falsche Eide, in den Schlot
Fliegen sie hinauf – es kichert
Unsichtbar der kleine Gott.

Bei den Flammen des Kamines
Sitz ich träumend, und ich seh,
Wie die Fünkchen in der Asche
Still verglühn – Gut Nacht – Ade!

HELMUT KOOPMANN
ABSCHIED VON DER LIEBE

Literarische Revisionen sind nicht gerade häufig. Wer erklärt schon gern ein früheres Unvermögen? Lessing hatte die Freiheit. Er fand, daß man über sein Jugendwerk noch lange nicht so viel Böses gesagt habe, als man hätte sagen können – und verwarf es. Max Frisch schrieb: »Öffentlichkeit als Partner? Ich finde glaubwürdigere Partner« – »Öffentlichkeit als Partner« ist der Titel eines zuvor von ihm veröffentlichten Bandes.

Diese Widerrufe leuchten uns ein. Aber was kann Heine veranlaßt haben, das zu verbrennen, was ihm lyrischen Weltruhm gebracht hatte? Denn wir wollen doch nicht ernsthaft annehmen, daß er einigen verstaubten Liebesplunder aus seiner Jugend mit nach Paris genommen hatte, um ihn schließlich dort in den Kamin zu werfen. Nein, vermutlich hat er anderes dem Feuer überantwortet. Verbrannt hat er gelegentlich tatsächlich etwas – dreimal, um genau zu sein. Das war, wie wir wissen, 1847, 1849/50 und 1851. Der Anlässe gab es manche: Einmal waren es Papiere zum Erbschaftsstreit, einmal war es etwas aus dem Bereich der Theologie und ein letztes Mal – das interessiert uns besonders – offenbar allgemein Literarisches. Die schönsten Giftblumen, so schreibt er an seinen Verleger Campe 1850, habe er mit entschlossener Hand ausgerissen und vielleicht dabei sogar manches unschuldige Nachbargewächs in den Kamin geworfen. Darunter seien, so berichtet er einem Besucher, auch »hübsche Sachen« gewesen. Und in Heines Nachwort zum »Romanzero« heißt es, er habe Gedichte, die nur halbwegs Anzüglichkeiten gegen den lieben Gott enthielten, mit »ängstlichstem Eifer den Flammen überliefert«. Auf dieses Geständnis hin hat sein Freund Heinrich Laube ihm damals die einzig richtige Antwort gegeben: »Dein Autodafé ist eine unverantwortliche Albernheit.«

Nun ist mit keiner Zeile bei Heine allerdings die Rede davon, daß er tatsächlich Gedichte aus dem Umkreis des »Buches der Lieder« später dem Feuer überantwortet hätte. Was er damals geschrieben hatte, war alles veröffentlicht worden – und der Verleger wollte stets mehr von ihm, als er liefern konnte. So müssen wir das Gedicht also vermutlich auf doppelte Weise allegorisch lesen: Nicht Veilchen, Locken und ein blaues Band sind gemeint, sondern Gedichte, die davon handeln; und die Verbrennung ist keine wirkliche, sondern eine ideelle. Anders gesagt: Heine kehrt sich in der Zeit einer tiefen inneren Erschütterung von dem ab, was ihn einst berühmt gemacht hatte: von seiner erotischen Lyrik. Was Heine blieb, waren die »Hebräischen Melodien«. Im Bild des Lazarus hat er sich noch einmal in einem Gedichtzyklus selbst porträtiert.

Heines Gedicht ist ein Gedicht am Rande des Lebens, aber dennoch: Amor kichert bei diesem Autodafé, und der Dichter sieht seiner verbrennenden Romantik träumend, träumerisch nach. Der letzte große deutsche Romantiker endet nicht sauertöpfisch oder mit einem Gejammer über die schlechte Welt. Im Nachwort zum »Romanzero« heißt es: »Doch Geduld, alles hat sein Ende. Ihr werdet eines Morgens die Bude geschlossen finden, wo euch die Puppenspiele meines Humors so oft ergötzten.« Er schloß sie fünf Jahre nach dieser Feststellung. Doch die von ihm dem Feuer überanwortete Liebeslyrik wurde nicht zu Asche. Sie feierte eine glänzende literarische Wiederauferstehung – bis heute hin, durch viele Sprachen. Hier gilt einmal nicht der Satz von Gabriel García Márquez: »Ein guter Schriftsteller läßt sich besser nach dem beurteilen, was er vernichtet, als nach dem, was er veröffentlicht.«

HEINRICH HEINE
BELSATZAR

Die Mitternacht zog näher schon;
In stummer Ruh lag Babylon.

Nur oben in des Königs Schloß,
Da flackerts, da lärmt des Königs Troß.

Dort oben in dem Königssaal
Belsatzar hielt sein Königsmahl.

Die Knechte saßen in schimmernden Reihn,
Und leerten die Becher mit funkelndem Wein.

Es klirrten die Becher, es jauchzten die Knecht;
So klang es dem störrigen Könige recht.

Des Königs Wangen leuchten Glut;
Im Wein erwuchs ihm kecker Mut.

Und blindlings reißt der Mut ihn fort;
Und er lästert die Gottheit mit sündigem Wort.

Und er brüstet sich frech, und lästert wild;
Der Knechtenschar ihm Beifall brüllt.

Der König rief mit stolzem Blick;
Der Diener eilt und kehrt zurück.

Er trug viel gülden Gerät auf dem Haupt;
Das war aus dem Tempel Jehovahs geraubt.

Und der König ergriff mit frevler Hand
Einen heiligen Becher, gefüllt bis zum Rand.

Und er leert ihn hastig bis auf den Grund,
Und er rufet laut mit schäumendem Mund:

Jehovah! dir künd ich auf ewig Hohn –
Ich bin der König von Babylon!

Doch kaum das grause Wort verklang,
Dem König wards heimlich im Busen bang.

Das gellende Lachen verstummte zumal;
Es wurde leichenstill im Saal.

Und sieh! und sieh! an weißer Wand
Da kams hervor wie Menschenhand.

Und schrieb, und schrieb an weißer Wand
Buchstaben von Feuer, und schrieb und schwand.

Der König stieren Blicks da saß,
Mit schlotternden Knien und totenblaß.

Die Knechtenschar saß kalt durchgraut,
Und saß gar still, gab keinen Laut.

Die Magier kamen, doch keiner verstand
Zu deuten die Flammenschrift an der Wand.

Belsatzar ward aber in selbiger Nacht
Von seinen Knechten umgebracht.

PETER VON MATT
KNALLEFFEKT UND RAFFINESSE

Ist das nicht die bekannteste aller Balladen? Die Vermutung sei geäußert, ohne dem »Erlkönig« und dem »Taucher«, »John Maynard« und »Des Sängers Fluch« zu nahe treten zu wollen. Das Gedicht hat im breitesten Bewußtsein Karriere gemacht, und während vom »Grab im Busento« bis zu »Nis Randers« tausend Evergreens vergilbten, lärmt Belsatzars Troß ungehindert weiter. Die Schule hat dabei natürlich ihre Hand im Spiel. Lehrpersonen zeigen eine geheimnisvolle Neigung zu dem Text. Wer ihn nie auswendig lernen mußte, soll vortreten!

Heine hat bessere Gedichte geschrieben, raffiniertere nur wenige. Er operiert wie ein Postmoderner mit allen Spielformen der Trivialität. Das Metrum läßt er klappern, die Reime schnappen, die Wortwahl ist grell und die Moral von der Eindeutigkeit jener Kinnhaken, die einen Match beenden. Aber gleichzeitig gibt er ständig zu verstehen, daß er diese Effekte sehr überlegt setzt. Auf jede Kraßheit folgt ein Moment tatsächlicher Subtilität. Insbesondere die delikaten Rhythmuswechsel lassen das Klappern und die Sprachschminke als Zitat eines naiveren Redens erscheinen: einer, der es anders kann, will es diesmal so. Das bestätigt sich in der Art, wie erzählt wird. Zwischen die Strophen, die nach bänkelsängerischer Manier jede mit einer Szene zusammenfallen, fügen sich prachtvolle Steigerungen über mehrere Verspaare hin.

Dennoch garantiert das alles noch keinen, garantiert vor

allem nicht diesen Erfolg. Er wird etwas einsichtiger, wenn man nach der Pointe fragt. Sie erweist sich als verblüffend doppelläufig. Das Gedicht kann ebensogut jakobinisch wie monarchistisch gelesen werden. Revolutionäre Seelen genießen darin den Sturz des Königs, dem die Geschichte das Menetekel an die Wand geschrieben hat; die Konservativen aber dürfen mit Befriedigung zusehen, wie der Aufstand gegen die göttliche Ordnung bestraft wird.

Der letzte Grund für den Erfolg ist jedoch auch so noch nicht benannt. Ich wage nur zögernd davon zu reden, denn es geht um das Seelenleben der Schullehrer. Vieles deutet darauf hin, daß sie die Ballade, ohne sich dessen bewußt zu sein, als die ins Mythische gesteigerte Darstellung einer Schulklasse erleben, wo der Lehrer vorübergehend fehlt. In Belsatzar erkennen sie instinktiv jenen sommersprossigen Rädelsführer, der in jeder Klasse steckt und unweigerlich zu »frevlen Handlungen« schreitet und »grause Worte« äußert, sobald der Pädagoge sich kurzfristig verzieht. Wer wüßte nicht, erinnerte sich nicht mit Scham und Lust, wie es da zugeht (»er brüstet sich frech und lästert wild«) und wie alle anderen es genießen (»die Knechteschar ihm Beifall brüllt«). Und heimlich horchte doch jeder auf die nahenden Schritte im Korridor.

Was für den sensiblen Erzieher aber die Assoziation zwischen dem babylonischen Gelage und einem tobenden Schulzimmer endgültig zwingend macht, ist die Schrift an der Wand. Wunderbar, wie hier des Lehrers eigenstes Medium zur Apotheose findet. Die Tafel an der Wand, auf die er selbst täglich die Wahrheit in hellen Zeichen setzt, an der von seiner Hand erscheint, was gilt und Gesetz ist und notfalls ein Strafmaß festhält, sie wird zum numinosen Ort verklärt, vor dem der lärmende Troß verstummt und dem totenblassen Rädelsführer die frevlen Knie schlottern. Das kann man wirklich nur noch auswendig lernen lassen.

HEINRICH HEINE
DAS FRÄULEIN STAND AM MEERE

Das Fräulein stand am Meere
Und seufzte lang und bang,
Es rührte sie so sehre
Der Sonnenuntergang.

Mein Fräulein! sein Sie munter,
Das ist ein altes Stück;
Hier vorne geht sie unter
Und kehrt von hinten zurück.

WALTER HINDERER
DIE SENTIMENTALEN SEUFZER

Sie gehören sicher nicht zu den raffiniertesten oder kunstvollsten Versen, die Heinrich Heine geschrieben hat, aber sie fesseln das Ohr wie eine eingängige Melodie, die einem nicht mehr aus dem Kopf geht und die zum Nachsummen verführt. Dabei ist es genaugenommen ein Gegengedicht, ein Gegengesang, in dem man die süffige Tonart, die hier parodiert und kritisiert wird, ohne schlechtes Gewissen noch mitgenießen kann. Doch ist das nicht so etwas wie höheres Indianerspiel, der Versuch, abgedroschene Schlager mit einem Kunstgriff wieder hoffähig zu machen? Zugegeben: die beiden scheinbar so traditionell gereimten und rhythmisierten Strophen haben die Qualität eines Chansons oder Songs mit einem zünftigen kabarettistischen Einschlag. Dem sentimentalen Volksliedton, dem auch Heine keineswegs immer zum Vorteil seiner lyrischen Produktion gehuldigt hat, wird hier gekonnt widersprochen – mit den poetischen Mitteln der Parodie, der Ironie und des Witzes.

Die Verse stammen aus dem Zyklus »Seraphine«, der vermutlich 1832 entstanden ist und in dem Heine in fünfzehn Gedichten verschiedene Spielarten und Möglichkeiten seiner Lyrik rekapituliert. Romantische und biedermeierliche Versatzstücke stehen hier neben formalisierten Naturbildern und politischen Anspielungen. Nicht immer wurden dabei die Erwartungen des zeitgenössischen Lesers enttäuscht oder durch Ironie verfremdet. Jedoch das

Gedicht vom »Fräulein ... am Meere«, das im Zyklus unter Nr. 10 eingereiht ist, nimmt eindeutig die falschen Töne und Gefühlslagen der epigonalen Naturlyrik der Zeit aufs Korn und setzt sich damit kritisch mit einer poetischen Schreibweise (auch der eigenen) auseinander.

Wie in einem kitschigen Werbefilm ist hier alles Staffage: das Meer, der Sonnenuntergang, das Seufzen und die Rührung; ja selbst das Fräulein scheint nicht aus der Wirklichkeit, sondern aus dem Klischeearsenal des Guckkastens zu stammen. Ist schon in der zweiten Zeile, in dem Binnenreim »lang und bang« die satirische Absicht kaum zu überhören, mit dem so auffallend gedehnten »sehre« setzt Heine – und nicht etwa bloß aus Verlegenheit, weil er ein passendes Reimwort auf »Meere« braucht – ein pointiertes kritisches Signal, das ebenso blitzartig wie einleuchtend die ganze abgestandene Natursentimentalität in Frage stellt. Außerdem übertreibt dieses »sehre« den Leierkastenton der Strophe dergestalt parodistisch, daß der Leser am liebsten selbst in die Kurbel greifen möchte. Aber in der zweiten Strophe läßt Heine von selbst die Katze aus dem Sack. Der Leierkastenmann gibt sich in seiner Anrede an das Fräulein als kritischer Arrangeur und Regisseur der Naturszene zu erkennen. Gegen die falschen Seufzer und die sentimentale Rührung ermahnt er das Fräulein zur Munterkeit und erläutert ihm den sich ständig wiederholenden Wechsel von Sonnenunter- und Sonnenaufgang als ein altes Schauspiel.

Für mich gehört dieses Gedicht Heines zu einer witzigen Form- und Denkkultur, für die man in Deutschland schon immer zuwenig Verständnis besaß. Es überrascht nicht, daß auch Karl Marx diese Verse besonders schätzte. Er hatte sie ständig parat und pflegte sie, wie Franziska Kugelmann, die Tochter eines engen Freundes, überliefert, »bei übertriebenem Gefühlsausbruch« gewissermaßen als Heilmittel zu zitieren; denn auch ihm war »Sentimentalität, diese Karikatur wahren Gefühls ..., aus tiefstem Grunde zuwider«. Er hielt es wie Heinrich Heine mit Goethe, der sich bereits in einem Distichon dergestalt von den Sentimentalitäten distanziert hatte: *Auf das empfindsame Volk habe ich nie was gehalten, es werden, / Kommt die Gelegenheit, nur schlechte Gesellen daraus.*

HEINRICH HEINE
DAS MEER ERGLÄNZTE WEIT HINAUS

Das Meer erglänzte weit hinaus
im letzten Abendscheine;
Wir saßen am einsamen Fischerhaus,
Wir saßen stumm und alleine.

Der Nebel stieg, das Wasser schwoll,
Die Möwe flog hin und wieder;
Aus deinen Augen, liebevoll,
Fielen die Tränen nieder.

Ich sah sie fallen auf deine Hand
Und bin aufs Knie gesunken;
Ich hab von deiner weißen Hand
Die Tränen fortgetrunken.

Seit jener Stunde verzehrt sich mein Leib,
Die Seele stirbt vor Sehnen; –
Mich hat das unglückselge Weib
Vergiftet mit ihren Tränen.

JOSEPH ANTON KRUSE
NORDSEELIEBE

Ein flirrender, verführerischer Glanz auf der Meeresfläche, ein Bündnis der Farben von Wasser und Himmel. Jeder, der das Meer kennt und liebt, wird seinen eigenen Aussichtspunkt besitzen, von dem aus er der ungebändigten Weite Reverenz erweist. Jeder kennt auch die Verselbständigung von Versen als Ausdruck einer Erfahrung oder Stimmung, losgelöst vom ursprünglichen Zusammenhang. Mir fällt die Anfangszeile dieses XIV. Gedichts aus dem »Heimkehr«-Zyklus im »Buch der Lieder« unweigerlich ein, wenn ich, da sie mir am nächsten und vertrautesten ist, zur holländischen Küste nach Walcheren fahre. Man nähert sich von Domburg aus Westkapelle, erreicht endlich die Höhe des Deiches und ist stets von neuem überwältigt, weil rechter Hand bis zum Horizont das Meer, zumal an heiteren Tagen, nicht einfach glänzt, sondern wirklich weit hinaus »erglänzt«. Nur die erste Zeile ist mir dann jedesmal gegenwärtig und das treffendste Bild für den hellen Tag an der Nordsee.

In Wirklichkeit aber entwirft die Anfangszeile die Staffage für ein Abend- oder besser noch Nachtgedicht. Sie benennt die Unendlichkeit als Grund für die tödliche Liebessehnsucht am Schluß der Strophen. Sie intoniert bereits alle Elemente von Einsamkeit, Schweigen und Traurigkeit, die in der kleinen Geschichte vom Liebespaar am Fischerhaus erzählt werden. Die genaue Zeit, jene Minuten des letzten Lichtes vor Einbruch der Nacht, jener

»Abendsonnenschein« aus dem »Loreley«-Gedicht desselben Zyklus, wird als Hinweis für das Bühnenbild gleich in der zweiten Zeile nachgeliefert. Dann noch die beiden ersten Zeilen der zweiten Strophe, die das abendlich-nächtliche Meer beschreiben: den aufsteigenden Nebel, die wachsende Flut, die unruhige Möwe. Das stille Meerbild der ersten Strophe gerät in beängstigende bedrohliche Bewegung. Der Rest des Gedichtes gibt die wortlose Liebesgeschichte wieder, eine tränenvolle, aber durchaus nicht tränenselige Geschichte.

Was bei den Liebesgedichten Heines aus seiner deutschen Zeit üblicherweise erwartet wird, das petrarkistische Motiv mit der sich verweigernden, hartherzigen, untreuen Geliebten, hat hier dem ersten Anschein nach einem idealischen, romantischen Liebespaar Platz gemacht. Sie weint in liebevoller Ergriffenheit; er kostet anbetend ihr Tränenpfand und ist anschließend krank vor Liebe. Leib und Seele des Liebhabers trauern dem Mysterium der Begegnung am Meeresstrande nach. Der glücklichste Augenblick der Nähe bedeutet nämlich eher Symbol als wirkliche Erfüllung. Aber die hingebungsvolle Geliebte fungiert selbst hier noch als Zauberin oder »weiße« Nixe. Dem Gleichklang folgen Ruhelosigkeit und Zerstörung. Die Stunde am nächtlichen Meer ist Undine vorbehalten, der liebenden Wasserfee auf der Suche nach einer menschlichen Seele. Der Geliebte hat sich an sie verloren und wird das Leben opfern müssen.

Das Gedicht ist innerhalb der »Heimkehr« nur eine Variation unter mehreren Seebildern, die zumeist während oder nach Heines erster Begegnung mit der Nordsee im Cuxhavener Sommer 1823 entstanden sind und in denen sich mehrfach die Wasserfrauen seiner bemächtigen. Heine hat damals die Nordsee für die deutsche Lyrik entdeckt. Endlich ist er, wie er am 29. Juli 1826 von der Norderneyer Badereise seinem Verleger Julius Campe schreibt, ihr »Hofdichter«. Und in seinem Prosa-»Reisebild« über die Nordsee formuliert er eine subtile Bejahung des Liebesgebots: »Ich liebe das Meer wie meine Seele.« Er folgert schließlich wenige Sätze später: »Denn das Meer ist meine Seele.«

Diese Weise der Identifikation mit Wellen, Sturm, Seeabenteuern und Weite, wie die Nordsee nach seinen eigenen Berichten sich ihm oftmals dargeboten hat, ist der Schlüssel zum Verständnis des Gedichtes. Der Dichter leiht jenem aus dem Element entstiegenen und zur Person gewordenen »unglückselgen Weib« seine Seele. Das ist die zum stummen Dialog gestaltete Metapher für seine durch die Naturerfahrung hervorgerufene schmerzhafte Sehnsucht. Wir stoßen an die Grenzen der Unendlichkeit und können uns doch mit ihr nicht vereinigen. Franz Schubert hat in der Vertonung des Gedichtes ebendieser Unerfüllbarkeit des abgründigen Gefühls solche Klänge verliehen, daß der Text bis zur Rührung mit der Musik verschmilzt; nicht umsonst ist das Lied ein Teil seines »Schwanengesangs«.

HEINRICH HEINE
DER ASRA

Täglich ging die wunderschöne
Sultanstochter auf und nieder
Um die Abendzeit am Springbrunn,
Wo die weißen Wasser plätschern.

Täglich stand der junge Sklave
Um die Abendzeit am Springbrunn,
Wo die weißen Wasser plätschern;
Täglich ward er bleich und bleicher.

Eines Abends trat die Fürstin
Auf ihn zu mit raschen Worten:
Deinen Namen will ich wissen,
Deine Heimat, deine Sippschaft!

Und der Sklave sprach: Ich heiße
Mohamet, ich bin aus Yemmen,
Und mein Stamm sind jene Asra,
Welche sterben, wenn sie lieben.

JOSEPH ANTON KRUSE
LIEBE ALS KRANKHEIT ZUM TOD

Gerade die letzte Zeile hat es vielen Heine-Lesern angetan: ein Nebensatz als tragische Pointe einer Liebesgeschichte, die dort endet, wo eigentlich ihr Beginn hätte sein können. Endlich das erste Gespräch, die erste Verständigung über größte Klassenunterschiede hinweg. Das Interesse der Sultanstochter gilt ohne Rücksicht auf den gesellschaftlichen Abstand der Person des Sklaven. Worüber ist sie mehr beunruhigt: Darüber, daß sie ihn heimlich begehrt – oder über seinen äußeren Verfall? Sie möchte ihn besitzen, indem sie alles, was ihn betrifft, erfährt. Er gesteht ihr seine Liebe durch die Nennung der Herkunft, die alles verrät.

Der Asra nämlich gehört zu jenen, deren Liebe gleichzeitig Krankheit zum Tode bedeutet. Krank vor Liebe, gibt es für ihn keine Rettung mehr. Damit sind beide Liebenden verloren. Heine, der früher die Emanzipation des Fleisches verkündet hatte, läßt hier den Spiritualismus triumphieren. Denn diese Liebe findet ihre Erfüllung erst jenseits von Leben und physischem Glück. Sie ist mit dem Sterben identisch, überwindet auf diese Weise alle sozialen Barrieren und macht gleich. Eine Gleichheit, die aus der vergänglichen Natur selbst erwächst, aus unserem Trieb zum Tode, der erst die schrankenlose Vereinigung ermöglicht.

Die Schlußzeile mit ihrer Verschmelzung von Liebe und Tod vor dem Hintergrund der Jugend verdankt ihre Wirkung auch einem sprachlichen Mittel, dem Stabreim. Überhaupt muß man die vier Strophen einmal mit Hilfe aller einander entsprechenden Stabreime zu lesen versuchen. Sie markieren als besonders intime Form der Wiederholung die tödliche Konsequenz dieser Geschichte, die im orientalischen Palastgarten aus 1001 Nacht spielt. Der tägliche Abendspaziergang der Sultanstochter ist Anlaß, nicht Ursache für die unheilbare Sehnsucht des Sklaven. Ausgangspunkt der Liebesgeschichte ist die weibliche Schönheit. Die Fürstin ist sogar »wunderschön«; deshalb »ward« der Sklave immer bleicher. Mit raschen »Worten« »will« sie endlich »wissen«, wer er ist. Die letzte Zeile des Gedichts enthält dann die abgründige Antwort des Mannes: »Welche sterben, wenn sie lieben.« Der Stabreim bildet gewissermaßen den inneren Zirkel des Gedichts und gibt ihm einen sublimen Zusammenhalt. Aber auch die vokalischen Gleichklänge dienen als verbindende Elemente, sogar als Ersatz für den Endreim. Ihn glaubt man ohne Frage vorhanden, so sehr klingen die Verse. Die Wiederholungen von Worten und ganzen Zeilen, die eleganten Zeilensprünge, selbst das überleitende »Und« zu Beginn der letzten Strophe fügen diesem Eindruck das Ihre hinzu.

Der strenge Aufbau in zwei Teile dämpft die Sentimentalität. Die beiden ersten Strophen beschreiben das Szenarium, in dem sich die Sultanstochter bewegt, während der Sklave seine genau korrespondierende unbewegliche Rolle spielt. Auch der von ihr in Gang gesetzte Dialog der beiden letzten Strophen lebt aus der Entsprechung. Alle Fragen werden der Reihe nach gelöst, das Rätsel seiner Person gelüftet. Doch gerade dadurch endet das Drama in der paradoxen Einheit von Liebe und Tod.

Als »Der Asra« 1846 im »Morgenblatt für gebildete Stände« erschien, war Heine schon von seiner Krankheit gezeichnet, aber noch nicht an die »Matratzengruft« gefesselt. Der endgültige Platz des Gedichts im Zyklus »Historien« des »Romanzero«-Bandes von 1851 drückt dann auch diesem Text, der zu den konzentriertesten und kürzesten dieser Sammlung gehört, den Stempel der Botschaft eines Todkranken auf. Heine nimmt von seinen Lesern Abschied und resümiert Themen und Einsichten seines Lebens.

Das Publikum kannte ihn aus dem »Buch der Lieder« von 1827 als den unglücklich-ironischen Liebhaber. Es hatte ihn als desillusionierten, vom Liebes-»Fasching« des Pariser Großstadtlebens enttäuschten Lebemann in den »Neuen Gedichten« von 1844 kritisiert. Im »Romanzero« sieht der Autor von den privaten Irritationen ab, denen er sich erst am Ende in den Gedichten an die »Mouche« wieder ausliefert. Hier erzählt er nur bittersüße, manchmal auch groteske Liebesgeschichten aus verschiedensten Ländern und Zeiten.

HEINRICH HEINE
DER SCHEIDENDE

Erstorben ist in meiner Brust
Jedwede weltlich eitle Lust,
Schier ist mir auch erstorben drin
Der Haß des Schlechten, sogar der Sinn
Für eigne und für fremde Not –
Und in mir lebt nur noch der Tod!

Der Vorhang fällt, das Stück ist aus,
Und gähnend wandelt jetzt nach Haus
Mein liebes deutsches Publikum,
Die guten Leutchen sind nicht dumm;
Das speist jetzt ganz vergnügt zu Nacht
Und trinkt sein Schöppchen, singt und lacht –
Er hatte recht, der edle Heros,
Der weiland sprach im Buch Homeros':
Der kleinste lebendige Philister
Zu Stukkert am Neckar, viel glücklicher ist er
Als ich, der Pelide, der tote Held,
Der Schattenfürst in der Unterwelt.

ARMIN AYREN
TRIUMPH DES SPIESSERS

Oft und viel hat Heinrich Heine vom Tod gesprochen und vom Jenseits. Für den Himmel der Christen hatte er fast nur Spott übrig: »Lebt wohl! Dort oben, ihr christlichen Brüder, / Ja, das versteht sich, dort sehn wir uns wieder.« So endet das zweite Gedicht im »Romanzero«, und das dritte, »Auferstehung«, zeichnet eine Karikatur des Jüngsten Gerichts.

Kein Weiterleben im Drüben also – aber auch keins im Hüben, durch das geschaffene Werk, das den Dichter überdauert? In Heines letzten Lebensjahren, die er, auf einer »Matratze festgenagelt«, schmerzgepeinigt seinem »Grab entgegen« liegt, stellt er sich diese Frage oft. »Epilog«, ein Pendant zu unserem Gedicht, tut den Ruhm übers Grab hinaus brüsk ab: »Torenworte! Narrentum!« Und es trinken dort nicht nur die guten Leutchen ihr Schöppchen, jene Philister, die sich vom sterbenden Dichter abwenden – nein, auch er selber tränke gern, zöge den Alkohol allem Ruhm vor:

Gleichfalls eine beßre Wärme
Wärmt dem Menschen die Gedärme
Wenn er Glühwein trinkt und Punsch
Oder Grog nach Herzenswunsch

Der Schluß dieses Gedichts, der Heines Verlangen nach den ihm nicht mehr zu Gebote stehenden irdischen Genüssen so kraß ausspricht, ist mit dem des hier abgedruckten fast identisch:

Der Pelide sprach mit Recht:
»Leben wie der ärmste Knecht
In der Oberwelt ist besser,
Als am stygischen Gewässer
Schattenführer sein, ein Heros,
Den besungen selbst Homeros.«

Die beiden Passagen nehmen bezug auf Odysseus' Besuch in der Unterwelt, den Homer im Elften Gesang der »Odyssee« erzählt. Dort rühmt Odysseus den Achill: »Vormals im Leben ehrten wir dich wie einen der Götter, / Wir Achaier, und nun, da du hier bist, herrschest du mächtig / Unter den Geistern; drum laß dich den Tod nicht reuen, Achilleus!« Dieser jedoch antwortet schroff: »Preise mir jetzt nicht tröstend den Tod, ruhmvoller Odysseus. / Lieber möcht ich fürwahr dem unbegüterten Meier, / Der nur kümmerlich lebt, als Tagelöhner das Feld baun, / Als die ganze Schar vermoderter Toter beherrschen.«

Schattenfürst, Dichterfürst – für Heine fließt das in eins zusammen. Der Sänger macht den Helden nicht wieder lebendig und auch sich selbst nicht durch seinen Gesang. Man läse das Gedicht wohl falsch, nähme man es vor allem als Klage des rasch Vergessenen, der seine Leser verhöhnt, weil sie sich von ihm abwenden: liebes deutsches Publikum, gute Leutchen, Philister. Zwar schwingt diese Bitterkeit mit. Aber der Philister behält recht, nicht weil er Philister ist, sondern weil er lebt.

»Lieber ein lebendiger Hund sein, als ein toter Löwe!« Leben, Leben – was sonst zählt? Wenn der Spießer triumphiert, nur weil er weiterlebt, muß sich Heines Ironie gegen sich selbst kehren. Nur noch mit Heine kann Heine jetzt Possen reißen. So läßt er den Tod leben, behauptet, jedwede weltlich eitle Lust sei in ihm erstorben, rettet sich in ein augenzwinkerndes »schier« und in formale Späße: siedelt die Philister in Stuttgart an (nirgends kommt der Name »Meier« häufiger vor) und läßt, nachdem das ganze Gedicht jambisch lief, den Peliden daktylisch flennen. Heine – das ist immer Ironie und kein Ende. Ist es nicht auch Ironie, daß er mit Versen, die den Nachruhm ironisch abtun, eben diesen Nachruhm so mühelos erringt?

HEINRICH HEINE
AUS DEM LYRISCHEN INTERMEZZO

Die alten, bösen Lieder,
Die Träume schlimm und arg,
Die laßt uns jetzt begraben,
Holt einen großen Sarg.

Hinein leg ich gar Manches,
Doch sag ich noch nicht was;
Der Sarg muß sein noch größer
Wies Heidelberger Faß.

Und holt eine Totenbahre,
Von Brettern fest und dick:
Auch muß sie sein noch länger
Als wie zu Mainz die Brück.

Und holt mir auch zwölf Riesen,
Die müssen noch stärker sein
Als wie der heilge Christoph
Im Dom zu Köln am Rhein.

Die sollen den Sarg forttragen
Und senken ins Meer hinab,
Denn solchem großen Sarge
Gebührt ein großes Grab.

Wißt ihr, warum der Sarg wohl
So groß und schwer mag sein?
Ich legt auch meine Liebe
Und meinen Schmerz hinein.

HANS J. FRÖHLICH
MANCHES OHNE REIM

Meine Klassenkameraden spielten Indianer oder Fußball, bastelten Stukas oder sammelten Granatsplitter. Ich komponierte. Mit zehn schrieb ich kleine Stücke für Klavier, die ich vor jedermann sorgfältig versteckte; denn Komponieren war eine verbotene Freude. Mit zwölf fing ich an, Lieder zu schreiben. Texte zu finden, die mir gefielen, war nicht einfach. Die Gedichte im Lesebuch schienen mir ungeeignet, und die väterliche Bibliothek mit den goldenen Klassiker-Ausgaben und dem lyrischen Hausschatz gab es nicht mehr. Sie war 1943 mit unserer Wohnung und allem Inventar durch eine Sprengbombe zerstört worden.

Aber ich besaß ein romantisches Lieder-Album. Darin fand ich auch dieses Heine-Gedicht, vertont von Robert Schumann. Es gefiel mir so sehr, daß ich es gleich noch einmal vertonen wollte, ganz anders als Schumann, nicht in esoterischem cis-Moll, sondern in dunklem a-Moll. Über einem Passacaglia-Thema im Klavier mit vollgriffigen Akkorden erfand ich eine chromatisch sich windende Melodie, die – wie ich meinte – den Text schaurig-schön illustrierte.

Was mich an dem Gedicht faszinierte, ohne daß ich es richtig verstand, war der von Strophe zu Strophe größer und schwerer werdende Sarg. (Ich war in dem Alter, wo mich alles anzog, was mit Tod und Grab zusammenhing.) Es schien mir vollkommen einleuchtend, daß ein solcher Sarg, größer als das Heidelberger Faß, länger als die

Brücke zu Mainz, von zwölf Riesen getragen werden mußte. Nur hinsichtlich des Sarginhalts war ich mir nicht recht im klaren.
In der ersten Strophe heißt es, die »alten, bösen Lieder« sollten begraben werden, die »Träume schlimm und arg«. Daß man gewisse Träume begraben müsse, hatte ich die Erwachsenen schon sagen hören. Sie meinten damit aber weniger die schlimmen als die angenehmen. Aber – Lieder begraben?
In der zweiten Strophe gibt sich der Dichter geheimnisvoll, erwähnt nur, daß er »gar Manches« in den Sarg hineinlegen will, ohne mit der Sprache herauszurücken. Da blieb viel Spielraum für die Phantasie, auch die musikalische, und mit einer Septime abwärts (statt, wie bei Schumann, einer Sext aufwärts) glaubte ich »Manches« vieldeutig ausgedrückt zu haben. Daß die zwei Schlußzeilen des Gedichts des Rätsels Lösung bringen, habe ich erst später begriffen. Das ironisch gesetzte Wörtchen »auch«, durch das der wahre Inhalt des Sarges heruntergespielt wird, habe ich in seiner Bedeutung verkannt. Für mich waren Liebe und Schmerz lediglich Grabbeigaben, die den durch »gar Manches« riesigschweren Sarg nur um weniges noch schwerer machten.
Weiß ich es heute besser? Ich habe meine alten Lieder nicht begraben; sie verschwanden einfach. Doch immer, wenn ich dieses Gedicht lese, fällt mir sofort wieder diese chromatische Melodie zu den Worten ein. Was ich inzwischen weiß, was ich nun verstehe: daß Heine die bösen Lieder wie die schlimmen Träume, die ja seine Lieder und seine Träume waren, von der Liebe und dem Schmerz gar nicht trennen konnte; daß also nicht »Manches«, sondern »Alles« in diesen Sarg hineingelegt werden sollte; daß das

Gedicht selber der Sarg war, in dem alles Platz hat; daß Heine sich in und mit diesem Gedicht von seinen alten Schmerzen und damit von der bösen Poesie lossagen wollte, weil »in schönen Versen allzu viel gelogen worden« sei; daß er aber zugleich wußte: »Was ich liebe, liebe ich für immer.«
Heine beschreibt nicht die Größe seiner Leiden. Er gibt nur die Maße und das Gewicht des Sarges an, in den er seine Liebe und seinen Schmerz hineinlegen will, für die es in diesem Gedicht, wie für »Lieder« und »Manches«, keinen Reim gibt.

HEINRICH HEINE
DIE GRENADIERE

Nach Frankreich zogen zwei Grenadier,
Die waren in Rußland gefangen.
Und als sie kamen ins deutsche Quartier,
Sie ließen die Köpfe hangen.

Da hörten sie beide die traurige Mär:
Daß Frankreich verloren gegangen,
Besiegt und zerschlagen das große Heer –
Und der Kaiser, der Kaiser gefangen.

Da weinten zusammen die Grenadier
Wohl ob der kläglichen Kunde.
Der eine sprach: Wie weh wird mir,
Wie brennt meine alte Wunde!

Der andre sprach: Das Lied ist aus,
Auch ich möcht mit dir sterben,
Doch hab ich Weib und Kind zu Haus,
Die ohne mich verderben.

Was schert mich Weib, was schert mich Kind,
Ich trage weit beßres Verlangen;
Laß sie betteln gehn, wenn sie hungrig sind –
Mein Kaiser, mein Kaiser gefangen!

Gewähr mir, Bruder, eine Bitt:
Wenn ich jetzt sterben werde,

So nimm meine Leiche nach Frankreich mit,
Begrab mich in Frankreichs Erde.

Das Ehrenkreuz am roten Band
Sollst du aufs Herz mir legen;
Die Flinte gib mir in die Hand,
Und gürt mir um den Degen.

So will ich liegen und horchen still,
Wie eine Schildwach, im Grabe,
Bis einst ich höre Kanonengebrüll
Und wiehernder Rosse Getrabe.

Dann reitet mein Kaiser wohl über mein Grab,
Viel Schwerter klirren und blitzen;
Dann steig ich bewaffnet hervor aus dem Grab –
Den Kaiser, den Kaiser zu schützen.

JOACHIM FEST
MEHR ERHITZT ALS ERLEUCHTET

Allen Mut zur Vereinfachung zusammennehmend, kann man in der deutschen Lyrik zwei genealogische Linien ausmachen: die eine eher liedhaft, mit Gedichten voll von Gemütstönen, die sich emphatisch über den Formenkatalog hinwegsetzen; die andere streng, in nahezu jeder Zeile ein hohes poetisches Kalkül verratend und häufig gedanklich verschlüsselt. Der Gegensatz ist vielfältig definierbar, die Namen Goethe, Heine oder Trakl stehen für die eine Linie; Hölderlin, Platen oder Stefan George für die andere.

Die Neigung für Gedichtetes entwickelt sich leichter und früher an den Zeugnissen der ersten Kategorie. Dann aber verwirft man, um von der eigenen Erfahrung zu reden, die alten Götter, da die eine Vorliebe die andere verbietet, ehe beide sich schließlich nebeneinander behaupten, Heines »Grenadiere« beispielsweise neben »Brot und Wein«.

Und wenn von solchen frühen Erinnerungen die Rede ist, kann jenes Grammophon nicht fehlen mit Schalltrichter, Handkurbel sowie bizarr gebogenem und im Betrieb unruhig wippendem Tonabnehmer. Denn viele Gedichte der klassischen und romantischen Zeit sind am einprägsamsten über die Musik erreichbar, nicht durchweg die bedeutendsten, aber zahlreiche bedeutende eben doch. Wie unsäglich die Schluchzer auch klingen mochten, mit denen ein längst vergessener Bariton das »Mein Kaiser, mein

Kaiser gefangen« aus Robert Schumanns Vertonung vortrug: etwas von der grandiosen Heineschen Unmittelbarkeit teilte sich darin unvergeßlich mit.

Heine hat in der Dialogpartie, die den dramatisch pointierten Höhepunkt des Gedichts bildet, zwei schroff unterschiedene Charaktere gegenübergestellt. Der eine hausväterisch besorgt, vom Lärm und abenteuernden Zugriff der großen Geschichte nur gestört, nicht ohne Unruhe an die Familie und die Rückkehr in den bürgerlichen Pflichtenkreis denkend; mit deutlicher Mißbilligung wird ihm nur eine Strophe zugeteilt, während dem anderen mehr als fünf gewährt werden: er steht weit über dergleichen privater Beschränktheit, weiß sich im Dienst einer Sache, die jeden Einsatz rechtfertigt und noch dem Toten eine Pflicht zuweist.

Dieser allein ist gemeint, das Gedicht eine Huldigung vor der Macht des großen, über den Einzelnen hinausweisenden Gedankens und nicht, wie man mitunter fälschlich gedeutet hat, vor dem Kaiser der Franzosen. Heine war kein Monarchist, auch kein Anwalt des Napoleonkults, wiewohl er Bonapartes Verdienste um die Ausbreitung der Ideen von 1789, nicht zuletzt auch um die Emanzipation der Juden, hoch achtete.

Der Kaiser ist nur eine Metapher: eine konkrete Erscheinung jener Idee, nach der die Menschen unentwegt auf der Suche sind, die sie unter wechselnden Vorzeichen finden und zur Not sich auch konstruieren. Denn irgendein überpersönlicher Gedanke erst, eine Zukunftsvorstellung, das Gefühl der Teilhabe an einer objektiven Bewegung der Geschichte gibt dem Leben einen Sinn; dem Leben vieler jedenfalls, die in ihm selber keinen zu finden wissen. Die »Grenadiere« sind auch ein Gedicht vom Ungenügen, sogar von der Verächtlichkeit privater Existenz, privaten Glücks.

Heine hat sich später verschiedentlich vom »Buch der Lieder«, dem das Gedicht entstammt, distanziert. Die der Zahl nach weit überwiegenden Liebesgedichte hat er als »in Honig getauchte Schmerzen« abgetan und im übrigen versichert, damals habe die Wahrheit ihn mehr erhitzt als erleuchtet. Zu denken ist, daß der zweite Vorbehalt vor allem auf Gedichte wie dieses zielt. Die bessere Einsicht, so meinte der Dichter, die er später gewonnen habe, laute weit einfacher, die Menschen sollten nur das tun, was tunlich ist – in der Kunst wie im Leben.

HEINRICH HEINE
DIE JAHRE KOMMEN UND GEHEN

Die Jahre kommen und gehen,
Geschlechter steigen ins Grab,
Doch nimmer vergeht die Liebe,
Die ich im Herzen hab.

Nur einmal noch möcht ich dich sehen,
Und sinken vor dir aufs Knie,
Und sterbend zu dir sprechen:
Madame, ich liebe Sie!

WULF SEGEBRECHT
MADAME, ICH LIEBE SIE!

Liebende empfinden ihre intimen Beteuerungen, wenn ich recht unterrichtet bin, als höchst poetisch, höchst individuell und höchst einmalig. Zyniker und kalte Analytiker der Herzenssprache behaupten demgegenüber, Liebende flüsterten sich im Prinzip immer dasselbe zu und ihre Schwüre seien eigentlich, genaugenommen, ziemlich banal und trivial.

Heinrich Heines Gedicht bespricht beide Aspekte des gängigen Liebesdiskurses: die vermeintliche Einmaligkeit des individuellen Liebesbekenntnisses und seine offensichtlich komische Kehrseite; das Gedicht realisiert beides: die ewige Trivialität und die ewige Originalität der Sprache der Liebe.

Banaleres als der Anfangsvers kann kaum ausgedacht werden: »Die Jahre kommen und gehen« – je nun, was sonst sollten sie tun, alles ist nun einmal vergänglich. Spätestens das Pathos der zweiten Zeile – »Geschlechter steigen ins Grab« – entlarvt diese Allerweltseinsicht als Binsenweisheit, die nur dazu dient, der These von der Unvergänglichkeit der Liebe den gehörigen topischen Kontrast zu verschaffen. Damit ist das Thema entwickelt: Alles vergeht – was aber bleibet, stiftet (angeblich) die Liebe. Diese antithetische Argumentation ist so unoriginell wie möglich und so typisch wie denkbar. So, mit echten Belanglosigkeiten und mit falschem Pathos, reden halt die Liebesleut' daher, eh wie je, in der Lyrik wie im Leben.

Diese Rekapitulation üblicher Sprechweisen der Liebenden, die zugleich ihre Demaskierung ist, scheint sich in der zweiten Strophe ungehindert fortzusetzen. Daß der Liebende sich danach sehnt, nur ein einziges Mal seine Liebe offenbaren zu dürfen, daß er sogar bereit ist, für diesen einmaligen Lebensaugenblick »aufs Knie« zu sinken und flugs zu sterben, gehört zu den ebenso konventionellen wie komischen und letztlich unlogischen Strategien aller Liebeserklärungen, so ernst sie auch immer gemeint sein mögen. Die behauptete Ewigkeit der Liebe tritt in den Gegensatz zu der ersehnten Einmaligkeit ihrer Erfüllung. Die allgemeine Vergänglichkeit derer, die ins Grab steigen, wird in Wahrheit nicht aufgehoben von demjenigen, der, im Bestreben, sie aufzuhalten, »aufs Knie« sinkt, um sogleich, inmitten der höchsten Seligkeit, zu sterben. Steigen und sinken sind nur zwei Seiten derselben Sache: Sie bezeugen die pathetische Allgegenwärtigkeit der Platitüde: Das Triviale ist immer schon da, wo sich die Liebe öffentlich äußert, gleichgültig, ob es um ihre Ewigkeit geht oder um ihre Einmaligkeit.

Dennoch hat sich von der ersten zur zweiten Strophe etwas verändert. An die Stelle der anonymen Allgemeinplätze der ersten Strophe sind nun direkte Anreden an ein Du getreten, an die Geliebte. Dreimal wird sie so angeredet, wie es in der Liebe ohnehin, in der Lyrik erst recht und in der Liebeslyrik geradezu ausnahmslos die Regel ist: mit dem »Du«. Und erst ganz am Schluß, dort, wo üblicherweise das entscheidende Liebesbekenntnis steht, auf das alles hinausläuft, wechselt Heine die Anredeform und geht zum scheinbar distanzierten »Sie« über. Ist dieses »Sie«, noch dazu an eine »Madame« gerichtet, worunter man sich eine gereifte, vielleicht gar schon verheiratete

Frau vorstellen mag, nur eine witzige Pointe, die das Liebesbekenntnis selbst und alles Vorangegangene relativieren oder gar für ungültig erklären will?

Das wäre aber nur eine Lesart der komplizierten Sache, die »Liebe« heißt. Die andere Lesart ergibt sich dann, wenn man die distanzierte »Sie«-Anrede an die Geliebte als den Versuch versteht, die Konventionen der Liebeslyrik, in der undifferenziert geduzt wird, zu durchbrechen und sich der Geliebten mit einer ganz und gar unüblichen, einmaligen, originellen Anrede zuzuwenden. Das Originelle des Liebesgedichts bestünde dann gerade in der Verwendung der Formen der Distanz, während sich die distanzlosen Liebesbeteuerungen als das Konventionelle erwiesen.

Die eine Lesart zuzulassen, ohne die andere auszuschließen – das ist Heines Kunst. »Ich werde nächstens meine Geliebte besingen«, verriet er 1824 stolz einem Göttinger Studienfreund, »so idealistisch wie ich nur kann, werde sie aber immerfort Sie nennen.«

HEINRICH HEINE
DOKTRIN

Schlage die Trommel und fürchte dich nicht,
Und küsse die Marketenderin!
Das ist die ganze Wissenschaft,
Das ist der Bücher tiefster Sinn.

Trommle die Leute aus dem Schlaf,
Trommle Reveille mit Jugendkraft,
Marschiere trommelnd immer voran,
Das ist die ganze Wissenschaft.

Das ist die Hegelsche Philosophie,
Das ist der Bücher tiefster Sinn!
Ich hab sie begriffen, weil ich gescheit,
Und weil ich ein guter Tambour bin.

HANS DAIBER
DIE TIEFE AN DER OBERFLÄCHE

Für mich ist das die Hymne des Journalismus, eines relativ fröhlichen Kriegs, denn die Getroffenen bleiben am Leben. Das Trommelmotiv gibt es öfters bei Heine, da schlagen vielleicht die Kindheitserinnerungen durch, die er im Buch Le Grand übertrieb. Die Marketenderin taucht ebenfalls noch anderweitig auf, sie ist nur herzhaftes Dekor. Wenn man ihren Auftritt hier als Rat auffaßt, auch sein Vergnügen in der Branche zu suchen, dann ist sie doppelt gerechtfertigt.
Ernster ist's mit der Hegelschen Philosophie. Als Harry Heine in Berlin Jura studierte, verglich man den grämlichen, ältlichen, schwäbelnden, sich verklausulierenden Professor Hegel mit Aristoteles, Alexander, sogar mit Christus, und Heine wurde einer seiner Jünger. Die Steigerung des Selbstgefühls, die Hegel verursachte, hat Heine sich erhalten, obwohl er sich allmählich immer mehr von ihm distanzierte.
Als er das Gedicht »Doktrin« schrieb (1842), das sogleich in der Pariser »Deutschen Zeitung« veröffentlicht wurde, war Hegel schon elf Jahre tot. Als man »Doktrin« im »Vorwärts!« (damals noch mit Ausrufungszeichen) lesen konnte (1844) und bald darauf im Buch, äußerte Heine sich spöttisch über den »Maestro«. Und noch einmal zehn Jahre später nannte er ihn eine »Bruthenne« auf »fatalen Eiern«.
Heine hat die Hegelsche Doktrin nie geprüft, ein Philo-

soph ist er nie gewesen, aber ihre politische Bedeutung hat er vorausgesehen – auch daß man sie rechtsherum und linksherum exerzieren kann. Er hat also das Wesentliche durchaus erkannt, obwohl er Hegel im Detail »ehrlich gesagt, selten verstand«, und »Doktrin« ist sogar ein Bekenntnis zur Simplifikation. Die Leichtfertigkeit des Gedichts ist sein Charme; in der gebotenen Eile ins Schwarze treffen, das ist es, was man Heine als Journalist neiden kann. Divinatorisch erkannte er die Tiefe an der Oberfläche.

Das Gedicht ist scheinbar schnell geschrieben; aber die Lässigkeit ist kalkuliert, schnell geschrieben hat Heine nie. Was sich leichtfertig gibt, wurde nicht leicht fertig. Die purzelnden Daktylen täuschen das vor, zumal da sie schadhaft sind, nämlich trochäisch gebremst. Diese Bremswirkung hebt »Marketenderin«, »ganze Wissenschaft«, »Bücher tiefster Sinn«, »Leute aus dem Schlaf«, »Reveille mit Jugendkraft« stark hervor, zumal da man in Versuchung ist, den trommelnden Daktylus beizubehalten und Silben zu doppeln: Máharketéhenderín. Diese prosaischen Brechungen sind gewiß Berechnung. Dreimal bringt ein Auftakt die Versfüße vorübergehend ins Stolpern. Daß zwei Zeilen wiederholt werden, steigert Behauptungen zu Beteuerungen: es sei wirklich nicht mehr dran an den Büchern und der Wissenschaft. Zwölf Zeilen waren ihm offenbar schon zuviel, um die fundamentale, aber einfache Lehre zu formulieren.

Hat Heine mit anmutiger Geste ein glänzendes Senkblei geworfen? Es ist wohl nur ein versilberter Korken. Hätten seine Worte das volle Gewicht, sie wären längst untergegangen. So aber bleibt das Rezept für mediengerechtes Verhalten publik: furchtlos trommelnd voranzugehen.

HEINRICH HEINE
EIN FICHTENBAUM

Ein Fichtenbaum steht einsam
Im Norden auf kahler Höh.
Ihn schläfert; mit weißer Decke
Umhüllen ihn Eis und Schnee.

Er träumt von einer Palme,
Die, fern im Morgenland,
Einsam und schweigend trauert
Auf brennender Felsenwand.

WOLF WONDRATSCHEK
WAS TRÄUMT DIE PALME?

Gelobt sei Heinrich Heine, denn er hat sich – wie keine zweite deutsche Dichterseele – vor allem in *verständlichen* Gedichten ausgetobt. Dafür ist er, bis heute, eigentlich eher bestraft worden. Gerade jene Leute, die lieber keine Deutlichkeiten haben mögen (schon gar nicht in der Poesie), rächen sich, daß sie nun plötzlich *auch* verstehen müssen, was gemeint ist. So ist, glücklicherweise, Heine nie zu jenem Marmor erstarrt, der unsere Klassiker für alle Zeiten den nachkommenden Zeiten enthebt. Andersherum wußte er wohl am besten selbst, daß ihn gerade deren Zorn über den eigenen Tod hinaus lebendig halten würde.

Was Geheimnis ist, und unausdeutbar, gelang Heine sanft im Übergang zur Ironie. Groß war er darin, daß er jene deutschen Dunkelheiten vermied, die doch nur der Eitelkeit der Intellektuellen schmeicheln, die alle Engpässe ihres Fühlens, Träumens und Verstehens einölen mit Interpretation; und genau dafür taugt ein so schönes, so schön einfaches Gedicht wie das hier nicht viel. Hat das nicht doch eher ein Kind hingeschrieben, um sich in Reimen zu üben?

Die verkennbare Qualität eines einfachen Gedichts liegt oft nur in einem einzigen Wort, einem Wörtchen gar. Ich liebe, bis zur schieren Bewunderung, dieses eine Wörtchen »trauert« – es macht alles auf eine schwermütige Weise unlogisch. Welche Logik wäre denn auch denkbar?

Etwa die, daß einem Erfrierenden der bloße Gedanke zu verbrennen, für Sekunden wenigstens, doch Erleichterung verschafft?
Der Traum selbst trauert, und Heine hält die Gefühle ausweglos in der Balance. Da träumt der nordische Fichtenbaum nicht frierend davon, eine palmwedelnd freche Kokospalme zu sein, in irgendeiner meerblauen Brise schaukelnd, und wie in Schlagertexten bestückt mit boshaften Affen. Das Land, wo die Zitronen blühen? Der heilende Süden? Nein, er träumt vom brüderlichen Leid und der entsetzlichen Gemeinsamkeit im Schweigen und im Einsamsein; träumt, selbst gequält, doch nur von anderen Qualen.
Die Palme! Wo sie ist, da ist Wasser. Und Wasser ist, wo sie wächst, Luxus. Die Palme ist der Dandy unter den Bäumen, kräftig, wie eine den Himmel peitschende Reitgerte gebogen. Kein Baum strebt so direkt, so elegant hinauf – und scheitert dann so geschmeidig. Während der Fichtenbaum, der meine Phantasie weit weniger erregt, immer wirkt, als warte er eher ganz eisern ab, die Spitze hochgereckt zum Himmel wie ein Dolch, stur, mächtig und düster, da bezaubert die Palme, wie es Roland Barthes ausdrückt, mit »höherer Wirkung«.
Der Fichtenbaum, dessen Rauschen einen Nietzsche nächtelang wachhielt, träumt nicht von seiner Erlösung, nicht einmal von Illusion (die da wären: Strand, Sonne, Meer – wofür die Palme sinnbildlich vereinfacht ja steht). Von allem Luxus, selbst dem einer Oase, wo Palmen bekanntlich gedeihen, im Stich gelassen, trauert er, nicht mehr Mythos, und auch ohne jene verzaubernde Eleganz, der Eleganz eines Einsamen. Ich sehe natürlich seinen Stolz, auch seine Demut – und fühle, wie einfach und

endgültig tödlich die beiden Welthälften sich zueinanderfügen.
Von diesem Kreis eingeschlossen, findet kein Traum zur Utopie, und kein Gequälter Heilung von der Mühsal, einzeln auszuharren, zu leben und zu leiden. Diese zwei Strophen widerlegen das idealistische Nord-Süd-Gefälle unserer Empfindungen, dieser Süden – ausgedehnt wohlweislich über Italien hinaus bis hinunter und hinüber ins Morgenland – ist eben auch nur die Hölle. Und das erzählt uns Heine so großartig kleinlaut im naivsten Tonfall, wie es eben nur ein Dichter vermag, dem die »deutsche Muse« nicht eine reine, unberührt entrückte, holde Weiblichkeit ist, sondern, wie er es in der Vorrede zur zweiten Auflage vom »Buch der Lieder« zu sagen wagt, »die gute Dirne«.
Das Gedicht als die Bekanntschaft mit dem Sagbaren, bei Heine gar dem Singbaren; der Traum nicht als tröstende Ergänzung zum trostlosen Leiden und Leben, sondern als überraschende Wahrheit; und die Poesie einfach und verständlich statt einfältig hochtrabend – das gefällt mir, das Herabsinken aufs höhere Niveau.

HEINRICH HEINE
ENFANT PERDU

Verlorner Posten in dem Freiheitskriege,
Hielt ich seit dreißig Jahren treulich aus.
Ich kämpfte ohne Hoffnung, daß ich siege.
Ich wußte, nie komm ich gesund nach Haus.

Ich wachte Tag und Nacht – Ich konnt nicht schlafen,
Wie in dem Lagerzelt der Freunde Schar –
(Auch hielt das laute Schnarchen dieser Braven
Mich wach, wenn ich ein bißchen schlummrig war).

In jenen Nächten hat Langweil ergriffen
Mich oft, auch Furcht – (nur Narren fürchten nichts) –
Sie zu verscheuchen, hab ich dann gepfiffen
Die frechen Reime eines Spottgedichts,

Ja, wachsam stand ich, das Gewehr im Arme,
Und nahte irgend ein verdächtger Gauch,
So schoß ich gut und jagt ihm eine warme,
Brühwarme Kugel in den schnöden Bauch.

Mitunter freilich mocht es sich ereignen,
Daß solch ein schlechter Gauch gleichfalls sehr gut
Zu schießen wußte – ach, ich kanns nicht leugnen –
Die Wunden klaffen – es verströmt mein Blut.

Ein Posten ist vakant! – Die Wunden klaffen –
Der Eine fällt, die Andern rücken nach –
Doch fall ich unbesiegt, und meine Waffen
Sind nicht gebrochen – Nur mein Herze brach.

MANFRED WINDFUHR
EIN POSTEN IST VAKANT

Heine hat in den Leidensjahren auf die Hauptfragen seines Lebens letzte Antworten gegeben, über das Erreichte Bilanzen aufgestellt. »Enfant perdu« ist sein politisches Vermächtnis, erschienen 1851 im »Romanzero« am Ende der ersten »Lazarus«-Serie. Heine resümiert darin seine Rolle im Kampf gegen die Restauration.
Die Jahresangabe ist recht exakt, denn Anfang der zwanziger Jahre begann er mit den ersten kritischen Artikeln und Gedichten. Er unterstützte die beiden Revolutionen seiner Zeit, wenn auch mit abnehmender Intensität, und beförderte in einem nicht nationalistisch zu verstehenden Sinn die ersten Schritte unserer Demokratie. Jetzt nahm ihm die fortschreitende Lateralsklerose die Feder aus der Hand. Das Ergebnis seiner politischen Erfahrungen erschien ihm mit Recht zwiespältig.
Bei dem Wort »Freiheitskrieg« dachten die deutschen Zeitgenossen natürlich nicht an demokratische Emanzipation oder Revolution im Bund mit den fortgeschrittensten Franzosen, sondern an ihren Kampf gegen Napoleon I., also an einen eher gegenrevolutionären Vorgang. Wie oft funktioniert Heine zentrale Begriffe seiner Zeit um und gibt ihnen einen gegenteiligen Sinn. Mit diesem Gedicht schließt er offensichtlich an eigene, wiederholt gebrauchte Formulierungen an, die über Jahre hinweg begegnen.
1829 heißt es an der Marengo-Stelle der Italienreise pathetisch: »Aber ein Schwert sollt ihr mir auf den Sarg legen;

denn ich war ein braver Soldat im Befreiungskriege der Menschheit.« Gegenüber seinem Mentor Varnhagen äußert Heine im Juli 1833, anspielend auf aristokratische Überheblichkeit und antijüdischen Druck: »Daß ich aber einst die Waffen ergriff, dazu war ich gezwungen durch frechen Hohn, durch frechen Geburtsdünkel – in meiner Wiege lag schon meine Marschroute für das ganze Leben.« In den synthetischen Helgoländer Briefen aus dem Börnebuch (1840) nimmt er die vorige Bemerkung auf und führt sie bereits nahe an die spätere Gedichtaussage heran: »Einst, als ich noch jung und unerfahren, glaubte ich, daß wenn auch im Befreiungskampfe der Menschheit der einzelne Kämpfer zugrunde geht, dennoch die große Sache am Ende siege.«

Wie sehr der Anfang von »Enfant perdu« Selbstzitat ist und sein soll, belegt eine bisher unausgewertete Handschrift aus dem Düsseldorfer Heine-Institut. Auf der Grundlage einer Schreiberabschrift, die bereits den späteren Wortlaut der ersten beiden Zeilen enthält, erwägt der Autor mit der für die Krankheitszeit typischen zittrigen Bleistiftschrift folgende Version (im Klartext): »Verlor'ner Posten in dem Freiheitskrieg der Menschheit/ Treulich hielt ich seit dreißig Jahren aus.« Der Dichter hat seine früheren Formulierungen noch exakt im Kopf und vergißt für einen Augenblick das gewählte fünftaktige Metrum. Auch der Anfang der zweiten Zeile ist metrisch fehlerhaft. Daher kehrte er danach wieder zur früheren Version zurück.

Die Variante bekräftigt, daß wir es nicht mit dem nationalen Kampf von 1813, sondern mit einem emanzipatorischen Weltvorgang zu tun haben. Andererseits enthält die Handschrift bereits die korrekte Version der dritten Zeile:

»Ich kämpfte ohne Hoffnung, daß ich siege.« Obwohl auch der Erstdruck das Präteritum aufweist, verwenden die meisten Heine-Ausgaben bis heute hier irrigerweise die Präsenzform »kämpfe«, auch die unserem Abdruck zugrunde gelegte Ausgabe. Ob sich die Editoren doch nicht mit Heines Selbstpensionierung als Politiker zufrieden geben wollten?

Trotz einiger sarkastischer Züge und Annäherungen an den Prosaduktus ist der anspruchsvoll-bekenntnishafte Ton früherer politischer Aussagen geblieben. Entgegen der heute um sich greifenden Praxis, Heine als reinen Ironiker zu verstehen, zeigen uns die Quellen, daß er immer dann feierlich-pathetisch wird, wenn für ihn zentrale Anliegen zur Rede stehen. Ähnlich ernste Töne begegnen auch in manchen klagenden Liebesgedichten, religiösen Konfessionen und prophetischen Ankündigungen. Vor Unterschiebung von Ironie durch den Interpreten muß an solchen Stellen ausdrücklich gewarnt werden.

HEINRICH HEINE
GEDÄCHTNISFEIER

Keine Messe wird man singen,
Keinen Kadosch wird man sagen,
Nichts gesagt und nichts gesungen
Wird an meinen Sterbetagen.

Doch vielleicht an solchem Tage,
Wenn das Wetter schön und milde,
Geht spazieren auf Montmartre
Mit Paulinen Frau Mathilde.

Mit dem Kranz von Immortellen
Kommt sie, mir das Grab zu schmücken,
Und sie seufzet: »Pauvre homme!«
Feuchte Wehmut in den Blicken.

Leider wohn' ich viel zu hoch,
Und ich habe meiner Süßen
Keinen Stuhl hier anzubieten;
Ach! sie schwankt auf müden Füßen.

Süßes, dickes Kind, du darfst
Nicht zu Fuß nach Hause gehen;
An dem Barrière-Gitter
Siehst du die Fiaker stehen.

FRIEDRICH TORBERG
BLUMEN DER UNSTERBLICHKEIT

In diesem Gedicht ist der ganze Heine. Wäre der Begriff »total« steigerungsfähig – man könnte es sein totalstes Gedicht nennen.
Er war ein evangelisch getaufter Jude, und was an ihm jüdisch war, ist trotz der Taufe jüdisch geblieben. Er hat sich oft genug seines Judentums besonnen, gern, ungern, wehmütig, kämpferisch, verzweifelt. Aber den Anspruch auf ein »Kadosch«-Gebet an seinen Sterbetagen hatte er verwirkt, das wußte er, und den Anspruch auf eine Messe hatte er nicht erworben, auch das wußte er. Im übrigen kennt der evangelische Ritus keine gesungenen Totenmessen, und das jüdische Gebet für die Sterbetage heißt »Jiskor«, nicht »Kadosch« (oder »Kadisch«). Natürlich wußte er auch das und hielt es mit Recht für unwichtig. Hier geht es ja nicht um liturgische Korrektheit, sondern um Bild und Stimmung des Gedenktags, um die fast schon klischierte Vision der Trauer, die sich einer gesungenen Messe und einem gesagten Kadosch beigesellt. Beides wird ihm versagt bleiben. Und darin ist eigentlich schon seine ganze Lebensgeschichte enthalten.
Nicht aber die Geschichte seines Schaffens, seines Werks, seines Ruhms. Denn daß »nichts« gesagt und gesungen würde, daß man seiner vergessen könnte – daran glaubt er ja selbst nicht. Wenn er dennoch so tut, als glaubte er's, geschieht es mit dem koketten Zwinkern dessen, der sich des Gegenteils sicher weiß. Er hat es längst zu Protokoll

gegeben: »Nennt man die besten Namen, so wird auch der meine genannt.«
Die Koketterie setzt sich in die nächste Strophe fort, in die skeptische Einschränkung, daß Frau Mathilde sein Grab »vielleicht« besuchen wird, »wenn das Wetter schön und milde«. Sonst vielleicht nicht. Und was sie auf den Montmartre lockt, ist nicht der Friedhofsbesuch allein, sondern gleichermaßen ein Spaziergang mit Paulinen, ihrer Freundin, über die er sich als »Mathildens Melone« lustig zu machen liebte. Das Ganze ist von der Melancholie eines Grabgangs ziemlich weit entfernt.
Immerhin: Frau Mathilde hat einen Kranz mitgebracht, ihm das Grab zu schmücken, und die feuchte Wehmut in ihren Blicken tut der klischierten Trauer eine weitere Genüge. »Pauvre homme!« seufzt sie. »Ich bin ein deutscher Dichter, bekannt im deutschen Land«, hieß es in jenem Protokoll. Aber wenn an seinem Sterbetag schon etwas gesagt wird, wird es französisch gesagt. Klingt ja auch viel hübscher als »Armer Kerl!« Französisches mitten in einem deutschen Gedicht macht sich immer gut, kommt seiner weltmännischen Grandezza gerade recht. Noch einmal flackert die Koketterie von vorhin auf, noch ein letztesmal.
Jetzt nämlich wird's ernst, viel ernster, als es den ungebrochen lässigen Anschein hat, so ernst wie in seiner zur ungefähr gleichen Zeit entstandenen Beschwörung »An die Engel« mit den erschütternden Zeilen: »Seid Schild und Vögte eurem Ebenbilde, / Beschirmt, beschützt mein armes Kind, Mathilde!« und nochmals nach der Todesahnung zum Schluß »Ihr Engel, schützt Mathilde!« Nur daß in der »Gedächtnisfeier« aus dem armen Kind ein süßes, dickes geworden ist. Nur daß er ihr anstelle des Schutzes

der Engel, den er ihr nicht anbieten kann, wenigstens einen Stuhl anbieten möchte – und nicht einmal dazu reicht es. Er muß die Fiaker vom Barrière-Gitter herbeizitieren, damit sie sein süßes, dickes Kind nicht zu Fuß nach Hause gehen lassen.

Es ist ein Kavalier von himmlischen Gnaden, der sich hier verabschiedet und mit wahrhaft überirdischer Eleganz auf Mathilde, auf uns, auf sich selbst herniederlächelt. Es ist der ganze Heine, der uns aus den fünf Strophen dieser Autobiographie entgegenglitzert und entgegenzwinkert. Es ist eine Gedächtnisfeier, wie sie ihm keine noch so klangvoll gesungene Messe, kein noch so fromm gesprochenes Kadosch hätten veranstalten können. Schon deshalb nicht, weil er nicht an solche Gedächtnisfeiern glaubt.

Der Kranz jedoch, den Frau Mathilde ihm mitgebracht hat, besteht aus Immortellen, den Blumen der Unsterblichkeit. An die glaubt er.

HEINRICH HEINE
ICH HAB IM TRAUM GEWEINET

Ich hab im Traum geweinet,
Mir träumte, du lägest im Grab.
Ich wachte auf, und die Träne
Floß noch von der Wange herab.

Ich hab im Traum geweinet,
Mir träumt', du verließest mich.
Ich wachte auf, und ich weinte
Noch lange bitterlich.

Ich hab im Traum geweinet,
Mir träumte, du bliebest mir gut.
Ich wachte auf, und noch immer
Strömt meine Tränenflut.

WERNER WEBER
SCHATTENGESPRÄCH

»Tragödien, nebst einem lyrischen Intermezzo, von H. Heine«: der Band ist 1823 erschienen. Zum »Intermezzo«, zur Gedichtfolge zwischen den Tragödien »William Ratcliff« und »Almansor«, gehört als Nummer fünfundfünfzig »Ich hab im Traum geweinet«. 1827 erscheint das »Intermezzo« als Teil im »Buch der Lieder«; danach hat das Gedicht »Ich hab im Traum geweinet« den größeren Echoraum. Das Ohr kann nun die Rede prüfen, »wie der Gaumen die Speise schmeckt«.
Heine war anfangs der Zwanzig, als er die Strophen schrieb. Eine Strophenfolge, deutlich organisiert und in der Deutlichkeit verwunschen – das gleiche immer anders; ein kalkuliertes Betören. Das ist nicht geklopft wie jenes »Ein Jüngling liebt ein Mädchen, / Die hat einen andern erwählt ...«; keine »getrommelten Tränen«. Ein Lied will zu sich kommen; es beschwört sich selber mit immer denselben Gebärden und hält doch den Zweifel aus, was wahrer sei: Schmerzen zu beweinen oder sie zu belachen. Heine, der nicht mogelt, hat im Hinblick auf eine solche Sorte von kleinen, maliziös-sentimentalen Liedern gesprochen. Es seien »nur Variazionen desselben kleinen Themas«. Aber das kleine Thema hat bei den Lesern große Neugier geweckt. Wer war es und wann und wo? Die entsprechenden Geschichten sind bekannt. Nicht gleich bekannt ist Heines Bemerkung (gegenüber Immermann, Lüneburg, 10. Juni 1823): »Es kränkte mich tief und bitter,

als ich gestern im Briefe eines Bekannten ersah, wie er sich mein ganzes poetisches Wesen aus zusammengerafften Histörchen construiren wollte ...« Ich lasse die Histörchen. Das Gedicht hat eigene Kompetenz. (Bei Valéry heißt das: *l'œuvre est l'œuvre*.)
Drei Strophen, jede von ihnen zur Hälfte besetzt mit der gleichsinnigen, gleichlautenden Folge: »Ich hab im Traum geweinet«; »mir träumte«; »ich wachte auf«. Durch die refrainartige Wiederholung verliert der Vorgang – wenn das Ohr die Rede prüft, wie der Gaumen die Speise schmeckt – seine Delikatesse. Doch gerade da nimmt das Besondere seinen Anfang. Das Weinen – »Ich hab im Traum geweinet« –, so noch schematisch angeflogen, wird beseelt, von Strophe zu Strophe, durch wunderbar erwogene Variationen einfacher Redensart: »die Träne / Floß noch von der Wange herab«; »ich weinte / Noch lange bitterlich«; »noch immer / Strömt meine Tränenflut«. Und die unsinnlichen temporalen Elemente – »noch«, »noch lange«, »noch immer« – verlängern die Sinnlichkeit der im Traum erfahrenen Ereignisse in den Tag, ins Wachsein hinein. Aber nur bedingt in den gegenwärtigen Tag, ins gegenwärtige Wachsein; alles bleibt von Flören des Präteritums umspielt, als wäre bare Gegenwärtigkeit nicht auszuhalten. Es sind geträumte Möglichkeiten von Verlust, stillschweigend von verbitterter Hoffnung auf Glück umgeben – im geträumten »du bliebest mir gut« (andere Fassung: »du wärst mir noch gut«) die wehe Gegenstimme: du bleibst mir gut, du bist mir gut. Da ist dann das Weinen nicht nur Sache des Traums, keine Gebärde des Es war Einmal; es ist Gegenwart, die das Gedicht bis zu diesem Schluß versteckt hat: »und noch immer / Strömt meine Tränenflut«.

Am 14. April 1822 hat Heine an seinen Freund Christian Sethe geschrieben, er habe sich in schlafloser Nacht alles aufgezählt, was er liebe, und da sei als »Nr. 1« ein weiblicher Schatten, der jetzt nur noch in seinen Gedichten lebe. Zu Heines Schattengesprächen gehört das Gedicht »Ich hab im Traum geweinet«. Es gibt sich wie ein Volkslied, Marke »Wunderhorn«; oder mitbestimmt durch den Ton des »reisenden Waldhornisten« Wilhelm Müller, dessen Liedern Heine »jugendliche Ursprünglichkeit« nachrühmte. Aber Heine weiß, daß er seinen eigenen Liedern gerade das – »jugendliche Ursprünglichkeit« – nicht nachrühmen kann; für sie gilt das Gegenteil: Artistik, in unvergleichlichem Wechsel des Tons von süßem, leidenschaftlichem Singen bis zum trotzig-ironischen Nennen. Bei Robert Schumann, op. 48, 1840 – »Dichterliebe« –, ist manches davon zu hören; dort die Nummer 13: »Ich hab im Traum geweinet«. Ein Schattengespräch in Musik.

HEINRICH HEINE
ICH HATTE EINST
EIN SCHÖNES VATERLAND

Ich hatte einst ein schönes Vaterland.
Der Eichenbaum
Wuchs dort so hoch, die Veilchen nickten sanft.
Es war ein Traum.

Das küßte mich auf deutsch und sprach auf deutsch
(Man glaubt es kaum
Wie gut es klang) das Wort: »Ich liebe dich!«
Es war ein Traum.

WALTER HINCK
SPRACHE ALS VATERLAND

Ein Exilgedicht, ein Liebesgedicht, ein Gedicht über die Heimatsprache. Heine schrieb es in der frühen Zeit seiner Pariser Emigration (Erstdruck 1834). Es ist unter den Versen, die er zunächst in der Gruppe »Träumereien«, dann unter dem Titel »In der Fremde« zueinander stellte, das schönste, nämlich das wortkargste und sinnreichste. Man merkt, was Heine dem deutschen Volkslied verdankt, seiner Innigkeit und Schlichtheit – seiner Süße; und man sieht, wie dieser Rohstoff durch seine Sprachraffinerie gegangen ist.

Natürlich muß man auf der Hut sein. Seine Lobrede kann auch Spottrede sein, seine Bonhomie Ironie; oft sind seine Schalmeienklänge Sirenengesänge. Zumal Teutonisches ist nie vor seiner Davidsschleuder sicher. So hat er nicht nur einmal den Eichenbaum, wenn er ihn als Symbol germanischen Kraftprotzentums verstand, satirisch gefällt.

Heine wendet die Ironie auch gegen sich selbst. So setzt der Schluß eines 1839 entstandenen Gedichts die erste Strophe unseres Textes ins Zwielicht. Es ist dort »Schildas teurer Eichenhain«, in dem sich der Dichter so wohl fühlte und wo er seine »zarten Reime« aus »Veilchenduft und Mondenschein« wob. Schilda? Das ist natürlich ein Wortsignal für Abstand. Und doch unterläuft auch dort Sympathie die ironische Abwehr.

In unserem Text ist dem Dichter das »schöne Vaterland« zu einem »Traum« geworden. Freilich meint Traum hier

nicht einfach das Unwirkliche. »Traum« steht für einen Zustand zwischen »traumhaftem« Glück und Glück als bloßem Traum. Jedenfalls ist das Vaterland in diesem Gedicht der Wehmut, des Heimwehs tatsächlich würdig.
Was Heimat bedeuten kann, faßt die zweite Strophe im Kuß und im Wort der Geliebten zusammen. Vor allem hier offenbart sich Heines Verskunst. Durch den Satzeinschub in Klammern wird die Volkslieddiktion rhythmisch aufgebrochen und die Erwartung wirkungsvoll zum entscheidenden Wort »Ich liebe dich!« hingehalten. Keine andere Sprache, so gibt der Dichter zu verstehen, hat ein angemesseneres Wort für Zärtlichkeit als die Heimatsprache; sie eben ist die Sprache der Zärtlichkeit.
Aber noch tiefere Beziehungen zu dieser Sprache deuten sich an. Heine ist Jude, ist im doppelten Sinne »heimatlos«. Dem Exil ging das »innere Exil« des jüdischen Außenseiters voraus. Nur in der deutschen Sprache konnte er eigentliche Heimat finden. So schreibt schon der frühe Heine, der Bonner Student, im Aufsatz »Die Romantik«: »das deutsche Wort« ist »unser höchstes Gut«, ein »Freiheitswecker«, ist »ein Vaterland selbst demjenigen, dem Torheit und Arglist ein Vaterland verweigern«.
Ein Vaterland in diesem Sinne ist dem Dichter die deutsche Sprache geblieben. Und viele der Verfolgten, die in unserem Jahrhundert vom Hitlerregime ins Exil getrieben wurden, zumal jüdische, haben berichtet, wie sehr sie gerade in Versen Heines ihre eigenen Empfindungen ausgedrückt fanden. So bleibt bedeutende Dichtung lebendig für verwandte Erfahrungen in anderer geschichtlicher Situation.

HEINRICH HEINE
LOTOSBLUME

Wahrhaftig, wir beide bilden
Ein kurioses Paar,
Die Liebste ist schwach auf den Beinen,
Der Liebhaber lahm sogar.

Sie ist ein leidendes Kätzchen,
Und er ist krank wie ein Hund,
Ich glaube, im Kopfe sind beide
Nicht sonderlich gesund.

Vertraut sind ihre Seelen,
Doch jedem von beiden bleibt fremd
Was bei dem andern befindlich
Wohl zwischen Seel und Hemd.

Sie sei eine Lotosblume,
Bildet die Liebste sich ein;
Doch er, der blasse Geselle,
Vermeint der Mond zu sein.

Die Lotosblume erschließet
Ihr Kelchlein im Mondenlicht,
Doch statt des befruchtenden Lebens
Empfängt sie nur ein Gedicht.

WALTER HINCK
SEELENLIEBE, MAGERKOST

Mouche (Fliege) nannte Heine die junge deutsche Schriftstellerin Elise Krinitz, die ihm in seinem letzten Lebensjahr (1855/56) durch regelmäßige Besuche die schweren Tage der »Matratzengruft«, des Krankenlagers in seiner Pariser Wohnung, leichter machte; und »Lotosblume« ist das wohl bekannteste seiner Mouche-Gedichte. Ohne Wehleidigkeit belächelt der Autor seine eigene Hilflosigkeit, Entsagung und auch Lächerlichkeit. Die Ironie, bewundert und gefürchtet als geistige Waffe Heines, hier dient sie, als Selbstironie, dem Dichter zu seelischem Selbstschutz.
Das ironische Spielfeld schafft sich Heine durch den Rückbezug auf ein früheres Lotosblumen-Gedicht, auf den zehnten Text im Zyklus »Lyrisches Intermezzo« (1822 bis 1823), mit dem die Lotosblumen-Metapher überhaupt erst in die deutsche Lyrik eingeführt wird. Partner im Liebesgleichnis sind dort die Lotosblume, die sich am Tage gegen die Sonnenstrahlen abschirmt, und der Mond, bei dessen Licht sich die Blüte sehnsuchtsvoll öffnet. Man muß, um das Gleichnis zu verstehen, nicht unbedingt den mythischen Hintergrund des Lotossymbols kennen (nach den Vorstellungen der alten Inder ruhte der Weltenschöpfer auf dem Lotos; bei ihnen war der Lotos Sinnbild der Erde, bei den Ägyptern Sinnbild des Universums). Immerhin geht auch im Gedicht der kosmische Horizont nicht verloren. Doch bleibt der Beziehung von Mond und Blume die Liebeserfüllung versagt.

Das Gedicht an die Mouche wendet das Gleichnis der frühen Verse ins Prosaische, entzaubert die Mondnacht und verzichtet auf den Schmelz der Wehmut. Jämmerlich ist der Zustand des »kuriosen Paars«, das sich in die Rollen von Mond und Lotosblume hineinträumt; für das silbernfahle Licht des Monds bietet der Liebhaber seine Krankenblässe. Als die eigentliche Krankheit aber wird die Körperlosigkeit der Liebe (das Fehlen dessen, was »zwischen Seel und Hemd«) diagnostiziert, also das erzwungenermaßen »Platonische« der Beziehung. Eine wahrhaft tragikomische Situation. Denn es ist Heine gewesen, der nicht aufhörte, gegen die Sinnenfeindlichkeit der jüdischen und christlichen Religion und der puritanischen Republikaner zu protestieren, die Wiederversöhnung von Geist und Leib zu fordern und einen »Sensualismus« zu predigen, als dessen poetisches Muster er Goethes »West-östlichen Divan« rühmte. Ausgerechnet der Verkünder der Sinnenfreude ist nun auf die Magerkost der Seelenliebe gesetzt.

Heine treibt die ironische Selbstdemontage weiter in der letzten Strophe. Aber gegenüber den Versen aus dem »Lyrischen Intermezzo«, wo die Lotosblume in »Liebesweh« verharrt, hat die körperlose Liebe und damit die Entsagung hier doch auch ihre produktive Seite. Zeugt diese Liebe kein neues Leben, so doch etwas anderes: Dichtung. Das empfangene Gedicht ist, obwohl lächerlich als bloßer Ersatz, doch auch das Tröstliche; der komische Liebhaber ist eben doch mehr als ein Eunuch. Denn die Pointe des Gedichts ließe sich umkehren: wenn auch »nur ein Gedicht«, so doch »immerhin ein Gedicht«. Das ironische Spiel mit der Zeugungs- und Empfängnismetapher tastet die dichterische Schöpfungskraft des »lahmen« Liebhabers nicht an (und in der Tat hat Heine dem Martyrium in der Matratzengruft ja ein erstaunliches dichterisches Werk abgerungen).

In einem weiteren Gedicht preist Heine der Mouche die beiderseitige Enthaltsamkeit, die Liebe ohne »Fleisch« und ohne »Taten«, als eine »Art Gesundheitsliebe« an. Mit gleichem Recht läßt sich von einer »Gesundheitsironie« in den späten Gedichten sprechen. Die Selbstironie setzt sich der Resignation entgegen, stabilisiert die Gemütslage und hilft das geistige Überleben sichern.

HEINRICH HEINE
MEIN KIND, WIR WAREN KINDER

Mein Kind, wir waren Kinder,
Zwei Kinder, klein und froh;
Wir krochen ins Hühnerhäuschen,
Versteckten uns unter das Stroh.

Wir krähten wie die Hähne,
Und kamen Leute vorbei –
Kikereküh! sie glaubten,
Es wäre Hahnengeschrei.

Die Kisten auf unserem Hofe,
Die tapezierten wir aus,
Und wohnten drin beisammen,
Und machten ein vornehmes Haus.

Des Nachbars alte Katze
Kam öfters zum Besuch;
Wir machten ihr Bückling und Knickse
Und Komplimente genug.

Wir haben nach ihrem Befinden
Besorglich und freundlich gefragt;
Wir haben seitdem dasselbe
Mancher alten Katze gesagt.

Wir saßen auch oft und sprachen
Vernünftig, wie alte Leut,
Und klagten, wie alles besser
Gewesen zu unserer Zeit;

Wie Lieb und Treu und Glauben
Verschwunden aus der Welt,
Und wie so teuer der Kaffee,
Und wie so rar das Geld! – – –

Vorbei sind die Kinderspiele,
Und alles rollt vorbei –
Das Geld und die Welt und die Zeiten,
Und Glauben und Lieb und Treu.

GUNTRAM VESPER
DAS ERSTE GEDICHT

In den trüben trostlosen Jahren des Nachkriegs, als er, blaß und abgemagert, Landarzt in einer sächsischen Kleinstadt war, kam mein Vater immer erst am späten Abend zerschlagen von seinen Besuchstouren auf die Dörfer zurück: das Elend, die Verwirrung, die Verzweiflung, die er wieder gesehen, erlebt hatte. Und doch las er noch stundenlang, Nächte hindurch. Nie habe ich seinen Nachttisch frei von Büchern gesehen; Ernst von Salomon, Heinrich und Thomas Mann, Konstantin Simonow, Eugen Kogon, Brecht und Becher in ungeordneten Stößen und Stapeln, die zu Bergen wurden; jede Broschüre, jedes Buch mit der brennenden Hoffnung auf Antwort, Erklärung, Wahrheit in die Hand genommen, nach tausend stockfinsteren Jahren.

Neujahrstag 1947. Bei beginnender Dämmerung sah ich vom Erker aus, wie der menschenleere Marktplatz unter Neuschnee verschwand. Leise trat mein Vater ins kalte Zimmer und setzte sich zu mir. Ohne jedes weitere Wort sagte er langsam zwei oder drei Mal Heinrich Heines Gedicht über die Kindheit auf. Ich hörte alltägliche Worte, wie von der nächsten Straßenecke, aber was sie zu sagen imstande waren, auf welche Weise; nie habe ich in den weiten, verlockend funkelnden Bereichen der Literatur mehr Schönheit und größere Wahrheit gesehen als beim ersten Blick.

Dieses Gedicht, sagte mein Vater noch, hat jemand ge-

schrieben, den sein Unglück erst gewiegt und dann erstickt hat.
Heine hat die Verse, als achtunddreißigstes Gedicht der »Heimkehr« im »Buch der Lieder« zu finden, wohl 1823 geschrieben; in der Handschrift sind sie der geliebten jüngeren Schwester Charlotte gewidmet, an die sich der Text wendet.
Dauernde Kopfschmerzen, die Relegation in Göttingen, ein unwilliger Onkel als Geldgeber, dessen Tochter Amalie und die unglückliche Liebe zu ihr, Anfeindungen des noch ungetauften Juden, der große Ausweg Paris in immer weiterer Ferne; die Verbindung zwischen Heines persönlicher und der allgemeinen Misere der Metternichzeit legte ein Blick zurück auf den in Düsseldorf verbrachten Lebensabschnitt nahe, als Bruder und Schwester noch »zwei Kinder, klein und froh«, waren. Dennoch überrascht die Intensität der Rückwendung, der Grad des Leuchtens jener ersten Jahre.
Mit dem lässigen Luxus einer angeboren musikalischen Sprache und dem überströmenden Reichtum an einfachen Bildern, der die Wirkung Heinescher Lyrik für mich so groß und geheimnisvoll macht, wird eine Reihe kindlicher Unternehmungen in einer Umgebung geschildert, wie sie den in unseren Nordweststädten aufwachsenden Kindern nicht im Traum mehr zur Verfügung steht: es gab einen Hof, das Hühnerhaus, einen Hahn wahrscheinlich, Stroh, Kisten, eine Katze, auch »kamen Leute vorbei«.
Und diese Teile einer doch eigentlich erwachsenen Welt sind den Kindern, ihren Spielen, die Hang und Zufall erzeugen, freigegeben, die Kisten können tapeziert und bewohnt werden, man darf ins Häuschen und unter das Stroh kriechen, die Passanten ankrähen. Von Aufsichts-

personen ist nicht die Rede. Wenn das kein Paradies war, heute wäre! Die Verzauberung wächst mit dem Abstand. Aber Heine bleibt nicht bei der Schilderung einer Idylle, wie tief auch immer empfunden, stehen, er singt nicht nur das Lied auf die strahlenden Tage der Kindheit und auf die erregende Spannung, mit der man die Welt erst erfährt und dann aus sich heraus darstellt. Das Leben, sein Leben, ist ja weitergegangen, »vorbei sind die Kinderspiele«, die Schwester hat geheiratet, und er, der junge, schon berühmte Dichter, sieht als Bindungsloser, Ausgehaltener den Abgrund zwischen der Kinderwelt und dem, was jetzt um ihn ist oder nicht ist, laufend größer werden.

So erkenne ich in der letzten Strophe nicht bloß die ironische Schlußwendung à la mode, die Zerstörung der Illusion, sie scheint mir, soll das Gedicht nicht eine schöne Lüge bleiben, der unbedingt nötige Kontrapunkt für die Wahrheit des Ganzen zu sein. Wie eng hohe Welle und tiefes Tal, Freude und Schmerz zusammengehören, hat gerade Heinrich Heine sehr früh und später immer besser gewußt.

HEINRICH HEINE
NACHTGEDANKEN

Denk ich an Deutschland in der Nacht,
Dann bin ich um den Schlaf gebracht,
Ich kann nicht mehr die Augen schließen,
Und meine heißen Tränen fließen.

Die Jahre kommen und vergehn!
Seit ich die Mutter nicht gesehn,
Zwölf Jahre sind schon hingegangen;
Es wächst mein Sehnen und Verlangen.

Mein Sehnen und Verlangen wächst.
Die alte Frau hat mich behext,
Ich denke immer an die alte,
Die alte Frau, die Gott erhalte!

Die alte Frau hat mich so lieb,
Und in den Briefen, die sie schrieb,
Seh ich, wie ihre Hand gezittert,
Wie tief das Mutterherz erschüttert.

Die Mutter liegt mir stets im Sinn.
Zwölf lange Jahre flossen hin,
Zwölf lange Jahre sind verflossen,
Seit ich sie nicht ans Herz geschlossen.

Deutschland hat ewigen Bestand,
Es ist ein kerngesundes Land,
Mit seinen Eichen, seinen Linden,
Werd ich es immer wiederfinden.

Nach Deutschland lechzt ich nicht so sehr,
Wenn nicht die Mutter dorten wär;
Das Vaterland wird nie verderben,
Jedoch die alte Frau kann sterben.

Seit ich das Land verlassen hab,
So viele sanken dort ins Grab,
Die ich geliebt – wenn ich sie zähle,
So will verbluten meine Seele.

Und zählen muß ich – Mit der Zahl
Schwillt immer höher meine Qual,
Mir ist, als wälzten sich die Leichen
Auf meine Brust – Gottlob! sie weichen!

Gottlob! durch meine Fenster bricht
Französisch heitres Tageslicht;
Es kommt mein Weib, schön wie der Morgen,
Und lächelt fort die deutschen Sorgen.

ECKHARD HEFTRICH
DER MUTTER LAND

»Ich weiß nicht, was soll es bedeuten ...« bis 1933 dürften die Anfangszeilen der Lore-Ley die bekanntesten Verse von Heine gewesen sein. Dann avancierten die ersten Zeilen von »Nachtgedanken« zur heimlichen Parole. Nach 1945 kam es zu einer inflatorischen Anwendung des geflügelten Wortes. Das ist bis heute so geblieben. Von Heine dergestalt Gebrauch zu machen, hatten die Exilliteraten ein größeres Recht als alle Späteren. Indessen wurden selbst die Verjagten von 1933 damit eher dem großen Vorfahren gerecht als seinem Gedicht, auch wenn sie noch wußten, daß diese Nachtgedanken 1843 den Zyklus »Zeitgedichte« schlossen, also auf ein Hier und Jetzt verwiesen.

Zwar ist vom Hier erst in der letzten Strophe die Rede, aber dies Frankreich ist schon da, während neun Strophen lang an das Dort gedacht wird. Hieße es nur Deutschland, wäre die Sache eindeutig. Aber Heine ist selten eindeutig. Auch wer nicht weiß, daß er die pure Tendenzpoesie verhöhnt hat, und auch wer die Entstehungsgeschichte nicht kennt, wird von der zweiten Strophe an wissen, daß es sich nicht um versifizierte Propaganda handelt.

Man hat rekonstruiert, daß den »Nachtgedanken« ein kürzeres Gedicht über den Trennungsschmerz und die Furcht um die kranke Mutter voraufging. Heine hat etliche Klagelieder geschrieben, in denen die Stimme aus der Fremde und nicht aus dem freieren Land jenseits des

Rheins herübertönt und allein vom Heimweh kündet. Kann man behaupten, er habe das ursprüngliche Gedicht verdorben, nur weil er es nicht beim Lyrischen beließ, sondern das Politische damit verband? Wohl kaum. Ohne den Anteil von Genie in seinem stupenden Talent hätte Heine vielleicht eine unsaubere Mischung zuwege gebracht, nicht aber die irisierende Verschmelzung von Gefühl und Ironie. Denn auch Ironie ist im Spiel, beim kerngesunden Land so gut wie bei der alten Frau, die Gott erhalte.

Meisterschaft verrät sich schon durch die Kunst, mit der in der ersten Zeile das drohende Leiern des vierhebigen Jambus mit Paarreimen gebannt wird. Dem Metrum zufolge liegt ja die taktbestimmende Hebung auf dem »ich«. Aber der natürliche Rhythmus nähert den Anfang dem musikalischeren Daktylus an: »*Denk* ich ...« Das wiederholt sich in der Mitte mit dem Wort »Deutschland«.

Ein Jahrhundert vor Heines Zeitgedicht hatte Edward Young in seinen »Nachtgedanken« den Tod von Anverwandten betrauert. Dem Buch war auch in Deutschland ein enormer Erfolg beschieden, nicht des Jenseitstrostes, sondern des Klagens wegen, bis in die gebrochene Spätromantik hinein. Heines Hoffnung ist nicht aufs Jenseits gerichtet, und darum bleibt sie so bedroht von den Jahren und all den Toten, in denen sich der Verlust summiert. Ist Heimat wirklich dort, wo die Toten ruhn? Hier ruhen sie nicht, es ist ja von den Phantasmen der Nacht die Rede, sie heißen gar Leichen. Die Sehnsucht gilt dem Lande um der Lebenden willen.

Daher tönt heimlich das unausgesprochene Wort Mutterland durch die lautstarke Einheit von Deutschland und Vaterland. Dieses Land wird nicht mit dem System gleichgesetzt, das jene ins Exil zwingt, die auch die Freiheit der anderen lieben. Doch kann von solchem Land nicht anders mehr gesprochen werden als von seiner romantischen Poesie, für die hier Eichen und Linden stehen, also ironisch. Daß das Land gesund genug wäre, um auch die Krankheit der Restauration heil zu überstehen, bleibt eine etwas bleiche Hoffnung. Doch ist die Wirklichkeit, gottlob, mehr als ein Versprechen, konkreter auch als der die Völker umtreibende Geist von 1789: »Ma femme ..., belle comme l'aurore« (Meine Frau ..., schön wie die Morgenröte) heißt diese Wirklichkeit in Heines eigener französischer Version.

HEINRICH HEINE

»Nicht gedacht soll seiner werden!«
Aus dem Mund der armen alten
Esther Wolf hört' ich die Worte,
Die ich treu im Sinn behalten.

Ausgelöscht sein aus der Menschen
Angedenken hier auf Erden,
Ist die Blume der Verwünschung –
Nicht gedacht soll seiner werden!

Herz, mein Herz, ström aus die Fluten
Deiner Klagen und Beschwerden,
Doch von ihm sei nie die Rede –
Nicht gedacht soll seiner werden!

Nicht gedacht soll seiner werden,
Nicht im Liede, nicht im Buche –
Dunkler Hund, im dunkeln Grabe,
Du verfaulst mit meinem Fluche!

Selbst am Auferstehungstage,
Wenn, geweckt von den Fanfaren
Der Posaunen, schlotternd wallen
Zum Gericht die Totenscharen.

Und alldort der Engel abliest
Vor den göttlichen Behörden
Alle Namen der Geladnen –
Nicht gedacht soll seiner werden!

GOLO MANN
NIEDERLAGE UND TRIUMPH

In zwei »Diesseits und jenseits des Rheins« überschriebenen Strophen vergleicht Heine die heitere Kunst der Franzosen, die Liebe, mit der ganz anderen Kunst der Germanen. »Aber wir verstehen uns baß, Wir Germanen auf den Haß. Aus Gemütes Tiefen quillt er, Deutscher Haß! Doch riesig schwillt er Und mit seinem Gifte füllt er Schier das Heidelberger Faß.« Wenn oder insoweit dieser Vergleich zutrifft, gehörte der Dichter so gut zu den Germanen wie zu den Franzosen. Er konnte grimmig hassen.

Damit ist nicht der Spott gemeint, witzig oder bitter, für den er berühmt wurde und blieb, als ob er nicht auch andere, ernste, schöne, traurige Musik gemacht hätte. Haß ist gemeint. Er richtete sich gegen »Feinde« im allgemeinen; so in dem Gedicht »Vermächtnis«, in dem er sie christlich mit »schönen Gottesgaben« bedenkt, nämlich allen seinen Leiden: »Meine Krämpfe sollt ihr haben, Speichelfluß und Gliederzucken ...« Heines Haß richtete sich auch gegen Einzelne und da, zu Zeiten, am wütendsten gegen seine Hamburger Verwandten.

Die Sache war, daß sein Oheim, der steinreiche Salomon, ihm die Weiterzahlung einer Pension auch über seinen, Salomons, Tod hinaus versprochen hatte, in seinem Testament dem berühmten Neffen aber ganze 8000 Franken bestimmte, woran der Sohn Karl, nun Besitzer von dreißig Millionen Talern, sich schärfstens hielt. Kein anderes Erlebnis, persönliches oder öffentlich historisches, hat den

Dichter in so wilden Haß und ohnmächtigen Zorn gejagt wie dieses. Unglücklich traf es mit dem Ausbruch seiner Krankheit, der letzten, zwölf Jahre währenden, zusammen; die Botschaft aus Hamburg wirkte auf den Zustand des Körpers, so wie dieser die banalgeizige Haltung des Vetters zum Satanischen verzerrte.

Aus solcher Stimmung entstanden nicht weniger als sechs Gedichte des im Bett sich Wälzenden. Man findet sie eines nach dem anderen, aber nicht in der letzten von Heine selber veranstalteten Sammlung, dem »Romanzero«, sondern in der »Nachlese«; was sich daraus erklärt, daß eine drei Jahre später, 1847, dennoch wieder aufgenommene regelmäßige Pensionszahlung mit der Bedingung verbunden war, Heine dürfe kein Wort über seine Verwandten veröffentlichen, ohne es vorher der Zensur des Vetters unterbreitet zu haben. Nun lassen fünf von den sechs Gedichten an Deutlichkeit nichts zu wünschen übrig. Der Kranke spricht in der ersten Person; Blutsfreunde, »Magen und Sippen« sind es, die ihm den Tod geben, »Affrontenburg« ist Salomons Landhaus bei Hamburg, der Dichter dringt in die Hölle, um den treulosen Oheim zur Rede zu stellen ... Als viertes in der Reihe steht »Nicht gedacht soll seiner werden!«

Das ist ganz anders. Es steht höher. Hier verwandelt Heine den eigenen Haß in Mitleid für die arme alte Jüdin, die er ehedem kannte. Vermutlich war es der eine, einzige Liebhaber, von dem sie ihm sprach – von dem sie *nicht* sprach –, der sie betrogen hatte, so daß der lange Rest ihres Lebens gar kümmerlich verlief. Daß sie, indem sie den Schurken ewiger Vergessenheit weiht, dennoch an ihn denken muß, wollen wir übersehen, zumal sie selber den Widerspruch nicht bemerkt. Sie ist schlichten, frommen

Geistes. Sie glaubt an das Antreten zum Jüngsten Gericht, die Posaunen, an den Engel, alle Namen verlesend, die es je auf Erden gab, aber diesen nicht, diesen nicht! Hier wird eine Steigerung erreicht, die nach den ersten vier Strophen kaum noch möglich scheint; sind solche gewaltigen, armen Klänge von Haß und Verwünschung noch zu überbieten? Die fünfte bringt ein Ritardando; es ist die einzige, in der das »Nicht gedacht soll seiner werden« fehlt. Genau damit erhebt sich der Fluch, wo er zum fünften und letzten Mal erklingt, noch über alles Vorhergegangene. Ein zu höchster Kunst sublimierter, durch Mitgefühl veredelter Ausbruch von Düsternis und Verzweiflung, von Lebens-Niederlage und von bitterem Triumph auch. Kaum je hat Heine etwas Stärkeres gemacht.

HEINRICH HEINE
PROLOG

In Gemäldegalerien
Siehst du oft das Bild des Manns,
Der zum Kampfe wollte ziehen,
Wohlbewehrt mit Schild und Lanz.

Doch ihn necken Amoretten,
Rauben Lanze ihm und Schwert,
Binden ihn mit Blumenketten,
Wie er auch sich mürrisch wehrt.

So, in holden Hindernissen,
Wind ich mich in Lust und Leid,
Während Andre kämpfen müssen
In dem großen Kampf der Zeit.

LUDWIG HARIG
HEITERE RESIGNATION

»Freizeit« heißt eine sonntägliche Sendung im Fernsehen, der Titel ist in das Bild einer Stoppuhr eingeblendet. Kennzeichnet diese Verquickung von so etwas lustvoll Ungebundenem wie Freizeit mit einem mechanischen Zeitmeßgerät wie einer Stoppuhr nicht diese unsägliche Planwirtschaft, die unser Leben beherrscht?
Lehrzeit, Arbeitszeit, Lebenszeit verstreicht, die Freizeit ist verplant, der Mensch müht sich in Kreativitätssymposien, Selbstfindungsweekends, Autogentrainingskursen um Rückgewinnung seiner Freiheit, dabei trägt er, situations- und marktgerecht, Countryblazer, Sportswearhose, Freizeithemd. Ein Kaufhaus wirbt mit dem Satz »Aktiver leben ist, einfach auf Sieg zu setzen«.
Alles im Menschen sei Organisation, sagt Wilhelm von Humboldt in seinen »Ideen zu einem Versuch, die Grenzen der Wirksamkeit des Staates zu bestimmen«, er wendet sich vehement gegen alles, was der Staat über seine Aufgabe, für Schutz nach außen und Rechtssicherheit nach innen zu sorgen, hinaus unternimmt, den Menschen an die kurze Leine zu nehmen. Er, der Mensch, sei ein Rädchen in der Maschine, sagt der Volksmund.
Das alles ruft Heines Gedicht in mir hervor, dieser »Prolog« zu einem Frühlingsliederzyklus, der für mich eine Abkehr von gesellschaftlichen Forderungen und eine rettende Hinwendung zum Spielerischen bedeutet. Das Gedicht ist im November 1830 entstanden, ein halbes Jahr

nach der Pariser Julirevolution, die, zur tiefen Enttäuschung Heines, die Staatsmacht vom Adel auf das Bürgertum übertrug. Heine, im dreiunddreißigsten Jahr seines Lebens, eben entschlossen, von Deutschland nach Frankreich überzusiedeln, steigt aus dem zwanghaften revolutionären Zeitkampf aus und rettet sich, in heiterer Resignation, im freien Gedankenspiel.

Er windet sich, hin- und hergerissen, »in holden Hindernissen«, »in Lust und Leid«, er nimmt das uneindeutige Wechselspiel auf sich und spielt in ihm mit. So sind die Amoretten, die ihn necken, nicht einfach nur putzige Liebesgöttinnen, welche sich ihrer Pappflügel entledigen und als erotische Gärtnerinnen auftreten, und auch die Blumenketten sind nicht aus Stoffresten und Geschenkpapier gebastelt, wie es eine dieser »Freizeit«-Fernsehsendungen gezeigt hat: sie sind Metaphern für das Spielerische selbst, das »dem Menschen die Fesseln aller Verhältnisse abnimmt und ihn von allem, was Zwang heißt, sowohl im Physischen, als im Moralischen entbindet«, wie Schiller in einem seiner Augustenburger Briefe schreibt.

Heine lag schon in seiner Pariser Matratzengruft, opiumsüchtig, halbblind, mit erweichendem Rückenmark, als er, zehn Jahre später, im Gespräch mit Eduard von Fichte noch einmal auf die deutschen Verhältnisse zu sprechen kam: »Die Demagogen von Deutschland haben immer die Sitte gehabt, sich an mich zu wenden, indem sie voraussetzten, daß ich durch Dick und Dünn mit ihnen gehen werde; als ich mich hierauf nicht einlassen konnte, wurde ich mit unendlicher Feindschaft und Verläumdung verfolgt«, sagt er. So hatte er sich vom »Treiben dieser Leute« ins Spiel mit den eigenen Gefühlen, den eigenen Gedanken zurückgezogen.

In unserer Zukunft wird es viel Freizeit geben, wird viel heitere Resignation nötig sein. Ja, sie wird, so paradox und provokativ es klingen mag, die Qualität unserer Zukunft werden müssen. Ist nicht das Spiel der winzige Freiraum, den das Rad braucht, wenn es sich in der Achse bewegen will?

HEINRICH HEINE
SIE HABEN DIR VIEL ERZÄHLET

Sie haben dir viel erzählet
Und haben viel geklagt;
Doch was meine Seele gequälet,
Das haben sie nicht gesagt.

Sie machten ein großes Wesen
Und schüttelten kläglich das Haupt;
Sie nannten mich den Bösen,
Und du hast alles geglaubt.

Jedoch das Allerschlimmste,
Das haben sie nicht gewußt;
Das Schlimmste und das Dümmste,
Das trug ich geheim in der Brust.

PETER HÄRTLING
ÜBLE NACHREDE

»Sie haben dir viel erzählet« steht als vierundzwanzigstes Gedicht in dem Zyklus »Lyrisches Intermezzo«. Sechzehn der insgesamt fünfundsechzig Stücke hat Robert Schumann vertont und seinem Liederkreis einen Titel gegeben, der unverhohlen Heine meint: »Dichterliebe«. Das vierundzwanzigste Gedicht allerdings sparte er aus (wie andere Gedichte auch). Wahrscheinlich hat er schon beim ersten Lesen gemerkt, daß die drei Strophen, so »gesungen« sie scheinen, sich seiner Musik widersetzten. Und dies aus einem Grund, dessen Abgründigkeit er wohl begriff, in seinem Kunstverstand dem Dichter durchaus nah: die virtuose »Melodei« wird hier (und nicht nur in diesem Gedicht) mit Vorsatz schrill und »unmusikalisch«.
»Sie«! Wen ruft der liebende Sänger höhnisch und nicht ohne triumphierende List da auf? Wer sind »sie«, die ihn der Angebeteten durch üble Nachrede abspenstig machen? »Sie«, das ist eine Geschichte für sich, und die birgt die Erfahrungen des jungen Harry Heine, die tatsächlichen und die eingebildeten.
Zwar steht das »Lyrische Intermezzo« im »Buch der Lieder«, das ihn 1827 berühmt machte, aber veröffentlicht hat er den Zyklus zum ersten Mal 1823, eingeklemmt zwischen den Tragödien »William Ratcliff« und »Almansor«. Und entstanden ist er 1821 und 1822, als er, unterstützt von seinem Onkel Salomon, Jura in Berlin studierte und im Salon der Rahel Varnhagen verkehrte. Ihr dankt er ge-

radezu überschwenglich in der Vorrede zur zweiten Auflage des »Buchs der Lieder«, »der liebreichen Freundin, die mir immer die unermüdlichste Teilnahme widmete und sich oft nicht wenig für mich ängstigte, in jener Zeit meiner jugendlichen Übermüten, als die Flamme der Wahrheit mich mehr erhitzte als erleuchtete ...«

Das vierundzwanzigste Gedicht hat er unbezweifelbar erhitzt geschrieben, an schmerzlicher Erleuchtung mangelt es ihm dennoch nicht. Denn »sie« spricht er nicht bloß vage an, »sie« bleiben für keinen Augenblick anonym. Indem er sie nennt, erkennt er sie: es sind jene, die er herausgefordert hat, die Spießer, die Kleinmütigen, die Neider; jene, die der Freiheit seiner Liebe mißtrauen; jene, die ihre intellektuelle Enge für Patriotismus halten; jene, die ihn spüren lassen, daß er anders, daß er ein Jude ist. Jene, die nie ihm direkt nachstellen, sondern seine Nächsten plagen, um ihn zu treffen.

Seine Liebste zum Beispiel. Die verwirren sie mit Gerüchten und Gerede und verderben ihre Liebe zu ihm. »Sie nannten mich den Bösen / Und du hast alles geglaubt.« Der Böse, der Satansbraten. Das ist ein rechtes Christenwort gegen den Juden – und du hast alles *geglaubt*. Wer diesen leise tremolierenden Vers nachdenklich wiederholt, dem wird klar, welch enorme Last die flinken Heineschen Wörter oft mit sich schleppen. (In Berlin arbeitete er im übrigen eine Weile im Verein für Kultur und Wissenschaft der Juden mit.)

Da sein Mädchen den anderen und nicht ihm glaubt, muß er ihr auch demonstrieren, weshalb – und also schlägt er eine Heinesche Volte. Zuvor kann er ihnen nicht mehr kommen. Das nicht. Doch überlisten, übertrumpfen kann er sie, die »ein großes Wesen« mit gemeinen Sätzen machten, allemal. In seinem Lied und mit ihm ist er ihnen »überlegen«: »Doch was meine Seele gequälet / Das haben sie nicht gesagt.« Was er ihnen am Ende offenbart, haben sie auch nicht erwartet.

Er geht ins Feuer, ehe es jene, die ihm nachstellen, entfachen. Das ist eine alte bittere Geschichte. Für sie hat keiner so süße Weisen gefunden wie Heinrich Heine. Je vertrauter sie uns werden, um so mehr schmerzen sie uns. Und darum hat der gescheite Robert Schumann dieses Lied nicht vertont, denn er hörte genau hin, als der freche Junge an die Rampe trat und seiner Liebsten wie seinem Publikum erklärte:

Das Schlimmste und das Dümmste,
Das trug ich geheim in der Brust.

HEINRICH HEINE
WENN ICH, BESELIGT VON SCHÖNEN KÜSSEN

Wenn ich, beseligt von schönen Küssen,
In deinen Armen mich wohl befinde,
Dann mußt du mir nie von Deutschland reden; –
Ich kanns nicht vertragen – es hat seine Gründe.

Ich bitte dich, laß mich mit Deutschland in Frieden!
Du mußt mich nicht plagen mit ewigen Fragen
Nach Heimat, Sippschaft und Lebensverhältnis; –
Es hat seine Gründe – ich kanns nicht vertragen.

Die Eichen sind grün, und blau sind die Augen
Der deutschen Frauen; sie schmachten gelinde
Und seufzen von Liebe, Hoffnung und Glauben; –
Ich kanns nicht vertragen – es hat seine Gründe.

WOLFGANG PREISENDANZ
ZWIESPÄLTIGE ERINNERUNG

Nie sollst du mich befragen – das aus der Lohengrin-Sage bekannte Frageverbot ergeht hier in einem Bettgespräch an die französische Geliebte des Emigranten. Warum sie nicht von Deutschland reden soll, bleibt ausgespart. Der insistierende, in der Mittelstrophe über Kreuz gestellte Refrain »Ich kanns nicht vertragen – es hat seine Gründe« läßt, auch durch den Gedankenstrich, offen, weshalb das Wohlbefinden in ihren Armen kein Gespräch über seine Herkunft verträgt. Nur versteckt deutet sich an, daß dabei Reizthemen berührt werden könnten: das Wort Sippschaft hat gewöhnlich einen abschätzigen Beiklang. Aber erst in der dritten Strophe scheint eine indirekte und mehrdeutige Begründung seiner Weigerung auf: mehrdeutig, weil in der Reminiszenz Sentimentalität und Hohn konkurrieren.

Man hat angenommen, dem Dichter in Paris seien Fragen nach seiner deutschen Vergangenheit unleidlich, weil ihn die Erinnerung an die im »Buch der Lieder« umkreiste unglückliche Liebe quäle. Demnach wäre der Tenor der letzten Strophe eindeutig wehmütig, nostalgisch. Aber läßt der Satz »sie schmachten gelinde / Und seufzen von Liebe, Hoffnung und Glauben« nicht eher auf ein Gran Sarkasmus schließen, wenn man die Ironie der Anspielung auf 1. Korinther 13 erfaßt? Paulus wird zitiert, der doch wie kein anderer auf die Sünde »im Fleisch«, in der Geschlechtslust pochte; und diese Anspielung auf die paulinische Sündenlehre hat die erotische Euphorie zur Folie, von der die Eingangsverse sprechen.

Ich denke also, der Refrain »Ich kanns nicht vertragen« bezieht sich in der Schlußstrophe auf die unmittelbar vorausgehende Charakteristik deutscher Frauen; »blauäugige Töchter gebildeter Stände, schöne blonde Seelen, die ihren Strickstrumpf oder sonst eine Handarbeit ins Theater mitgebracht haben und *gelinde schwärmen* wollen, ohne daß ihnen eine Masche fällt«, schreibt Heine an anderer Stelle. Liest man die letzte Strophe im Licht dieser und zahlreicher anderer mokanter Lobreden auf die »holde Schwärmerei«, die »stillen Tugenden der deutschen Frauen«, auf ihre schamhafte Züchtigkeit (»Da lob ich Deutschlands Frauenzimmer, / Das schweigend sich zu Bette legt«) – rückt man das Pariser Bettgespräch in den Kontext solch ironischer Huldigungen, die fast immer die Französinnen zum Gegenbild haben, so könnte man der These beipflichten, ironische Rede sei allemal mit einer mehr oder weniger starken Aggressivität verbunden.

Demnach schlüge auch in unserem Gedicht der Anflug nostalgischer Erinnerung in kaum verhüllte Persiflage um, die Grenze zwischen Gebanntheit und Spott verschwimmt. Ironie verweist hier wie vielmals bei Heine auf die unaufhebbare Ambivalenzerfahrung eines, dem die Erinnerung an Deutschland in den Armen einer Französin Verlust und Gewinn umschließt, eine Wunde und ein Entronnensein bedeutet.

Ludwig Bechstein berichtet 1836, zwei Jahre nach der Niederschrift des Gedichts, von einem Gespräch mit Heine am Billettschalter der Italienischen Oper in Paris. Auf die Frage, ob er nicht wieder nach Deutschland zurückkehren wolle, habe Heine »wehmütig lächelnd« geantwortet: »Schwerlich. Ich bin der Tannhäuser, der im Venusberg gefangen sitzt; die Zauberfei gibt mich nicht los.« Diese Antwort bekundet die gleiche Schwebelage zwischen Heimweh, Fernliebe und neuartigem Wohlbefinden, die den Refrain »Ich kanns nicht vertragen – es hat seine Gründe« zwielichtig macht.

HEINRICH HEINE
WO?

Wo wird einst des Wandermüden
Letzte Ruhestätte sein?
Unter Palmen in dem Süden?
Unter Linden an dem Rhein?

Werd ich wo in einer Wüste
Eingescharrt von fremder Hand?
Oder ruh ich an der Küste
Eines Meeres in dem Sand?

Immerhin! Mich wird umgeben
Gotteshimmel, dort wie hier,
Und als Totenlampen schweben
Nachts die Sterne über mir.

JOSEPH ANTON KRUSE
DIE WELT ALS GRAB

Für gewöhnlich, wenn wir uns mit dem Tod beschäftigen, denken wir über den Zeitpunkt nach, zu dem er uns ereilt. Auch die Art und Weise, wie wir ihm ins Auge blicken, mag uns vielleicht beunruhigen. Am wenigsten, glaube ich, ängstigen wir uns darüber, wo man uns bestatten wird.

Heines Strophen über die eigene Grabsuche frappieren mich besonders, wenn ich ihnen auf dem Montmartre-Friedhof in Paris begegne. Dort bilden sie den Schmuck jenes eindrucksvollen Monuments der Jahrhundertwende, das an den Dichter und seine Frau Mathilde erinnert. Das Gedicht leistet dem geordneten Gräberfeld leisen Widerstand, steht dazu im poetischen Kontrast, da die Ungewißheit des Ortes seit dem 20. Februar 1856, dem Tag seiner Beerdigung, durch diese allerletzte Adresse beseitigt ist.

Die Zeilen selbst waren erst dreizehn Jahre nach Heines Tod bekanntgeworden. Sie wurden 1869 aus dem Nachlaß veröffentlicht, stammen aber wohl schon aus den dreißiger oder frühen vierziger Jahren. Im Frühjahr 1843 entwarf Heine ein erstes Testament; die Fassung von 1846 enthält dann folgenden Wunsch: »Sterbe ich in Paris, so will ich auf dem Kirchhofe des Montmartre begraben werden, auf keinem andern, denn unter der Bevölkerung des Faubourg Montmartre habe ich mein liebstes Leben gelebt.« Diese ausdrückliche Bestimmung hat einiges mit dem Gedicht gemein, weil die Unwägbarkeit des Endes durch diesen kleinen Vorbehalt der testamentarischen Verfügung anerkannt wird.

Die rhetorischen Fragen in den beiden ersten Strophen sind dazu Variationen. Sie variieren gleichzeitig das überlieferte Bild von Lebenslauf und Wanderschaft. Dabei ist auch der Zeitpunkt angesprochen, aber ebenfalls Art und Weise des Todes erfragt. Mit einem baldigen, plötzlichen Tod wird gar nicht erst gerechnet. Die Mühen des Lebens vollenden sich »einst« nach mancher Rast in weiter, erlösender Zukunft. Jedoch ist das Ziel der Wanderung so unbestimmt wie das Schicksal des Wanderers und die Art seines Sterbens. Gerne hat Heine Nord und Süd literarisch miteinander konfrontiert. Im Gedicht »Ein Fichtenbaum steht einsam« bilden Fichte und Palme die Symbole unerfüllter Sehnsucht. Hier dagegen bezeichnen die Palmen im Süden und die Linden am Rhein seine mögliche Grabstätte, entfernteste Pole nach allen erdenklichen Wechselfällen des Lebens.

Schon im IV. Kapitel von »Ideen. Das Buch Le Grand« aus dem Jahre 1826 entwarf er sich seine »Ruhestätte«: »Ein Baum wird meinen Grabstein beschatten. Ich hätte gern eine Palme, aber diese gedeiht nicht im Norden. Es wird wohl eine Linde sein, und Sommerabends werden dort die Liebenden sitzen und kosen.« Im Gedicht nun schreitet Heine die Weltgegenden ab: ein Fremdling in der Wüste, ein nach Irrfahrten ans Land gespülter toter Odysseus. Die unendlichen Möglichkeiten von Zeit, Ort und Umständen des Endes werden metaphorisch durchgespielt, ohne Angst und Schrecken, gelassen, elegisch.

Die fünf Fragen nach dem »Wo?« (ein Titel, der dem Gedicht vom Herausgeber des Nachlasses, Adolf Strodt-

mann, verliehen wurde) sind im Grunde nur eine einzige Frage nach dem Ziel und Sinn des Weges und der dafür aufgewendeten Kraft. Eine Antwort darauf gibt es nicht. Die Tröstung bleibt immanent. Denn was die dritte Strophe beschwört, ist nicht religiös zu nennen, sondern eher weltfromm und weltläufig. Unsere Erde wird nach dem Tod zum Universalfriedhof, über dem sich der Sternenhimmel wölbt. Die Einsamkeit und Heimatlosigkeit löst sich in grandioser Weise auf. Die Erde, die uns empfängt, ist allein für uns da. Die Sterne leuchten zum Zeichen der Erinnerung an den zur Ruhe gekommenen Schläfer. Ein ergänzender, aufklärender Satz, der den Gedanken des Gedichtes umwendet, steht in der »Reise von München nach Genua« von 1828, wo es im XXX. Kapitel heißt: »Unter jedem Grabstein liegt eine Weltgeschichte.«
Auf Heines Grab sind außer Blumen auch immer wieder Kieselsteine zu finden, ein jüdischer Brauch des Totengedächtnisses, aus uralter Wüstentradition überkommen. Der Montmartre-Friedhof ist eben größer als Paris. Auch Linden und Palmen wachsen manchmal am gleichen Ort.

HEINRICH HEINE

Worte! Worte! Keine Taten!
Niemals Fleisch, geliebte Puppe,
Immer Geist und keinen Braten,
Keine Knödel in der Suppe!

Doch vielleicht ist dir zuträglich
Nicht die wilde Lendenkraft,
Welche galoppieret täglich
Auf dem Roß der Leidenschaft.

Ja, ich fürchte fast, es riebe,
Zartes Kind, dich endlich auf
Jene wilde Jagd der Liebe,
Amors Steeple-chase-Wettlauf.

Viel gesünder, glaub ich schier,
Ist für dich ein kranker Mann
Als Liebhaber, der gleich mir
Kaum ein Glied bewegen kann.

Deshalb unsrem Herzensbund,
Liebste, widme deine Triebe;
Solches ist dir sehr gesund.
Eine Art Gesundheitsliebe.

RUDOLF WALTER LEONHARDT
ENDSPIEL MIT DER WIRKLICHKEIT

An Kunst des Reimes und des Rhythmus sind diese Verse, scheint es, kaum zu unterbieten. So machten die Dichter des Volkes gern ihre Lieder, aus denen dann Volkslieder wurden: in ganz regelmäßigen, kurzen Strophen, säuberlich immer abwechselnd gereimt: aten – uppe aten – uppe. Die einzige Freiheit, die sich der Reimer mit dem Metrum erlaubt, ist die, daß er die vier Versfüße einmal voll ausschwingen, sie ein andermal abrupt mit der betonten Silbe abbrechen läßt.

Sieht man sich diese »einzige Freiheit« etwas näher an, dann merkt man, daß sie raffiniert gehandhabt wird, Monotonie vermeidend, Symmetrie herstellend; dann spürt man die Handschrift eines Meisters oder mindestens eines Routiniers.

Aber ob Meister oder Routinier – wo bleibt »das Kreative«? Kreativität heißt, wenn ich mich auch ungereimt so ausdrücken darf: immer mal wieder was Neues. Neu ist nicht, daß ein Greis sich der in jedem Falle als keusch vorzustellenden Geliebten empfiehlt mit dem Hinweis, physiologisch nicht Vollziehbares hätte doch auch sein Gutes. Die Tonart freilich, in der dies hier geschieht, ist zumindest ungewöhnlich. Schrille Dissonanzen stellen den Volkslied-Charakter ironisch in Frage. Die »Triebe«, deren Reimverwandtschaft zur »Liebe« im deutschen Sprachraum schon so viel poetisches Unheil gestiftet hat, werden höchst sonderbaren hygienischen Verordnungen unterworfen.

Und hier wie allenthalben bei Heine kommt Biographie ins Spiel. Der Herzensbündler glaubte ja an den eigenen Gliedern erfahren zu haben, daß physische Kontakte zur Frau Venus krank machen – eben venerisch. Halb war ihm das eingeredet worden, halb hielt er es für wahr, halb will er es anderen einreden. Dreimal halb? Heine überzog gern.

Das Originelle, das eigentlich »Kreative« an diesem Gedicht liegt in dem Spiel, das da mit der Wirklichkeit getrieben wird.

Um dieses Spiel voll würdigen zu können, muß man freilich auch die Wirklichkeit kennen. Herausgerissen aus der Situation des völlig Gelähmten, der eben in der Tat »kaum ein Glied bewegen kann«, des Schmerzensmannes, dem nur noch Opium hilft, des Todkranken, der wenige Monate später dann auch stirbt, herausgerissen aus dieser Endspiel-Situation wäre dies kein besonders bemerkenswertes Gedicht.

Aber wenn man es in die Zusammenhänge stellt, in die es hineingehört, dann empfinde ich es als ungeheuerlich, als überwältigend, wie da der Kunstwille sich aufbäumt gegen die von allen Seiten auf ihn eindringende Vergeblichkeit.

Zum richtigen Verständnis des Gedichtes gehört auch noch die Mitempfindung der makabren Ironie. Wie den »kranken Mann«, der da spricht, so gab es ja auch die »geliebte Puppe« wirklich. Das Gedicht hat der sterbende Heine geschrieben für jene späte Besucherin an seinem Krankenbett, die sich mal Fräulein van Belgern nannte, mal Margot, mal Sarah Dennigson, mal Camilla Selden und die eigentlich Elise Krinitz hieß; der von so viel Namen verwirrte Heine nannte sie (nach dem Siegel ihres

Ringes) »meine allersüßeste fine mouche« – und so nennen sie seitdem auch die Literaturhistoriker: die Mouche.
Die meisten von ihnen rekonstruieren sich diese Gestalt aus Heines Gedichten, und sie gewinnt dadurch die Züge eines barmherzig-erotischen Engels der letzten Stunde. Meiner Ansicht nach gehört es zur ätzenden Essenz dieses Gedichtes, daß die »Mouche« keineswegs ein Engel war, sondern ein ziemlich ordinäres und überspanntes Frauenzimmer. Sie hatte Heine wohl aufgesucht, um den Kontakt zu ihrem alten Verehrer, einem Alfred Meißner, wiederherzustellen. Ganz anders, als sie sich das vorgestellt hatte, fand sie auf einmal sich geworfen in die Rolle der letzten Verehrerin des sterbenden Dichters. Es schmeichelte ihr, diese Rolle anzunehmen. Seinen Tod verschlief sie.
Heines Mouche-Gedichte haben sie unsterblich gemacht. Es gibt keine Gerechtigkeit in der Lyrik.

HEINRICH HEINE
ZUM LAZARUS

Laß die heil'gen Parabolen,
Laß die frommen Hypothesen –
Suche die verdammten Fragen
Ohne Umschweif uns zu lösen.

Warum schleppt sich blutend, elend,
Unter Kreuzlast der Gerechte,
Während glücklich als ein Sieger
Trabt auf hohem Roß der Schlechte?

Woran liegt die Schuld? Ist etwa
Unser Herr nicht ganz allmächtig?
Oder treibt er selbst den Unfug?
Ach, das wäre niederträchtig.

Also fragen wir beständig,
Bis man uns mit einer Handvoll
Erde endlich stopft die Mäuler –
Aber ist das eine Antwort?

DOLF STERNBERGER
HOFFNUNGSLOSER DIALOG

Das Gedicht gehört der letzten Sammlung an, die Heine noch selbst veranstaltet hat, es ist als Nachtrag »zum Lazarus« bezeichnet. Es gehört zu den vollkommensten, die er geschrieben hat. Alles ist knapp, derb, einfach ausgesprochen, kein Wort zuviel. Der Vers kommt rasch, doch gewichtig einher. Er ist wie die letzte Phase eines hoffnungslosen Dialogs. Setzt ein mit der lauten und unwirschen Aufforderung, an ungenannte geistliche Adresse gerichtet, einmal endlich ohne Bild und Gleichnis, ohne Mythos und Legende Bescheid zu geben.

Die »verdammten Fragen« folgen sogleich und deutlich genug, in der zweiten Strophe. Eigentlich ist es nur eine einzige Frage. Die Frage des Psalmisten. Keine christliche Frage, trotz der Beschwörung der Szene des Kreuztragens. Das Leiden wird hier keineswegs angenommen, gar verklärt. Nicht ein Dulder redet, sondern ein Aufsässiger. Es ist Hiob. Nicht nach Liebe und nicht nach Gnade wird gefragt, sondern nach Gerechtigkeit.

Kaum ist die Frage gestellt, scheint der Frager und Ankläger von seinem Partner abzulassen und ins eigne Grübeln oder in eine Unterredung mit seinesgleichen zurückzufallen. Der Befragte ist stumm geblieben. Jetzt wird der Verantwortliche genannt, »unser Herr«, wie man von einem Abwesenden redet, in Vermutungen, da nichts Verläßliches von ihm bekannt ist. Die versuchten Erklärungen sind so respektlos wie ernsthaft. Ein spottendes Gezeter des hellsten Verstandes. Auf pfiffige Weise zweifelt er an Gottes Allmacht, in burschikosem Ton an Gottes Güte. Nicht an Gott.

Mit der vierten Strophe tritt der Sprecher aus Gespräch wie Erwägung hervor, wendet sich gleichsam ans Publikum, trifft nur noch eine Feststellung. »Man« stopft uns die Mäuler: der andere bleibt gegenwärtig, handelt sogar. Ermattet klingt die Empörung in der letzten Zeile nach, eine Art demagogischer Klage.

Der unvollkommene oder verfehlte Reim oder der »kolossale Halbreim« (wie der genaue Leser und Kenner Werner Kraft gesagt hat, und auf »Antwort« sei schlechthin kein natürliches Reimwort zu finden) verschärft den Sinn der Klage, fast unmerklich und doch ungeheuerlich. Wir können uns keinen Reim darauf machen, daß wir ohne Bescheid, womöglich ungehört, sterben sollen.

HOFFMANN VON FALLERSLEBEN
DER DEUTSCHE ZOLLVEREIN

24. Februar 1840

τοῦ γὰρ κράτος ἐστὶ μέγιστον.
Homeri Ilias 2.118

Schwefelhölzer, Fenchel, Bricken,
Kühe, Käse, Krapp, Papier,
Schinken, Scheren, Stiefel, Wicken,
Wolle, Seife, Garn und Bier;
Pfefferkuchen, Lumpen, Trichter,
Nüsse, Tabak, Gläser, Flachs,
Leder, Salz, Schmalz, Puppen, Lichter,
Rettich, Rips, Raps, Schnaps, Lachs, Wachs!

Und ihr andern deutschen Sachen,
Tausend Dank sei euch gebracht!
Was kein Geist je konnte machen,
Ei, das habet ihr gemacht:
Denn ihr habt ein Band gewunden
Um das deutsche Vaterland,
Und die Herzen hat verbunden
Mehr als unser Bund dies Band.

VOLKER NEUHAUS
AM ANFANG WAR DIE PARODIE

August Heinrich Hoffmann, der sich nach seinem Geburtsort von Fallersleben nannte, schrieb dieses Gedicht der eigenen Datumsangabe zufolge ziemlich genau eineinhalb Jahre vor seinem »Lied der Deutschen«, das seit 1922 unsere Nationalhymne ist. Er veröffentlichte es noch im selben Jahr in Hamburg bei Hoffmann & Campe, dem politisch engagiertesten Verlag der Zeit, in seinen »Unpolitischen Liedern«. Die Sammlung mit dem natürlich ironisch gemeinten Titel, die Hoffmann wenig später seine Breslauer Professur kosten sollte, ist in sieben »Sitzungen« unterteilt, bei denen offensichtlich Gleichgesinnte – »unser Bund« – jeweils diese Lieder singen.
Hoffmann hat zeitlebens an dem bis zur Goethezeit herrschenden Verständnis von »Lied« als einer zum Gesang bestimmten Dichtform festgehalten: »Das wahre lyrische Dichten erscheint mir wie ein musikalisches Komponieren mit Worten; wir schreiben statt der Töne Worte auf; ich habe mich so daran gewöhnt, daß ich beinahe nie dichte, ohne zugleich zu singen.« Julius Fröbel hat in seinen Lebenserinnerungen berichtet, wie sein Gast Hoffmann zu dichten pflegte – »nicht selten singend, immer aber laut«:
Er stimmte eine bekannte Melodie an und unterlegte sie nach und nach mit einem neuen Text. Dies hatte den Vorteil, daß auch seine neuesten Lieder sogleich von Hoffmann, wie er es liebte, in geselliger Runde zur Gitarre vor-

getragen und von den Anwesenden mitgesungen werden konnten.
So dichtete Hoffmann auf die bekannte Haydnsche Kaiserhymne am 26. August 1841 in Helgoland das sogenannte »Deutschlandlied« – auch zunächst ein Trinklied, das in seiner zweiten Strophe gattungsgemäß Weib, Wein und Gesang hochleben läßt und für das Hoffmann als Schlußvariante der letzten Strophe statt »Blüh' im Glanze dieses Glückes/ Blühe, deutsches Vaterland!« notierte: »Stoßet an und ruft einstimmig: / Hoch das deutsche Vaterland«. Aber nicht nur unserer späteren Nationalhymne, auch dem Zollvereinslied ist Haydns Melodie unterlegt. Lebt »Deutschland, Deutschland über alles« vom Zusammenklang eines hymnischen Textes mit einer feierlich getragenen Melodie von höchster Weihe, so gewinnt unser Gedicht seinen Reiz aus dem bewußt gesuchten Kontrast zwischen den kaiserlichen Tönen und der kakophonen Reihung banalster Alltagsdinge in der ersten Strophe.
Dieses Mißverhältnis von hohem Ton und niederem Inhalt – und genauso wird seit der Antike die Parodie definiert – nimmt die zweite Strophe dann im Text selbst auf, wenn das ganze Gerümpel und Gerumpel der ersten feierlich als die »deutschen Sachen« apostrophiert werden, denen »tausend Dank« gebühre, da sie ein »Band ... Um das deutsche Vaterland« »gewunden« und »die Herzen ... verbunden« haben. Mit dieser ironischen Hymne für den deutschen Zollverein von 1834 liegt der ziemlich einmalige Fall vor, daß ein Dichter die Parodie dem eigenen Original voranschickt, selbst das Lächerliche bewußt vor das Erhabene stellt und erst auf das heute vergessene Satyrspiel das Werk folgen läßt, das neben einigen zu

Volksgut gewordenen Kinderliedern seinen Namen bis heute bewahrt hat.

Sein Spott gilt darin einem Entwicklungsstand der deutschen Einigungsbestrebungen, der in etwa dem der heutigen Europäischen Gemeinschaft entspricht: wirtschaftlich auf dem Weg, ein Riese zu werden, politisch zum Zwerg verkümmert, die Europa-Erbse normierend, aber zu einer gemeinsamen Politik unfähig. Denselben Stand der deutschen Einigung hat auch Heine in »Caput 2« von »Deutschland. Ein Wintermärchen« verspottet. Für Hoffmann als letztlich wirklich »unpolitischen« Dichter waren ganz andere Dinge »deutsche Sachen«: Nicht »Schwefelhölzer, Fenchel, Bricken / . . .«, sondern »Deutsche Frauen, deutsche Treue, / Deutscher Wein und deutscher Sang« sollten uns »zu edler That begeistern / Unser ganzes Leben lang«, sollten Deutschland einigen und es so »über alles in der Welt« stellen. Selbst diese zum Slogan gewordene Zeile klingt bei unserer vorgezogenen Selbstparodie schon im Motto aus der Ilias an, das den Zollverein preist. Es lautet (in Voßens Übersetzung): »denn er ist mächtig vor allen«.

UNBEKANNTER DICHTER
KEIN FEUER,
KEINE KOHLE

Kein Feuer, keine Kohle
kann brennen so heiß,
als heimliche Liebe,
von der niemand nichts weiß.

Keine Rose, keine Nelke
kann blühen so schön,
als wenn zwei verliebte Seelen
beieinander tun stehn.

Setze du mir einen Spiegel
ins Herze hinein,
damit du kannst sehen,
wie so ehrlich ichs mein.

ULLA HAHN
HEIMLICHE LIEBE

Wer in diesen Strophen spricht, Mann oder Frau – wir wissen es nicht. Er singt für sie, sie für ihn, sie singen gemeinsam ein und dasselbe Lied, doch jeder mit seiner eigenen Stimme, das »Wir« bleibt zwischen den Zeilen verborgen. Denn von heimlicher Liebe ist offenkundig die Rede, diesem uralten Thema, besonders beliebt im Rokoko und sprichwörtlich berühmt durch die 37. Aria aus dem Notenbüchlein der Anna Magdalena Bach: »Willst du dein Herz mir schenken / so fang es heimlich an.«

Wenig hat sich verändert seither, nur nicken die beiden sich nicht mehr verstohlen beim Wasserholen am Brunnen zu oder nach der Andacht vor der Kirchentür. Er küßt ihr die Hand bei einem Empfang oder hält ihr die Kantinentür auf, sie reden wie zu allen Zeiten die gleichen Wörter wie alle, aber in einer Sprache, die nur sie verstehen. Ein wenig zu laut und zu lustig spricht sie, und er schaut in eine sehr andere Richtung. Aber sichtbar und unerklärlich haftet an beiden ein unergründliches Strahlen, seit ihre Ärmel sich flüchtig streiften: »Keine Rose, keine Nelke kann blühen so schön.«

Und wenn er am Wochenende ohne sie nach Paris fliegt? Und wenn er sie anruft, dreimal, viermal, und sie ist nicht da? »Setze du mir einen Spiegel / ins Herze hinein.« Heimliche Liebe fragt nicht und fordert nicht, mißtraut und verdächtigt nicht. Heimliche Liebe lebt vom Vertrauen. Einem ungleich tieferen Vertrauen als in jedem offenbaren

Verhältnis, das sich von tausend Tagtäglichkeiten nähren kann. Sehr behutsam müssen, die sich heimlich lieben, miteinander umgehen, weil kein Alltag kleine Verletzungen heilt. Doch heimliche Liebe ist gläubige Liebe. Nicht gefordert, erbeten wird der »Spiegel im Herzen«, aufrichtige Liebe hat nichts zu verbergen, will das Innerste nach außen kehren – für den einen, die eine.

Heimliche Liebe ist sich selbst genug; jenseits aller äußeren Zeichen beweist sie sich allein durch ihr Bestehen. Sie macht ihre eigene Zeitrechnung auf: nur die Zeit der Gemeinsamkeit zählt. Sie hat ihren eigenen Raum, allein von den Leibern der beiden umschlossen. Sie setzt sich ihr eigenes Maß. Nur sie kann alles tun und gar nichts müssen: heimlich Liebende sind Anarchisten.

Einander verschworen leben sie doppelt innerhalb und außerhalb von Beruf und Familie. Sind sie beisammen, zählt nur, was übrigbleibt, wenn das gesellschaftliche Rüstzeug abgelegt ist. Nur dann wachsen sie hinüber ins Reich der Natur und darüber hinaus, blühen sie schöner als »Rosen und Nelken« in den feinen Rissen der Zeit, zu schmal für Behaglichkeit, aber weit genug, um mitunter tief durchzuatmen zu zweit. – Danach gehen sie aus ihrem »Wir« zwischen den Zeilen, zwischen der Zeit wieder in ihr »Du« und »Ich«, als Mann und Frau in ihre Rollen im Alltag, für die sie ihr Wissen und dieses »Wir« stärker macht als Ehren, Orden, Triumphe zuhauf.

Dieses Lied erschien vor rund einhundertachtzig Jahren erstmals im Druck. Heute möchte ich am liebsten noch eine vierte Strophe zufügen, für den Rache- und Schutzengel aller Liebenden im zwanzigsten Jahrhundert: das Telefon. Denn heißer als »Feuer und Kohle« brennt ein Fernsprecher: stumm.

JOHANN NESTROY
LIED DES FABIAN

Wird uns'reins alt, is's gute Nacht,
Da hat man keine Freud',
Die Messer schneiden, die man macht,
Doch selbst hat man kein' Schneid.
Die alten Messer, taugen's nit,
Man schleift's, tut's frisch polier'n,
Allein ein alter Messerschmied
Is nit zu renovier'n.

Es gibt kein' Amboß, der rebellt
So stark als dieses Herz,
Und gar kein Messer in der Welt
Schneid't wie mein Liebesschmerz.
Die Lieb' ist da, was nutzt es mich,
Ich g'fall' halt keiner mehr,
Und das bloß aus dem Grund, weil ich
Ins alte Eisen g'hör'.

WALTER JENS
WORTE, VIELDEUTIG WIE DAS LEBEN

Ein Lied, das in keiner Anthologie steht. Geschrieben von einem Poeten, dessen Namen man in einer Geschichte der deutschen Lyrik vergebens sucht. Ein Couplet von Johann Nestroy. Eins jener sogenannten Metier-Lieder, mit deren Hilfe sich die Personen im Wiener Lokaltheater vorstellten: Der Seiler besang in metaphorischer Rede den Strick, der Friseur gedachte der gekrönten Häupter, die schon den Kopf vor ihm neigten. Chansons über die Entsprechung von Beruf und Seelenlage, von Metier und persönlichem Schicksal.
Das klingt meistens sehr harmlos. Harmlos wie dieses Auftrittslied des alten Messerschmiedgesellen Fabian aus der Posse »Die Ballnacht«, einem Altwiener Stück, zu dem Nestroy nur die Lieder geschrieben hat. Ein Couplet, das ein bißchen simpel, ein bißchen elegisch und ein bißchen sentimental zu sein scheint – mehr nicht. Doch wenn man genauer hinschaut, dann zeigt es sich plötzlich, daß die Einfachheit trügt: Die Worte haben einen doppelten Boden; die Sprache ist uneigentlich; das Parlieren erweist sich als figürliche Rede: zugeschrieben auf gestische Pointen, auf Körper-, Gesichts- und Requisitbewegungen, die das Wechselspiel von Sinn und Hintersinn verdeutlichen. Ein vertracktes Lied. Vertrackt schon in der Syntax, die, um der Parallelisierung der Elemente willen, auf äußerste Verknappung abzielt. So einfach der Gegensatz zwischen dem alten Gesellen und seinen Messern zu sein scheint –

er: unnütz, sie: nützlich; er: nicht mehr zu renovieren, sie: ewig reparabel – so unmetaphorisch und einsinnig sich das Klagelied des Mannes gibt, der zum alten Eisen gehört und für den es deshalb »gute Nacht« ist (was soviel heißt wie: Zeit, den endgültigen Abschied zu nehmen) . . . wenn man die Worte abklopft und sich zumal der schillernden Bedeutung des bairisch-österreichischen Femininums »Schneid« vergewissert, dann wird man schnell gewahr, warum hier einer so jammert und stöhnt. Weil er kein' Schneid mehr hat: Weil sein Messer stumpf geworden ist und er die Fähigkeit zum Schneiden längst verloren hat. Weil er sich nicht mehr traut: Er, der wie der Wein ist, dem es *ohne Schneid* gleichfalls an Schärfe fehlt. Weil er, im wörtlichen und übertragenen Sinn, impotent ist.
Kein' Schneid mehr zu haben – eine Schneid, wie sie die Büchse des Schützen besitzt –, das heißt: altes Eisen zu sein. Kein Mann mehr, sondern ein Greis, bei dem nur noch das Herz rebellt (rebellen bedeutet: laut dröhnen, Lärm machen – Lärm auch im Bett!) und der Liebesschmerz schneidet. Um die Transposition solcher Gefühle – eine Transposition vom Geistig-Abstrakten ins Sinnlich-Konkrete – dagegen steht's schlecht: was nützt die Liebe, wenn die Partnerin fehlt, die in dem Altgesellen einen sehen mag, der noch ein' Schneid hat? Ohne Schneid kein' Freud! Glücklich die Messer, die, alterslos, mit ihrer blinkenden Schärfe von Schneidekraft zeugen!
Ein gepfeffertes Lied. *Die Messer schneiden, die man macht, doch selbst hat man kein' Schneid.* Der Gegensatz spricht für sich selbst. Eine Geste wird ihn verdeutlicht haben.
Ein zartes Lied. Fehlende Schneid als psychischer Defekt. Als Mangel an Elan, nicht nur als Mangel an Virilität. Als

etwas, das – wie unser melancholischer Schmiedegesell hofft – im gleichen Augenblick behoben wird, wo eine kommt, die davon weiß, daß, kehrt erst einmal der Schneid im preußisch-maskulinen Sinn zurück, sich auch die austriazensische Schneid wieder einstellen mag.
Ein Lied, erfüllt von Wortwitz und Tiefsinn. Hier spielt ein genialer Kerl mit der Ambivalenz sprachlicher Bezeichnungen. (Schneid als Mut. Schneid als Potenz.) Hier zeigt einer, was sich mit einer einzigen Antithese – der Stumpfe macht die Messer scharf – alles aufstellen läßt. Hier beweist jemand, daß es möglich ist, die Vieldeutigkeit der Worte für die Vieldeutigkeit des Lebens sprechen zu lassen. Nestroy: Ein Lyriker, dessen Entdeckung noch aussteht. Das Messer-Lied – ein würdiges Pendant zum Hobel-Lied – hat es verdient, in eine Anthologie aufgenommen zu werden. Zum Beispiel in diese.

NIKOLAUS LENAU
DIE DREI ZIGEUNER

Drei Zigeuner fand ich einmal
Liegen an einer Weide,
Als mein Fuhrwerk mit müder Qual
Schlich durch sandige Heide.

Hielt der eine für sich allein
In den Händen die Fiedel,
Spielte, umglüht vom Abendschein,
Sich ein feuriges Liedel.

Hielt der zweite die Pfeif im Mund,
Blickte nach seinem Rauche,
Froh, als ob er vom Erdenrund
Nichts zum Glücke mehr brauche.

Und der dritte behaglich schlief,
Und sein Zimbal am Baum hing,
Über die Saiten der Windhauch lief,
Über sein Herz ein Traum ging.

An den Kleidern trugen die drei
Löcher und bunte Flicken,
Aber sie boten trotzig frei
Spott den Erdengeschicken.

Dreifach haben sie mir gezeigt,
Wenn das Leben uns nachtet,
Wie mans verraucht, verschläft, vergeigt,
Und es dreimal verachtet.

Nach den Zigeunern lang noch schaun
Mußt ich im Weiterfahren,
Nach den Gesichtern dunkelbraun,
Den schwarzlockigen Haaren.

HANS MAYER
AUF UNGARISCHE ART

Die Literaturgeschichten pflegen bei diesem einstmals hochberühmten Gedicht, das schön blieb auch in seiner heutigen Unberühmtheit, vom Weltschmerz zu sprechen. Das Lexikon behauptet, Nikolaus Niembsch Edler von Strehlenau, der sich Lenau nannte, sei ein dritter großer Poet des Weltschmerzes neben Lord Byron und Leopardi. Womit über keinen dieser drei so unvergleichbaren Dichter irgend etwas ausgesagt wurde.

Das Gerede vom Weltschmerz paßt hier durchaus nicht, denn der Reisende, der im Vorüberfahren die drei Zigeuner wahrnimmt und ihnen weiter nachsinnt, als die Gruppe längst dem Blick entschwand, ist kein Faust, der das eigene Menschsein verflucht. Man spürt weit eher etwas wie Ekel, keinen Schmerz. Ekel vor der Zivilisation: »Unbehagen in der Kultur«, mit Freud zu sprechen.

Andererseits werden die Zigeuner nicht mehr, wie im 18. Jahrhundert, als edle Exoten geehrt und einer korrupten Zivilisation als Muster hingestellt. Irritierend ist in diesem Gedicht Lenaus die vertrackte Wechselwirkung zwischen Nähe und Distanz. Einerseits fühlt sich der Reisende innig vertraut mit den drei Gestalten, die das Leben verrauchen, verschlafen und vergeigen und dreimal verachten. Was doppeldeutig gemeint ist. Alle drei verachten das Leben, aber gemeint ist zugleich, bei jedem von ihnen, ein dreifacher Fluch nach dem Teufelsritual. Dennoch bleibt es bei der Distanz.

Das lyrische Ich des Reisenden hat den Zigeunern nichts anzubieten als Verständnis und Nachdenklichkeit. Der Wagen wird nicht angehalten; ein Bild und wenig mehr. Lenau schreibt dies kleine Erzählgedicht, das in fünf Vierzeilern den Vorgang berichtet, in einer sechsten Strophe eine kleine Nutzanwendung zieht, die in den Schlußversen bei der Weiterfahrt auch schon wieder entwest wird, um die Jahreswende 1837/38. Lenaus Freund Max von Löwenthal hat mitgeteilt, wie es sich wirklich verhielt mit der Begegnung des deutsch-ungarischen Aristokraten mit den Zigeunern. Er traf zerlumpte und hungrige Zigeuner auf dem Glacis in Wien, »redete sie auf ungarisch an, nahm sie mit sich ins Bierhaus, versorgte sie mit Speise und Trank und ließ sich von ihnen aufspielen«.
Viele Enttäuschungen sind eingegangen in dies Gedicht. Damals hatte Lenau auch bereits das mißglückte Abenteuer eines Farmers in Pennsylvanien hinter sich gebracht. Gleichzeitig europamüde und amerikamüde. Tätiges Leben gibt es für die drei Zigeuner und ihren Zuschauer nur noch in der Musik. Alles andere, Rauchen und Schlafen, ist nur noch ein Zulassen, kein Tun. Die Gruppe der Zigeuner (und der Standort des Gedichts) findet sich in einem Jenseits der Liebe. Man kann das Leben nicht »verlieben«. Auch davon spricht das Gedicht: durch Nichterwähnung.
Einzigartig bleibt schließlich der Rhythmus dieser Verse. Wer von Trochäen redet, geht in die Irre. Dies ist ein deutsches Poem, das Ungarisch spricht. Der Rhythmus der ungarischen Sprache mit dem Akzent auf den ersten Silben der Wörter wird eigensinnig durchgehalten. Dadurch entsteht Synkopenmusik, eine dreifache Fremdheit: Exotismus der Zigeuner; Zweideutigkeit eines Dichtens zwi-

schen zwei voneinander grundverschiedenen Sprachen; Fremdheit zwischen dem Betrachter und seinen fern-nahen Kumpanen. Lenau hat diese Form des Vorüberfahrens gelebt. In seinem vielleicht berühmtesten Gedicht vom »Postillion« stehen die einstmals vielzitierten Verse: »Wald und Flur im schnellen Zug / Kaum gegrüßt-gemieden ...« Ferne und Nähe in einem. Gedichtet und musiziert nach ungarischer Art.

NIKOLAUS LENAU
EINSAMKEIT (2)

Der Wind ist fremd, du kannst ihn nicht umfassen,
Der Stein ist tot, du wirst beim kalten, derben
Umsonst um eine Trosteskunde werben,
So fühlst du auch bei Rosen dich verlassen;

Bald siehst du sie, dein ungewahr, erblassen,
Beschäftigt nur mit ihrem eignen Sterben.
Geh weiter: überall grüßt dich Verderben
In der Geschöpfe langen dunklen Gassen;

Siehst hier und dort sie aus den Hütten schauen,
Dann schlagen sie vor dir die Fenster zu,
Die Hütten stürzen, und du fühlst ein Grauen.

Lieblos und ohne Gott! der Weg ist schaurig,
Der Zugwind in den Gassen kalt; und du? –
Die ganze Welt ist zum Verzweifeln traurig.

SIBYLLE WIRSING
EIN SÜNDENFALL

Das Sonett stammt aus dem Herbst 1838 und verkündet mitten in der Epoche einer wogenden Naturlyrik und mitten in einem Werk, das ganz auf die naturpoetische Phantasie seines Verfassers vertraut, den Bruch mit der Natur. Was der 36 Jahre alte Lenau hier anzettelt, ist Wahnsinn: er sägt den Ast ab, auf dem er sitzt.

In seinem viermal vierzeiligen Gedicht, das unter demselben Titel »Einsamkeit« einige Jahre früher entstand, war noch alles in Ordnung gewesen: Unter wild verwachsenen dunklen Fichten stimmt das klagende Herz mit der leisen Klage der Quelle und des grauen Vogels überein und weiß seine Trauer aufgehoben im Moose: »Deine Liebe Gott versteht, / Deine tiefe hoffnungslose«.

Und selbst in dem Sonett, das als Nummer eins dem hier zitierten unmittelbar vorausgeht und der Liebe und dem Gottvertrauen schon abgeschworen hat, gibt es für den trostlosen Zustand doch noch einen angemessenen Ort, das Gefilde, das in Lenaus Lyrik der Topos für die kalten Hochgefühle der Einsamkeit ist: »Hast du schon je dich ganz allein gefunden, / Lieblos und ohne Gott auf einer Heide ...?« Die Einöde, das Sand- und Heideland, ist die Trutzburg des Unbehausten, und sei es auch nur, wie es am Ende des ersten Sonetts heißt, »Daß er umarmend stürzt an einen Stein; / ... Und bang dem Winde nach die Arme streckt«.

Dagegen die Antwort des zweiten: Die Fühllosigkeit von

Wind und Stein mögen als eine allgemeine Erfahrung noch hingehen. Aber die abrupte Steigerung der Naturschelte, daß uns auch die Rosen im Stich lassen, ist eine Majestätsbeleidigung. Das ist Revolution. Der Poet, der die Königin der Naturlyrik entthront, verneint alles, was dem Zartgefühl seit barocker Zeit als feste Vereinbarung mit seinem sensiblen Vis-à-vis hat gelten dürfen. Ihm ist nicht mehr zu helfen. Und ganz so sieht auch Lenau die Situation.

Auf die Absage an die roseninnige Vertrautheit mit der Gottesschöpfung folgt das Chaos. Nicht einmal eine Wüste nimmt den Ketzer mehr auf. Er befindet sich an einem ortlosen Ort, »In der Geschöpfe langen dunklen Gassen«, und namenlose Wesen sehen ihn an. So gespenstisch, wie sie für ihn sind, ist er für sie – Kolumbus, der in einem umnachteten Irgend- und Nirgendwo landet. Die Verbarrikadierung quittiert den Augenblick des stieren wechselseitigen Entsetzens, dann stürzt das Quartier zusammen: Menschheitsdämmerung und Weltuntergang. Der Eindringling bleibt mit dem, was er gesehen hat, allein übrig und fühlt »ein Grauen«. Die lebhafteren Empfindungen der Betroffenheit sind ihm vergangen. Als eine verlorene Seele steht er da. Die Frage nach seiner Existenz beantwortet ein Gemeinplatz: »Die ganze Welt ist zum Verzweifeln traurig«. Aber die lakonische Phrase hat am Ende des visionären Gedichts eine unkontrollierbare Schmerzensgewalt.

Mit diesen vierzehn Zeilen, die ihr vorgeschriebenes altes Muster erfüllen, als sei tatsächlich noch alles beim alten, hat sich das Blatt gewendet. Die höhere geistige Einheit des Menschenlebens mit der Natur, die der junge Lenau zum moralischen und ästhetischen Prinzip seiner Dichtung erklärt hatte, ist mit dem Glauben an eine Harmoniesphäre untergegangen. Aber das Sonett aus dem Herbst 1838 trauert nicht um den Verlust, sondern präsentiert in untadeliger Form eine neue Frucht vom Baum der Erkenntnis und läßt uns über den Sündenfall nicht im unklaren.

Nach der Scheidung von der Natur hängt nun alles davon ab, wie sich der Mensch zu sich selber stellt, zu der Frage: »Und du?« Lenau, der kein aktiver, sondern ein leidender Revolutionär war, macht die elende Wirklichkeit zu seiner Innenwelt. Er identifiziert sich mit ihr. Der Kampf um eine neue Selbstbehauptung war nicht mehr seine Sache.

EDUARD MÖRIKE
AN EINE ÄOLSHARFE

Tu semper urges flebilibus modis
Mysten ademptum: nec tibi Vespero
Surgente decedunt amores,
Nec rapidum fugiente Solem.
Horaz

Angelehnt an die Efeuwand
Dieser alten Terrasse,
Du, einer luftgebornen Muse
Geheimnisvolles Saitenspiel,
Fang an,
Fange wieder an
Deine melodische Klage!

Ihr kommet, Winde, fern herüber
Ach! von des Knaben,
Der mir so lieb war,
Frisch grünendem Hügel.
Und Frühlingsblüten unterwegs streifend,
Übersättigt mit Wohlgerüchen,
Wie süß bedrängt ihr dies Herz!
Und säuselt her in die Saiten,
Angezogen von wohllautender Wehmut,
Wachsend im Zug meiner Sehnsucht,
Und hinsterbend wieder.

Aber auf einmal,
Wie der Wind heftiger herstößt,
Ein holder Schrei der Harfe
Wiederholt, mir zu süßem Erschrecken,
Meiner Seele plötzliche Regung;
Und hier – die volle Rose streut, geschüttelt,
All ihre Blätter vor meine Füße!

SIEGFRIED MELCHINGER
TOD, GRAB, KLAGE

Immer hatte ich gedacht, es sei nur ein Phantasiegebilde, vom Dichter erdacht, ein imaginärer Zauber – doch weit gefehlt! Schon die Wendung »angelehnt an die Efeuwand« hätte mich stutzig machen müssen, dann, als ich es genauer wissen wollte, stieß ich gleich darauf: so konkret wie diese war das Instrument. Nach dem Gott der Winde ist es benannt, jenem Äolus, der, hilfreich und strafend, aus der Odyssee bekannt ist. Sein Tönen gleicht dem der ägyptischen Memnonssäule, die bei Sonnenaufgang geheimnisvolle Laute von sich gibt; auch dafür hat man eine natürliche Erklärung gefunden, so wie das Saitenspiel, das die Winde mit der in sie gestellten Harfe treiben, nichts Mystisches an sich hat. Erst mit der »melodischen Klage« setzt die Poesie ein; sie rief im Dichter die Erinnerung an die Horazverse wach, die er als Motto vorangestellt hat: die Klagen um den entschwundenen Myste, nicht nachlassend von Sonnenuntergang bis Sonnenaufgang.
Es ist fast immer so bei der Poesie dieses Dichters; sie bewegt sich genau auf der Grenze zwischen Wirklichkeit und Traum, noch in Schmerz oder Lust an dieser empfangen und schon vom anderen drüben berührt. Ist sie uns nicht deswegen so nahe, weil sie eben dort einsetzt, wo wir uns alle befinden, um dann in die Worte überzugehen, deren wir nicht mehr mächtig sind?
Mörike hat die Windharfe in seiner kleinen, so engen Welt kennengelernt und klingen hören. Der Anlaß läßt sich

(mindestens vermutungsweise) rekonstruieren. Am 14. Juni 1837 schickte er seinem Vetter Karl Abraham Mörike, Apotheker in Neuenstadt, das Gedicht. Sie hatten einander ein paar Tage vorher in Stuttgart getroffen. Dieser Vetter muß ein Bastler gewesen sein, denn in einem der beiden direkt an ihn gerichteten Gedichte wird er wegen seiner »verdammten Sonnenuhrenmacherei« gehänselt; so hatte er wohl auch die Harfe gebastelt und zu dem Treffen mitgebracht.

Sie sind dann zusammen nach Ludwigsburg gefahren, denn dort war »der Knabe, der mir so lieb war«, begraben, Mörikes Bruder August, der sich mit siebzehn Jahren (wahrscheinlich) das Leben genommen hatte. Wieviel Gram war überhaupt im Leben dieses Dichters: ein anderer Bruder, der kriminelle Carl, sollte bald danach auf dem Hohenasperg sitzen, und nach Ludwigsburg spielt auch die Geschichte mit dem zigeunerischen Mädchen, das er »Peregrina« nannte – sie war um die Zeit, als der »Knabe« starb, wie es heißt, in die Schweiz »abgeschoben« worden ... Gram, der ihn im Urteil vieler grämlich machte, zum Griesgram, zum fast pathologischen »Sonderling«.

Von des »Knaben frisch grünendem Hügel« also kamen dreizehn Jahre später die Winde, die das Instrument zum Tönen brachten, das der Vetter im Ludwigsburger Schloßpark an die Efeuwand einer Terrasse gelehnt hatte, die »melodische Klage«. So wird auch im »Maler Nolten« von »Geisterlauten« gesprochen, »nicht unähnlich den schwermütigen Klängen der Äolsharfe« (und natürlich besaß auch sein Freund, der Geisterseher Justinus Kerner, eine berühmte »Windharfe«). Die Klage tönt fort in die »wohllautende Wehmut« der zweiten Strophe. Und selbst für die Rose der dritten gibt es ein Zeugnis dafür, daß sie der Erinnerung entstammte; denn ein paar Wochen vor seinem Tod hatte August den Bruder in Tübingen besucht und ihm eine Rose gebracht, die er irgendwo gebrochen hatte.

Dreizehn Jahre danach sah er nun die Blätter der Rose, beim »holden Schrei der Harfe«, vor seine Füße gestreut. So ist auch dieses Gedicht ein Beweis dafür, daß die Nähe und das (Ein-)Verständnis solcher Poesie in unserer Welt liegt und daß das Dichterische auf der Fähigkeit beruht, darüber hinaus, Worte, Zeichen, Bilder zu finden, die gleichsam über die Grenze weisen ins Unbegreifliche. Die Worte fielen Mörike fast zu leicht zu. An so vielen Gelegenheitsgedichten muß man vorbeilesen, um an die Gebilde zu gelangen, deren Tiefe und Wohllaut unvergleichlich sind. Zu ihnen zähle ich dieses Gedicht.

EDUARD MÖRIKE
AUF EINE CHRISTBLUME

I

Tochter des Walds, du Lilienverwandte,
So lang von mir gesuchte, unbekannte,
Im fremden Kirchhof, öd und winterlich,
Zum erstenmal, o schöne, find ich dich!

Von welcher Hand gepflegt du hier erblühtest,
Ich weiß es nicht, noch wessen Grab du hütest;
Ist es ein Jüngling, so geschah ihm Heil,
Ists eine Jungfrau, lieblich fiel ihr Teil.

Im nächtgen Hain, von Schneelicht überbreitet,
Wo fromm das Reh an dir vorüberweidet,
Bei der Kapelle, am kristallnen Teich,
Dort sucht ich deiner Heimat Zauberreich.

Schön bist du, Kind des Mondes, nicht der Sonne;
Dir wäre tödlich andrer Blumen Wonne,
Dich nährt, den keuschen Leib voll Reif und Duft,
Himmlischer Kälte balsamsüße Luft.

In deines Busens goldner Fülle gründet
Ein Wohlgeruch, der sich nur kaum verkündet;
so duftete, berührt von Engelshand,
Der benedeiten Mutter Brautgewand.

Dich würden, mahnend an das heilge Leiden,
Fünf Purpurtropfen schön und einzig kleiden:
Doch kindlich zierst du, um die Weihnachtszeit,
Lichtgrün mit einem Hauch dein weißes Kleid.

Der Elfe, der in mitternächtger Stunde
Zum Tanze geht im lichterhellen Grunde,
Vor deiner mystischen Glorie steht er scheu
Neugierig still von fern und huscht vorbei.

II

Im Winterboden schläft, ein Blumenkeim,
Der Schmetterling, der einst um Busch und Hügel
In Frühlingsnächten wiegt den samtnen Flügel;
Nie soll er kosten deinen Honigseim.

Wer aber weiß, ob nicht sein zarter Geist,
Wenn jede Zier des Sommers hingesunken,
Dereinst, von deinem leisen Dufte trunken,
Mir unsichtbar, dich blühende umkreist?

HANSPETER BRODE
FLÜGELLEICHTE TRAUER

Im Oktober 1841 findet Eduard Mörike, seit sieben Jahren protestantischer Pfarrer im württembergischen Cleversulzbach, auf dem Friedhof von Neuenstadt am Kocher eine Christblume und nimmt sie mit nach Hause. Bald danach entstehen die beiden Gedichte. Die Verse greifen allerdings weit über den lebensgeschichtlichen Anlaß hinaus: Die »Christblume« wird für den Dichter zum Ausdruck weihnachtlicher Besinnung, wobei die jahreszeitliche Einkehr sich verknüpft mit einer erotischen Wehmut, die Jahrtausende umspannt.

Eigentlich geht es um eine nur mühsam verschleierte Begegnung der Geschlechter. Das »Ich« dieser Strophen stößt auf eine »Tochter des Walds«, und der heftig hervordrängende Ruf »Zum erstenmal, o schöne, find ich dich!« gibt Qualen schmerzlicher, lange währender Triebunterdrückung zu erkennen. Doch sogleich blendet der Dichter ab, allzu heikel sind Ort und Zeit, Spontaneität verbietet sich, wird gedämpft und zensiert: Metaphern des Todes (»Kirchhof«, »Grab«) verbinden sich mit Bildern frühvollendeter Jugend, ja Kindlichkeit, mit Andeutungen geschlechtsloser Unfertigkeit, Kühle, Nacht.

Die wie im Schock erfahrene sinnliche Faszination wird schließlich eingefaßt in den gebieterischen Figuren- und Mythenkanon christlichen Heils. Symbole marianischer Verehrung – Schnee, Lilie, Mond, geläufig auch aus Malerei und bildender Kunst – deuten hin auf unbefleckte

Empfängnis und Reinheit der Gottesmutter. Sonnenhafter Eros wäre dieser Sphäre »tödlich«, der »keusche Leib«, des »Busens goldne Fülle« dürfen nur insoweit ins Bewußtsein treten, als sie sich sogleich unter Hinweis auf »der benedeiten Mutter Brautgewand« entkräften lassen. Wie im Wahn steigert sich der Entsagungsschmerz zur Todesgewißheit: Über die »Weihnachtszeit« hinaus eilt der Gedanke voraus zur österlichen Passion, zum »heilgen Leiden« und zu den »Purpurtropfen« als Mahnzeichen für die fünf Kreuzeswunden des Erlösers.

Mit behutsamer Eindringlichkeit rückt Mörike aber auch eine jeder Askese abholde Gegenwelt der »Sonne« und »Wonne«, der »Frühlingsnächte« und Trunkenheit vor Augen. Schon der »kristallne Teich« und das »Zauberreich« der dritten Strophe wollen sich, märchenhafter Abkunft vermutlich, dem fromm vergeistigten Naturvorgang im Weihnachtsschnee nicht recht fügen. Zum Schluß des ersten Gedichtes betritt dann heidnischer Spuk in Gestalt des »Elfen« die Szene, ein »mitternächtlicher Tanz« weist auf dionysische und orgiastische Ausschweifungen hin, die sich einer bannenden Beschwörung seitens der »mystischen Glorie« des Christentums durchaus entziehen.

Der »Schmetterling« der letzten Verse lenkt den Blick dann in gänzlich andere Weltgegenden: Psyche, das schmetterlingsgeflügelte Seelensymbol der Antike, mag sich in ihm verbergen. Mörike, der Liebhaber und Übersetzer Anakreons und Catulls, der »Sohn des Horaz und einer feinen Schwäbin«, nach einem unvergeßlichen Wort Gottfried Kellers, wird hier anspielen auf Amor und Cupido, die flügelleichten Psychegefährten in den Märchen und Mythen der Alten. »Nie soll er kosten deinen

Honigseim« heißt es von »Schmetterling« und »Christblume«: Die Vitalität der antiken und die Geistigkeit der neuen Weltepoche lassen sich nicht versöhnen; das Gedicht ist eigentlich eine unendliche subtile Klage über die Unmöglichkeit ausgelebter Sinnlichkeit und körperlicher Vereinigung unter den Bedingungen der bürgerlichen Moderne.

So wird die weihnachtliche Naturszene zum Inbild geschichtsphilosophischer Resignation. Mörike, der tiefblickende Pfarrpsychologe, komponiert delikateste Nacht- und Dämmerlichtzustände; er vermag, ohne jeden Zudrang von Bildung, ein tausendfältiges Thema in die Form eines stillen Blumenstückes zu kleiden. Seine »Weihnachtszeit« ist nicht Fest des Hoffens und Neubeginns – die Verheißung ist vielmehr grundiert von Abschied, Trauer, Melancholie.

EDUARD MÖRIKE
AUF EINEN KLAVIERSPIELER

Hört ihn und seht sein dürftig Instrument!
Die alte, klepperdürre Mähre,
An der ihr jede Rippe zählen könnt,
Verwandelt sich im Griffe dieses Knaben
Zu einem Pferd von wilder, edler Art,
Das in Arabiens Glut geboren ward!
Es will nicht Zeug, noch Zügel haben,
Es bäumt den Leib, zeigt wiehernd seine Zähne,
Dann schüttelt sich die weiße Mähne,
Wie Schaum des Meers zum Himmel spritzt,
Bis ihm, besiegt von dem gelaßnen Reiter,
Im Aug die bittre Träne blitzt –
O horch! Nun tanzt es sanft auf goldner Töne
Leiter!

WALTER HELMUT FRITZ
DAS KLAVIER ALS PFERD

Das Gedicht ist eine kleine Erzählung, einfallsreich, drängend, rasch – bis hin zur leisen, sanften Bewegung, dem Piano der letzten Zeile.
Kein isoliertes Ich, das meditiert, wie wir es, wenn wir Gedichte lesen, häufig vorfinden, sondern eine Szene: der Erzähler, der Publikum hat, Menschen anredet (»hört«), ihnen etwas zeigt, etwas zur Schau stellt (»seht«), nämlich einen Klavierspieler und sein »dürftig Instrument«, das während seines Spiels (»im Griffe dieses Knaben«) unversehens, überraschend zu einem Pferd aus »Arabiens Glut« wird.
Mit diesem Pferd hat der Klavierspieler, zum Reiter geworden, zu kämpfen. Er muß dessen Wildheit vorführen, den sich aufbäumenden Leib, die weiße Mähne – die ihrerseits (eine neue Verwandlung) an den Schaum des Meeres erinnert –, und er muß zugleich zeigen, daß er ein »gelaßner Reiter« ist und die Kraft hat, das merkwürdige Tier schließlich zu zähmen.
Keine »Realität« also, nicht die sprachliche Vergegenwärtigung von etwas, was uns durch alltägliche Erfahrung mehr oder weniger vertraut ist, sondern eine Hervorbringung der Phantasie, ein »Sprung« der Einbildungskraft, der nicht die einzelne Metapher, den einzelnen Vers zum Ziel hat, sondern das ganze Gedicht strukturiert; eine Art des Bild-Entwurfs, die wir als Allegorie bezeichnen, eine besondere Weise des »Spiels« mit Vorstellungsinhalten,

die in der deutschen Dichtung vom Mittelalter bis zum Barock besonders beliebt war.
Bei Mörike selbst – er hat das Gedicht 1825 mit einundzwanzig Jahren geschrieben – sind solche allegorisierenden Arbeiten vergleichsweise selten. Der Grund liegt auf der Hand. Mörike spürte früh die Gefahr, die einem Gedicht wie dem »Klavierspieler« drohen kann: bei aller Phantastik in der Motivbildung ist das Element des Rationalen darin besonders ausgeprägt, die Neigung zu pointieren. Eine solche Mischung ergab ein »auffälliges« Gedicht, das seine Originalität, das Virtuose hervorkehrte, während Mörike – aufs Ganze gesehen – in seinem Leben und in seiner Arbeit das Unauffällige bevorzugte.
Unauffälligkeit wurde zu einer entscheidenden Bedingung für seine Strophen. Aus ihr gewann er Geduld, Gelassenheit, Ruhe und Sicherheit des Blicks, gewann er das, was ihm an Ausdauer möglich war. Die Sparsamkeit im Gebrauch von »vorzeigenden« Gesten gehört mit zur Eigentümlichkeit, zur Intensität dessen, was er hervorgebracht hat. Aber er schrieb auch Gedichte, die einen betont spielerischen, heiteren, »geselligen« Charakter haben. »Auf einen Klavierspieler« gehört dazu.

EDUARD MÖRIKE
AUF EINER WANDERUNG

In ein freundliches Städtchen tret ich ein,
In den Straßen liegt roter Abendschein.
Aus einem offnen Fenster eben,
Über den reichsten Blumenflor
Hinweg, hört man Goldglockentöne schweben,
Und *eine* Stimme scheint ein Nachtigallenchor,
Daß die Blüten beben,
Daß die Lüfte leben,
Daß in höherem Rot die Rosen leuchten vor.

Lang hielt ich staunend, lustbeklommen.
Wie ich hinaus vors Tor gekommen,
Ich weiß es wahrlich selber nicht.
Ach hier, wie liegt die Welt so licht!
Der Himmel wogt in purpurnem Gewühle,
Rückwärts die Stadt in goldnem Rauch;
Wie rauscht der Erlenbach, wie rauscht im Grund die Mühle!
Ich bin wie trunken, irrgeführt –
O Muse, du hast mein Herz berührt
Mit einem Liebeshauch!

HANS MAYER
EIN UNVERMUTETER ZWISCHENFALL

Es ist schwer, zu diesem Gedicht, das schlicht daherzukommen scheint, ein lyrisches Gegenstück zu finden. Hier wird der Augenblick einer Gedichtentstehung als Gedicht gefaßt. Die Inspiration macht nicht Außenwelt oder irgendwelche Gefühle zu ihrem Thema, sondern sich selbst.

Alles wirkt gegenstandsfroh, und ist doch abgefeimt. Die Überschrift bereits spielt mit dem Trug. »Auf einer Wanderung«: das gibt sich als hübsches Wanderlied, als habe es ein Kleinmeister der romantischen Nachfolge verfaßt, während doch der inkommensurable Augenblick gemeint ist, da etwas im poetischen Subjekt zur Sprache wird. Auch eine andere Zeit- oder Ortsbestimmung wäre als Überschrift möglich gewesen: bei einem nicht vorhersehbaren Vorgang plötzlicher Kreation.

Nicht einmal der scheinbar strikten Einteilung in zwei Strophen sollte man vertrauen. Bei genauem Lesen entdeckt man ein vierteiliges Gebilde. Die ersten und die letzten beiden Zeilen bilden eine Klammer. Sie meinen den Tag und das Alltagsbewußtsein. Dazwischen liegt ein Ungewisses und ein Ungefähr aus halber Bewußtheit: als Dämmerung, worin Verse entstehen können.

Der Einzug ins Städtchen vollzieht sich in sprachlicher Banalität: die Ortschaft ist »freundlich«, der Abendschein »rot«. Man muß nicht Mörike heißen, um so zu benennen. Doch gehört die Banalität zur Komposition. Jäh beginnt

die Verwandlung der Szenerie in Wahrnehmung und Sprachgebung. Ein offenes Fenster, reichster Blumenflor: das gehört noch zur alltäglichen Wahrnehmung.
Alles aber ist unscharf geworden: Goldglockentöne als Verbund aus Farbe und Klang: Woher kommen sie, aus dem offenen Fenster? Es ist alles zu verwischt, um das auszumachen. Einzelwahrnehmungen werden verweigert. Einzelne Geräusche sind als Unisono gehört. Nachtigallenchor: ist er real oder bereits poetisiert, weil die Amsel und gar der Sperling die dichterische Umformung des Wahrgenommenen erschweren könnten? Nun macht sich die Sprache selbst zur Musik, bricht den Rhythmus, beginnt zu singen. Das Rot der Rosen ist ein »höheres Rot«; als Farbe der Kunst, nicht der Natur.
Geht sie weiter, die Wanderung? Wurde noch irgend etwas wahrgenommen vom und im »freundlichen Städtchen?« Das bleibt ausgespart. Eine zweite Gedichtstrophe, die nicht geschrieben wurde. Hier gehört die weiße Fläche zwischen der ersten und zweiten Strophe zur Struktur des Gedichts. Ein Musiker von Genie, der die Verse Mörikes vertonte, Hugo Wolf, hat es natürlich gemerkt. Sein Lied macht sich selbständig, so wie sich die Sprache vorher autonom gesetzt hatte gegenüber aller Wahrnehmung. Ein langes instrumentales, also »wortloses« Zwischenspiel des Klaviers führt den Gesang weiter: dies ist nun absolute Musik. Die Wanderung führte weit weg vom Wanderziel.
Die zweite Strophe schildert Erwachen und Rückblick. In der Reminiszenz blieb die Erinnerung an Enthusiasmus, »lustbeklommen«, als Gemisch aus Wonne und Qual. Es wird erzählt; die Zeitform ist Vergangenheit. Nun liegt das Städtchen schon zurück. Man hat zuviel wahrgenom-

men, also kaum etwas. Kopfschütteln. »Wie ich hinaus vors Tor gekommen, ich weiß es wahrlich selber nicht.« Das ist nüchterne Alltagssprache nach dem Erwachen.
Allein auch dies Erwachen vor dem zweiten Stadttor und vor dem Weiterwandern ist trügerisch. Der poetische Rausch kehrt noch einmal zurück. Das Auge hat sich festgesogen an der Weite, am Auf- und Zurückblicken. Abermals beginnt die Verformung der Wahrnehmung. Kein banaler roter Abendschein, sondern eine neue Art jenes »höheren Rot«. »Der Himmel wogt in purpurnem Gewühle«. Alles ist Rot und Gold. Den »Goldglockentönen« korrespondiert jetzt der »goldne Rauch«.
Auf dem Höhepunkt der poetischen Ergriffenheit, mitten in der Stadt, hatte die Sprache den Gesang evoziert. Nunmehr, beim poetischen »Rückfall«, weicht sie ins Stammeln aus. »Wie rauscht der Erlenbach, wie rauscht im Grund die Mühle!« Der schlechte Poet hätte für Erlenbach und Mühle die Metaphern bemüht: Mörike benennt bloß. Das »Wie« der Metapher ist hier die Sache selbst. Die Außenwelt wurde zur Poesie und kann als solche ins Gedicht eingehen.
»Ich bin wie trunken, irrgeführt –« Wer spricht so? Kaum mehr ein Trunkener. Das neue Erwachen hub an. Der Gedankenstrich meint abermals Kopfschütteln, Augenreiben. Die Wanderung ist zu Ende. Zwei letzte Zeilen fassen zusammen. – »O Muse ...« Die Muse gar, als wäre man noch ein Dichter in Klopstocks Gefolge? Es klingt etwas verlegen, vielleicht »lustbeklommen«. Das war ein unvermuteter Zwischenfall auf der Wanderschaft. Man war auf einer Wanderung. Wohin? Zum Gedicht.

EDUARD MÖRIKE
DAS VERLASSENE MÄGDLEIN

Früh, wann die Hähne krähn,
Eh die Sternlein verschwinden,
Muß ich am Herde stehn,
Muß Feuer zünden.

Schön ist der Flammen Schein,
Es springen die Funken;
Ich schaue so drein
In Leid versunken.

Plötzlich, da kommt es mir,
Treuloser Knabe,
Daß ich die Nacht von dir
Geträumet habe.

Träne auf Träne dann
Stürzet hernieder;
So kommt der Tag heran –
O ging er wieder!

HERMANN KESTEN
KUNST FÜRS VOLK? KUNST VOM VOLK?

Mörike schrieb »Das verlassene Mägdlein« 1829, als er mit 25 Jahren in die »Vikariatsknechtschaft« heimkehrte, verliebt in die Pfarrerstochter Luise Rau, von der er nach vier Jahren Verlobung wegging.
Obwohl ich das Nachgemachte, künstlich Volkstümliche empfinde, übt dieses Gedicht seit meiner Kindheit bis heute einen unbeschreiblichen Zauber auf mich aus. Was sonst mir unerträglich vorkäme, vom »Mägdlein« zu den »Sternlein«, stört mich hier nicht, ob nun Mörike oder sein verlassenes Mägdlein diese diminutiv sentimentale Beziehung zu den Gestirnen hat. Es ist eine banale, sentimentale, für das 19. Jahrhundert klischeemäßige Situation, doch ergreifend frei vom geringsten Hauch des Falschen. Ein unheilbarer Schmerz spricht in knappen vier Strophen, deren jede eine genußvolle, schier fröhliche Zeile aufweist: »Früh, wann die Hähne krähn« und »Schön ist der Flammen Schein« und »Daß ich die Nacht von dir« und »So kommt der Tag heran«.
Jedesmal folgt auf das Licht ein Dunkel, auf das Frische der schnöde Schmerz. Alle vier Strophen zeigen nur das Mädchen, wie in einer Großaufnahme im Film, wie in einer Theaterszene. Man hört die Hähne krähn, lustvoll, schon steht das Mädchen am Herd, *muß* Feuer zünden. Eine Magd? Ein Bauernmädchen? Armer Leute Kind? Ist sie mit den Sternlein so intim, weil sie (vor Liebeskummer wach) sie nachts sieht? In Leid versunken bemerkt sie

doch, wie schön der Flammen Schein ist. Die Flamme, auch ein stechender Schmerz, »plötzlich« erinnert sie sich, sie sah *ihn* im Traum: »Treuloser Knabe«! Sie sagt nichts vom Inhalt des Traums.

Am neunten Vers merkt man die Naivität Mörikes, der im Vorwort zu seiner »Classischen Blumenlese« (1840), noch der Pfarrer von Cleversulzbach, zu Homer, Horaz, Catull, Tibull, sagen »muß«: »Was die Auswahl der Gedichte selbst betrifft, die für den ersten Teil durchaus von dem Herausgeber besorgt wurde, so wird die Frage nach dem Sittlichen wie billig nicht die letzte sein.« Kein moderner Lyriker dürfte ungestraft von einer jungen Dame, die intensiv an ihren Liebhaber denkt, sagen: »Ich schaue so drein / In Leid versunken.« Mörike darf es.

In sechzehn Versen findet man ganze dreizehn Haupt-Worte, die reale Substanz dieses Gedichts: Hähne, Sternlein, Herde, Feuer, Flammen, Schein, Funken, Leid, Knabe, Nacht, Träne, Träne, Tag. Man sieht das Mädchen zum Herd gebückt sich wieder aufrichten, in die Flammen schaun, den treulosen Knaben im Traum, ihre Tränen, ihre Verzweiflung. *So* kommt der Tag heran. Was die meisten Menschen begrüßen, der neue Tag, beginnt bei ihr mit stürzenden Tränen, mit Mißmut am schnöden Leben. Obwohl das ganze Gedicht ein Monolog des verratenen Mädchens ist, scheint sie erst in der letzten Zeile zu sprechen, auch auszusprechen, plötzlich ihren Schmerz hinauszuschreien. Es ist ein stiller, unausgeführter Selbstmord, die Flucht vor einem unerträglich gewordenen Leben, die Unerbittlichkeit der unglücklichen Liebe, der in Leid versunkenen Verlassenen.

Es ist die Fassung des Mädchens, die mich so rührt. Sie klagt, und sie klagt nicht, klagt an und vergibt, spricht

ohne Selbstmitleid von ihren stürzenden Tränen. Sie wünscht die neue Nacht, die den treulosen Knaben wenigstens im Traum wiederbringt. Man kann nicht knapper malen, nicht konziser sprechen, nicht tiefer fühlen, als Mörike in diesen sechzehn naiven Versen.
Es ist stärkste »antikische« Kunst im scheinbar hingesprochenen Volkslied, ein Gemälde eines vorimpressionistischen Meisters, ein Porträt wie von Corot.

EDUARD MÖRIKE
DENK ES, O SEELE

Ein Tännlein grünet wo,
Wer weiß, im Walde,
Ein Rosenstrauch, wer sagt,
In welchem Garten?
Sie sind erlesen schon,
Denk es, o Seele,
Auf deinem Grab zu wurzeln
Und zu wachsen.

Zwei schwarze Rößlein weiden
Auf der Wiese,
Sie kehren heim zur Stadt
In muntern Sprüngen.
Sie werden schrittweis gehn
Mit deiner Leiche;
Vielleicht, vielleicht noch eh
An ihren Hufen
Das Eisen los wird,
das ich blitzen sehe!

HANS CHRISTOPH BUCH
GEGENWART DES TODES

Dieses Gedicht ist hinter seiner eigenen Berühmtheit fast zur Unkenntlichkeit verblaßt. Ich weiß nicht, wie oft es in Lesebüchern und Anthologien abgedruckt worden ist und welchen möglichen Mißverständnissen es seinen Erfolg verdankt; ich weiß nur, daß es eines der schönsten Gedichte deutscher Sprache ist.

Als Literaturkritiker ist man versucht, über Anthologiestücke wie Goethes »Über allen Gipfeln ist Ruh«, Rilkes »Panther« oder Hölderlins »Hälfte des Lebens« die Nase zu rümpfen: als mache allzu große Popularität ein Gedicht suspekt oder als werde durch sie der Blick auf die ursprüngliche Intention des Dichters verstellt. Das Gegenteil scheint mir der Fall zu sein: erst wenn man ein Gedicht wieder und wieder gelesen hat, wenn es einen, unter wechselnden Lebensumständen, über Jahre und Jahrzehnte hinweg begleitet, wird man hellhörig für die Ober-, Unter- und Zwischentöne des Gedichts, für metrische Feinheiten ebenso wie für verborgenen Doppel- und Hintersinn.

Anstatt Mörikes Gedicht hier literarhistorisch zu interpretieren, will ich versuchen, die Wirkung zu beschreiben, die es noch heute, mehr als fünfzehn Jahre, nachdem ich es zum ersten Mal gelesen habe, auf mich ausübt: es läuft mir kalt den Rücken hinunter.

Das Gedicht beginnt scheinbar harmlos, mit gespielter Naivität und Unschuld: die Diminutiva (»Tännlein«, »Rößlein«) verweisen ebenso auf Mörikes schwäbische

Mundart wie auf den kalkulierten Kunstcharakter des romantischen Volkslieds, das dem Volk nur bestimmte Töne abgelauscht hat – das Volk selbst war nie »tümlich«.

Das Gedicht ist antithetisch gebaut: auf die idyllischen Eingangsverse folgt, jeweils in der Mitte der Strophe, der jähe Umschlag von Schönheit in Schrecken, dessen Wirkung durch die direkte Anrede an den Leser noch verstärkt wird: »Sie sind erlesen schon/ ... Auf *deinem* Grab zu wurzeln«, »Sie werden schrittweis gehn/ Mit *deiner* Leiche« – das Gedicht selbst verfällt hier ins Schrittempo. Das Verfahren erinnert an die eingangs erwähnten Gedichte von Goethe und Hölderlin, die mit einer ähnlichen Technik der »kalten Dusche« arbeiten (»Weh mir, wo nehm ich«; »Warte nur, balde«), oder an Mörikes »Erinna an Sappho«, wo Erinna, beim morgendlichen Blick in den Spiegel, ihrem eigenen Tod begegnet: »wie wenn schwarzgefiedert ein tödlicher Pfeil/ Streifte die Schläfe«...

Was Mörikes Gedicht darüber hinaus mit seinen Vorläufern verbindet, ist der nur durch den Reim gebundene lokkere Rhythmus, der das klassische Versmaß nicht nachbuchstabiert, sondern kongenial nachschafft – wobei der Verstoß gegen das regelmäßige Metrum kein »Fehler« ist, sondern bewußtes Kunstmittel. Man hat Mörike deshalb einen »attischen Schwaben« genannt, der griechische Tragik und schwäbische Gemütlichkeit, sapphische Ode und romantisches Volkslied zu einer raffinierten Synthese vereint. Die letzten Zeilen, auf die das Gedicht zusteuert, verdichten seine lyrische Botschaft, in der Momentaufnahme des blitzenden Hufeisens, zu einer einzigartigen poetischen Metapher, die zugleich eine existentielle Erfahrung ausdrückt: die Gegenwart des Todes – mitten im Leben.

Diese Erfahrung ist ebenso zeitlos wie, gerade heute, unzeitgemäß: der Tod unterliegt in unserer Gesellschaft einer stärkeren Verdrängung als die Sexualität, deren mythischer Zwillingsbruder er ist: Eros und Thanatos, die Libido als Lebensprinzip und der Tod als »Kunstgriff der Natur, viel Leben zu haben« (Goethe) gehören untrennbar zusammen: eins ist ohne das andere nicht zu haben. Mörikes Gedicht hat diese Erfahrung spielerisch, fast absichtslos in Poesie verwandelt – es wirkt nicht gemacht, sondern wie gefunden. Insofern trifft auf Mörike zu, was Hegel an einer berühmten Stelle der Vorrede zur Phänomenologie des Geistes ausführt, wo er die dem Gedicht zugrunde liegende Dialektik auf den Begriff bringt: »Der Tod, wenn wir jene Unwirklichkeit so nennen wollen, ist das Furchtbarste, und das Tote festzuhalten das, was die größte Kraft erfordert. Die kraftlose Schönheit haßt den Verstand, weil er ihr dies zumutet, was sie nicht vermag. Aber nicht das Leben, das sich vor dem Tode scheut und von der Verwüstung rein bewahrt, sondern das ihn erträgt und in ihm sich erhält, ist das Leben des Geistes.«

EDUARD MÖRIKE
FRÜH IM WAGEN

Es graut vom Morgenreif
In Dämmerung das Feld,
Da schon ein blasser Streif
Den fernen Ost erhellt;

Man sieht im Lichte bald
Den Morgenstern vergehn,
Und doch am Fichtenwald
Den vollen Mond noch stehn:

So ist mein scheuer Blick,
Den schon die Ferne drängt,
Noch in das Schmerzensglück
Der Abschiedsnacht versenkt.

Dein blaues Auge steht,
Ein dunkler See, vor mir,
Dein Kuß, dein Hauch umweht,
Dein Flüstern mich noch hier.

An deinem Hals begräbt
Sich weinend mein Gesicht,
Und Purpurschwärze webt
Mir vor dem Auge dicht.

Die Sonne kommt; – sie scheucht
Den Traum hinweg im Nu,
Und von den Bergen streicht
Ein Schauer auf mich zu.

BARBARA STIERLE
ERFAHRENER AUGENBLICK

Wenn es Gedichte gibt, die man aufnimmt wie klares Wasser und die man doch ein halbes Leben als schönes, beklemmendes Rätsel mit sich herumträgt, die man unmerklich auswendig lernt, ohne sie schon zu besitzen, dann scheint Mörikes »Früh im Wagen« (1846) zu dieser Kategorie zu gehören.

Warum? Eine erste Antwort gibt die Situation dessen, der da spricht, eines, der nach über zwanzigjähriger dichterischer Praxis und poetischer Erfahrung einen fast zaghaften Rhythmus, einfache Reime und einen Augenblick des Abschieds mit anscheinend leichter Hand zu einem unvergeßlichen Gedicht zusammenfügt. Ein Gedicht der angestauten Erfahrung also, nicht des jungen Verliebtseins.

Aber welcher Mörike spricht hier? Kaum der launige Briefschreiber, der behagliche Erzähler; auch nicht der Verfasser zärtlicher Gelegenheitsgedichte und am wenigsten der Pfarrer, der zwischen zwei »scharfen Predigten« seinen Anakreon übersetzt, sich in deutschen Hexametern übt und aus der Distanz das Treiben des geflügelten Erosknaben schildert. Nein, hier spricht der zwischen Predigen und Dichten zerrissene Mörike, dem die Morgenlieder der Kirche in den Gedanken geistern, der ihren Rhythmus im Ohr hat und der zugleich eine ureigene Fähigkeit besitzt, das, was man gewöhnlich Liebe nennt, immer wieder neu als identitätsgefährdende »Gefühlsverschränkung« zu erleben und ins Gedicht zu setzen.

Was sich im Titel als Thema noch biedermeierlich ankündigt, schlägt mit der ersten Zeile des Gedichts um in die Nüchternheit einer spezifisch modernen Liebeserfahrung. Hinter jedem der einfachen Worte tut sich der Abgrund einer inkommensurablen Erfahrung auf. Tag und Sonnenlicht werden nicht froh begrüßt; in quälendem Widerstreit trennen sich Nacht und Morgen, und in Verkehrung der kirchlichen Liturgie steht das Dunkel der Nacht nicht für die höllische Versuchung, sondern für die Erfüllung einer nicht selbstverständlichen Liebe.

Wie wird nun der andere sichtbar, dem dieser Abschied gilt? Ahnlich wie der Liebende selbst zuerst nur als »Blick« präsent ist, nimmt das Bild der Geliebten vom Auge (»Dein blaues Auge steht, / Ein dunkler See, vor mir«) seinen Ausgang. Und wieder findet sich der Leser unvermittelt am Abgrund, wenn in plötzlichem Umschwung an die Stelle der wirklichen Landschaft die Landschaft der inneren Erfahrung, die metaphorische, tritt. Der da fährt und sieht, hat den Blick nach innen gewandt, für ihn gehören Kuß, Hauch und Flüstern nicht der Erinnerung, sondern ganz der sinnlich erlebten Gegenwart an. So besteht denn die letzte Steigerung des Gedichts darin, daß dem Sehen, dem äußeren wie dem inneren, durch den »Schauer«, der aus der wirklichen Landschaft kommt und doch den Liebesschauer meint, ein Ende gesetzt wird.

Den eigentlichen Höhepunkt des Gedichts jedoch enthält die vorletzte Strophe, die in erneuter Unvermitteltheit die Abschiedsnacht selbst evoziert, die aus der Kette der Strophen unverbunden, wie in örtlich und zeitlich unbegrenzbarer Distanz herausfällt. Die äußerste Tiefe der Erinnerung ist nun vollends mit der Gegenwart gleichgesetzt »Und Purpurschwärze webt / Mir vor den Augen dicht.«

Nicht nur verschließt sich der Fahrende dem Anblick der Landschaft, auch das Bild der Geliebten wird zu einer neuen Tiefe aufgebrochen, vom umgrenzten Blau des Auges zur gestaltlosen, gleichsam chaotischen und alles umgreifenden Purpurschwärze der Umarmung. Verschränkung von Lust und Schmerz und zugleich beider Intensität in einem Farbeindruck gegenstandslos zum Ausdruck zu bringen nimmt Kühnheiten der modernen Lyrik vorweg.

Welcher Abschied entspricht aber diesem Schmerz? Ist es ein letzter Abschied, ohne Wiedersehen, ein von außen kommender oder ein freiwilliger? Er scheint so notwendig wie der Wechsel von Nacht zu Tag und wird wie dieser ohnmächtig erlebt. Und welcher Art ist der Schmerz, der sich so ganz auf die Erinnerung der Körperlichkeit konzentriert? Gilt dieser Schmerz vielleicht auch dem Abschied von einer Liebesauffassung, für die körperliche und geistige Erfahrung wesentlich untrennbar sind? Gilt er der Einsicht in die Verletzlichkeit der »am Pfahl gebundenen«, »heiligen« Liebe? Läge hier das beklemmend Moderne des Gedichts?

EDUARD MÖRIKE
RESTAURATION

nach Durchlesung eines Manuskripts
mit Gedichten

Das süße Zeug ohne Saft und Kraft!
Es hat mir all mein Gedärm erschlafft.
Es roch, ich will des Henkers sein,
Wie lauter welke Rosen und Camilleblümlein.
Mir ward ganz übel, mauserig, dumm,
Ich sah mich schnell nach was Tüchtigem um,
Lief in den Garten hinterm Haus,
Zog einen herzhaften Rettich aus,
Fraß ihn auch auf bis auf den Schwanz,
Da war ich wieder frisch und genesen ganz.

HERBERT HECKMANN
LOB DES RETTICHS

Dieser gereimte Seufzer »nach Durchlesung eines Manuskripts mit Gedichten«, den Eduard Mörike 1837 zu Papier brachte, wird all denen aus dem Herzen gesprochen sein, die aus Freundlichkeit oder aus beruflichen Gründen den Umgang mit zugesandter Lyrik pflegen müssen. Das poetische Dilettieren, das mitunter epidemische Formen annehmen kann, geht in einem ganz besonderen Maße auf Mitteilung, die eine an Selbstquälerei reichende Geduld voraussetzt.

Was Wunder also, daß sich der lyrisch Geplagte zu »restaurieren« sucht. Nach süßem Gesäusel will er etwas Kräftigeres, das ihn gleichsam wieder auf die Füße stellt. Gewöhnlich ist »das süße Zeug ohne Saft und Kraft« ein gefühliges Nachgeklingel bekannter bis sattsam bekannter Muster. Es beginnt das Dichten in den meisten Fällen mit der Nachahmung von Dichtung und dabei bleibt es auch oft. Für den Urheber solcher Nach-Empfindungen mag das von größter Befriedigung sein, für den mehr oder weniger tapferen Leser jedoch nicht. Eduard Mörike »ward ganz übel, mauserig, dumm« davon. Nichts Neues erfuhr er, sondern lediglich das Aufgesüßte von gestern und vorgestern.

Jeder Literaturfreund kennt dieses Gefühl des Überdrusses, das sich nach derartigen Leseleiden einstellt. Der Vergleich mit dem Ekel an Speisen drängt sich auf, die nur füllen, aber nicht kräftigen. Ein nicht geringer Teil der Li-

teratur verdient tatsächlich diese despektierliche, gastronomische Metaphorik. Man kann sich durchaus im übertragenen wie auch im eigentlichen Wortsinn den Magen verderben. Karl Kraus bemerkte einmal, daß man ein Ei nicht ganz essen müsse, um festzustellen, ob es faul sei. Wohl dem Leser, der diese Binsenweisheit zu beherzigen weiß! Wer sich jedoch einmal zuviel zugemutet hat, wird wie Eduard Mörike nach einem kräftigen Gegenmittel greifen wollen, nämlich nach einem Rettich. Die Schwaben lieben den roten, den sie vor allem als Verdauungsförderer schätzen. Auch soll sein Saft, mit Honig oder Zukker versüßt, Husten und Heiserkeit vertreiben. Sein beißender, strenger Geschmack hat eine berserkerhafte Kraft, die jede süße Betäubung aufhebt. »Herzhaft« nennt Mörike den Rettich, und er gibt ihm unumwunden vor all dem »süßen Zeug ohne Saft und Kraft« den Vorzug. Für ihn ist er so etwas wie ein poetischer Zuchtmeister.
Poesie ist kein Widerpart der Wirklichkeit. Im Gegenteil: in ihr erfüllt sich die Wirklichkeit, in ihr findet die Sprache zur Triftigkeit. Wer redet da von Schönfärberei, die alles mit Zucker übergießt, in der Hoffnung, daß es so ansehnlicher wäre! Eduard Mörike gab seinem kleinen, mit Absicht ein wenig grob gereimten Gedicht die Überschrift »Restauration«, die er als eine notwendige Befreiungsaktion verstand. Der Leser süßlicher nachempfundener Lyrizismen oder Wortverzückungen aus zweiter Hand gerät sehr schnell in ein wirklichkeitsfremdes Abseits, in dem alles so schön wesenlos wird und welk.
Es tut gut, von einem gestandenen Dichter selbst zu hören, wie man diese poetische Erschöpfung wieder loswerden kann. Ihr Leut, kauft Rettiche, wenn ihr sie nicht selbst schon im Garten habt!

EDUARD MÖRIKE
SOMMER-REFEKTORIUM

Sommerlich hell empfängt dich ein Saal; man glaubt sich in einem
Dom; doch ein heiterer Geist spricht im Erhabnen dich an.
Ha, wie entzückt aufsteiget das Aug im Flug mit den schlanken
Pfeilern! Der Palme vergleicht fast sich ihr luftiger Bau.
Denn vielstrahlig umher aus dem Büschel verlaufen die Rippen
Oben und knüpfen, geschweift, jenes unendliche Netz,
Dessen Felder phantastisch mit grünenden Ranken der Maler
Leicht ausfüllte; da lebt, was nur im Walde sich nährt:
Frei in der Luft ein springender Eber, der Hirsch und das Eichhorn;
Habicht und Kauz und Fasan schaukeln sich auf dem Gezweig.
– Wenn von der Jagd herkommend als Gast hier speiste der Pfalzgraf,
Sah er beim Becher mit Lust über sich sein Paradies.

HERMANN BURGER
IN ALLER STILLE GEZAUBERT

Im Herbst 1863 wohnte Mörike im »Gasthaus« der ehemaligen Zisterzienser-Abtei Bebenhausen und schrieb *en passant* einen Zyklus von elf bezaubernden »Bildern« in klassischen Distichen. Genau hundert Jahre später verirrte sich ein junger Architekturstudent in eine Gruppe von Zürcher Germanisten, welche das Sommer-Refektorium im Kloster besichtigten und das »Sommer-Refektorium« halblaut im Chor deklamierten, als müßte den drei schlanken Pfeilern bewiesen werden, daß der hochgotische Raum und das Gedicht eines Spätlings etwas miteinander zu tun hätten.
Im Quod-erat-demonstrandum-Taumel pilgerte die Schar zurück nach Tübingen, um noch selbigen Tages die Wurmlinger Kapelle zu stürmen. Ich aber blieb stehen im steinkühlen Saal und lernte das Staunen, das mir bis heute nicht vergangen ist. Hier hatte ein genialer Transformist in aller Stille gezaubert: Steinornamente in Worte und Sprache wieder in Stein verwandelt. Hier erlebte ich den Schein, der nicht trügt.
Im »Sommer-Refektorium«, dem Kernstück der »Bilder aus Bebenhausen«, sind Mörike drei Dinge auf einmal geglückt. Zunächst definiert er den gotischen Raum in antikischen Versen, was allein schon einer stilistischen Volte gleichkommt. Zum zweiten erfaßt er das Wesen der Gotik, die Vertikaltendenz, mit poetischen Mitteln viel präziser als die Kunsthistoriker seiner Epoche mit wissen-

schaftlichen Termini. Und drittens gelingt es ihm, die eigene Position des »Epigonen«, des »Nachgeborenen« im ursprünglichen Wortsinn, mit einzubringen, als Perspektive des Betrachters.

Vergleicht man das Epigramm auf den Kapitelsaal mit dem »Sommer-Refektorium«, wird sogleich klar, wie Mörike die Schwerkraft überwindet. Für die romanische Halle verwendet er vier in sich geschlossene Distichen, analog den vier gedrungenen Säulen. Im »Sommer-Refektorium« wird dieses Blockprinzip durchbrochen. Der eine Satz, in dem sich die ornamentale Pracht des Sterngewölbes entfaltet, spannt sich über drei Hexameter/Pentameter-Paare, so wie die Rippen das »unendliche Netz« über den drei achteckigen Pfeilern knüpfen.

Wie richtig Mörike die gotische Raumidee begreift und wie kühn er sie umsetzt, zeigt Karl Klunzingers wissenschaftlicher Versuch, dem »germanischen Styl« gerecht zu werden. Klunzinger beginnt brav ordentlich mit der Schilderung des Gewölbes, das auf den Pfeilern »ruht«; der Dichter baut sein Refektorium konsequent von unten nach oben auf. »Im Flug« läßt er das Auge mit den »Palmen« emporschießen. Bis und mit Vers acht stehen lauter »Vertikalwörter« am Anfang der Pentameter: »Dom«, »Pfeiler«, »oben«, »leicht«. Und mit der Reminiszenz an den tafelnden Pfalzgrafen (Götz von Tübingen) wird der Blick noch einmal nach oben gelenkt, so daß dem Leser schwindlig werden könnte. Denn es gibt keine Gewölbekappen, die Felder lösen sich auf in grünende Ranken und schaukelnde Vögel.

Daß hier ein Erbe spricht, der sich selbst und seine Epoche längst überlebt hat wie König Ulmon im szenischen Spiel »Der letzte König von Orplid«: dies geht nicht aus Einzelheiten, sondern aus der Mischform der elegischen Idylle in Distichen hervor. Das klassische Epigramm hätte nur die Funktion, das architektonische Kleinod auszuzeichnen. Die Idylle gilt dem ausgesparten Schutzbezirk, dem »locus amoenus«. Der elegische Grundton aber besingt und beklagt das Schöne zugleich. Und gerade darin gibt sich der spätromantische Geist zu erkennen. »Was aber schön ist, selig scheint es in ihm selbst.« Es leuchtet ohne unser Dazutun.

Der Zyklus schließt mit dem Gedicht »Verzicht«. Kunst ab- und nachzubilden: Was soll's? Das ist die Melancholie des Virtuosen, dem sich spielend alles in alles verwandelt; der Preis, den der Sprachmagier für unsere Begeisterung bezahlt.

EDUARD MÖRIKE
UM MITTERNACHT

Gelassen stieg die Nacht ans Land,
Lehnt träumend an der Berge Wand,
Ihr Auge sieht die goldne Waage nun
Der Zeit in gleichen Schalen stille ruhn;
Und kecker rauschen die Quellen hervor,
Sie singen der Mutter, der Nacht, ins Ohr
Vom Tage,
Vom heute gewesenen Tage.

Das uralt alte Schlummerlied,
Sie achtet's nicht, sie ist es müd';
Ihr klingt des Himmels Bläue süßer noch,
Der flücht'gen Stunden gleichgeschwung'nes Joch,
Doch immer behalten die Quellen das Wort,
Es singen die Wasser im Schlaf noch fort
Vom Tage,
Vom heute gewesenen Tage.

HEINZ POLITZER
MUTTER NACHT

Das erste Wort dieses Gedichtes ist ein Goethe-Wort. Mit gelassener Hand sät der uralte heilige Vater segnende Blitze über die Erde (»Grenzen der Menschheit«). Auch das Lebensbild des Alten, das den gleichen Titel führt wie das Gedicht des dreiundzwanzigjährigen Mörike und das anfängt: »Um Mitternacht ging ich, nicht eben gerne, / Klein, kleiner Knabe, jenen Kirchhof hin / Zu Vaters Haus ...«, ist von Gelassenheit geprägt, von einer mystischen Gelassenheit, und dies so sehr, daß das Wort »gelassen« in ihm nicht mehr vorzukommen braucht. Hat Mörike das »Mitternacht«-Gedicht des anderen gekannt? Goethes Gedicht lag seit 1821 in einer Liedersammlung vor; Mörike hat das seine im Oktober 1827 geschrieben. Im Ja-Fall wäre sein Gedicht als Antwort auf Goethes Verse zu lesen, beinahe als eine Provokation des Vielgeliebten.

Goethes Verse sind väterlich, Mörikes Gedicht ist mütterlich gesonnen. Ganz ausdrücklich wird die Nacht als Mutter der Quellen apostrophiert, der kecken Quellen, und damit der Existenz überhaupt. (Der Übersetzer des Catull, des Horaz und des Tibull war Lateiner und Dichter genug, um, schon von der Schule her, zu wissen, daß »keck« von *»vivere«* kommt und daß der Quickborn der Ursprung des Lebens ist.) Die Gelassenheit seiner Nacht ist eine matriarchalische Gebärde, die wiegende und wägende Geste einer Mutter, die ihr Kind an die Brust nimmt. So urtümlich ist die Geste dieser Gelassenheit gefaßt, so weltweit das ganze Gedicht gespannt, als hätte der junge Vikar die erzromantische Lehre Johann Jakob Bachofens vom Mutterrecht gekannt. Die aber ist leider erst 1861 erschienen.

Archaisch ist auch die Bewegung der Strophen, eine Bewegung, die von der Ruhe handelt und, aber nur scheinbar, in die Stille mündet. Ein Riesenweib, steigt die Nacht aus dem Meer, Unendlichkeit aus Unendlichkeit, und verweilt bei den Kindern der großen Mutter Erde, den Bergen.

Sie träumt. Ausgelöscht ist vor diesem Wort das Ich des Dichters. Das Gedicht ist keineswegs objektiv, daran hindert es schon die schwermütige Leichtfüßigkeit seines Ganges, aber es ist menschenleer, obwohl doch auch wieder die Stunde, nach der es genannt ist, eine Zahl, das Maß des Menschen, verrät. Es ist das Auge der Nacht und nicht das des Dichters, das die Waage der Zeit sieht, deren Schalen für einen Augenblick ins Gleichgewicht geraten sind. Nur mehr im Wechsel der Tempora von »stieg« zu »sieht« deutet sich der Fluß der Zeit an. Nun aber sieht sie in voller verbaler Gegenwart »der flücht'gen Stunden gleichgeschwung'nes Joch«. Dieser Vers, in dem der Gegensatz zwischen Flucht und Ruhe der Zeit aufgehoben wird, ist vollkommen. Aussage, Bild und Tonfall ist ein und dasselbe: ausgewogen. Der Atem der gebundenen Rede vergeht im Wehen der mütterlichen Nacht. Hugo Wolf ist es dann geglückt, die Melodie dieses Verses noch einmal in Töne zu setzen. Musik aus Musik; Metamusik, sozusagen.

Noch aber rauschen Quellen; die Nacht, ihre Mutter und die Mutter des Seins, ist, was sie macht: müde. Wie das

Wort »müde« hier steht, reicht es weit über das Quellenlied hinaus, auf das es bezogen ist. Die Welt schläft ein. In kosmischer Synästhesie lauscht die Nacht dem Blau des Firmaments, womit die Elemente der Luft, des Wassers und der Erde, der die Quellen entsprangen, vereinigt sind. Auch Mörikes Verse bilden ein Lebenslied, ein Lied vom Leben der Welt.

Goethes Gedicht hatte einen Refrain gehabt: seinen Titel. In Mörikes Kehrreim definiert sich die Mitternacht als der einzige Augenblick des Tages, an dem dieser noch Gegenwart und doch schon vorbei ist. Vorsorglich aber hat der Dichter den Stillstand der Zeit wieder zurückgenommen. In der drittletzten Zeile seines Quellenlieds singen die Wasser auch durch Schlaf und Traum noch fort vom Tage, der heute gewesen ist und morgen (wunderbare Verschweigung!) wieder sein wird.

EDUARD MÖRIKE
VERBORGENHEIT

Laß, o Welt, o laß mich sein!
Locket nicht mit Liebesgaben,
Laßt dies Herz alleine haben
Seine Wonne, seine Pein!

Was ich traure weiß ich nicht,
Es ist unbekanntes Wehe;
Immerdar durch Tränen sehe
Ich der Sonne liebes Licht.

Oft bin ich mir kaum bewußt,
Und die helle Freude zücket
Durch die Schwere, so mich drücket
Wonniglich in meiner Brust.

Laß, o Welt, o laß mich sein!
Locket nicht mit Liebesgaben,
Laßt dies Herz alleine haben
Seine Wonne, seine Pein!

HERMANN BURGER
HIMMELHOCH JAUCHZEND, ZU TODE BETRÜBT

Wer die extremen zyklischen Ausschläge von depressivem Tief und manischem Hoch kennt, wer weiß, wie oft die beiden gegensätzlichen Gefühlslagen ineinander verschachtelt sind, muß von diesem gewissermaßen inversen Liebesgedicht Eduard Mörikes restlos fasziniert sein. Man denkt zunächst, es seien die Verse eines alten, resignierten Mannes, und ist nicht wenig erstaunt, wenn man auf das Entstehungsdatum 1832 stößt.
Mörike ist erst achtundzwanzig und zieht seit vier Jahren als Vikar von einem Provisorium zum andern, Möhringen, Köngen, Pflummern, Plattenhardt auf den Fildern, wo er eine Zuneigung zur Pfarrerstochter Luise Rau faßt. Doch die Liebe des romantischen Zauderers erschöpft sich in Briefen, im Spätherbst 1833 erfolgt die Trennung. Der Pfarrerberuf quält und langweilt den Schöpfer des »Orplid«-Mythos, aber der Versuch, als freier Schriftsteller oder als Hofmeister zu existieren, ist gescheitert.
Im selben Jahr, in dem »Verborgenheit« entstand, erschien Mörikes erster und einziger Roman, der »Maler Nolten«. Da ist von einer ganz anderen, elementar verzehrenden Liebe die Rede, von der Leidenschaft zur Zigeunerin Elisabeth, die in den »Peregrina«-Gedichten wiederkehrt, wo es heißt: *In diese Nacht des Blickes mich zu tauchen, / Unwissend Kind, du selber lädst mich ein – / Willst, ich soll kecklich mich und dich entzünden, / Reichst lächelnd mir den Tod im Kelch der Sünden!*

Die rätselhafte Wilde, Maria Meyer, die Eduard Mörike in seiner Tübinger Studentenzeit heimsuchte, ist der eine Pol für das Verständnis des Gedichts, denn es ist nicht zu überlesen, daß das Sich-Entzünden den Tod bringen kann, die bürgerliche Affäre mit Luise Rau der andere. Doch das Wort »Entsagung« wäre zu tief gegriffen. Der hier spricht, wurde wie Hölderlin »von Klippe zu Klippe« geworfen und ist zutiefst aufgerührt.

Daher geht uns der Kontrast so nahe, der virtuos geglättete Volksliedton, der vierstrophige Aufbau mit dem Refrain am Schluß. Der Plural *locket* nach dem Singular *Laß, o Welt, o laß mich sein!* ist durchaus konkret als Anrede an die Frauen zu verstehen. Mörike hat denn auch als Pfarrer in Cleversulzbach nicht mit einer Lebensgefährtin, sondern mit seiner Mutter und seiner Schwester gelebt, also im engsten familiären Kreis, der ihn vor den tödlichen Pfeilen Amors schützen sollte.

Es spricht aber auch der Dichter, der seine Höhen und Tiefen allein austragen will, in der »Verborgenheit«, dort wo die Metamorphosen der Erlebnisse stattfinden, wo sich die Worte ballen, die Zeilen formen. Der Schmerz um die Welt, *unbekanntes Wehe*, ist mächtiger als die spezifische Trauer um Maria Meyer oder Luise Rau; man darf hier das oft mißbrauchte, in diesem Fall treffende Wort »Weltschmerz« setzen, das Grundgefühl des Romantikers.

Ebenso die *helle Freude*, die durch die Schwere zücket, sie erfährt nur, wer durch die Hölle gegangen ist. Mörike wäre ein schlechter Lyriker, wenn er nun der Sonne die zweite und dem Schatten die dritte Strophe gewidmet hätte. Was die Größe dieses Gedichtes ausmacht, ist das nahtlose Ineinander von Wonne und Pein, etwa in den

Versen: *Immerdar durch Tränen sehe / Ich der Sonne liebes Licht.*
Syntaktisch isoliert steht die Zeile *Oft bin ich mir kaum bewußt.* Hier wird ein moderner Terminus der Psychologie evoziert, das Unbewußte. Der Dichter vermag die archaischen Bilder nicht zu steuern, die aus dieser Zone in ihm aufsteigen, aber daß er von ihnen nicht überflutet wird, sondern seine Dämonen an die Wand malt, dadurch erst wird er zum Künstler und unterscheidet sich vom psychisch Kranken.
So erreicht er denn auf eine höchst moderne Art die Verschmelzung des Antithetischen, das die erste Strophe exponiert; die Trauer ist unbekannter Herkunft, das Licht bricht sich in den Tränen, die Schwere der Brust, das Alpdrücken, wird *wonniglich*. Genauer hat keiner die Ambivalenz der Gefühle beschrieben, die am Anfang eines Gedichtes stehen, nicht himmelhoch jauchzend, nicht zum Tode betrübt, beides miteinander und ineinander.

EDUARD MÖRIKE
ZU VIEL

Der Himmel glänzt vom reinsten Frühlingslichte,
Ihm schwillt der Hügel sehnsuchtsvoll entgegen,
Die starre Welt zerfließt in Liebessegen
und schmiegt sich rund zum zärtlichsten Gedichte.

Am Dorfeshang, dort bei der luftgen Fichte,
ist meiner Liebsten kleines Haus gelegen –
O Herz, was hilft dein Wiegen und dein Wägen,
Daß all der Wonnestreit in dir sich schlichte!

Du, Liebe, hilf den süßen Zauber lösen,
Womit Natur in meinem Innern wühlet!
Und du, o Frühling, hilf die Liebe beugen!

Lisch aus, o Tag! Laß mich in Nacht genesen!
Indes ihr sanften Sterne göttlich kühlet,
will ich zum Abgrund der Betrachtung steigen.

GERTRUD FUSSENEGGER
DIE LIST DER POESIE

Das Sonett ist 1830 geschrieben; der junge Pfarrvikar Eduard Mörike ist im Jahr zuvor aus Pflummern nach Plattenhardt auf den Fildern versetzt worden, hat sich dort in die Pfarrerstochter Luise Rau verliebt und sich mit ihr verlobt.

Idyll im Frühling, schwäbisch lieblich: »Am Dorfeshang der Liebsten kleines Haus«, »der Himmel glänzt«, »die starre Welt zerfließt« und schmiegt sich dem jungen Poeten »zum zärtlichsten Gedichte«. Was kann er noch wünschen? Nach langen, quälenden Verwicklungen scheint er am Ziel.

Und doch hat es schon der Titel kurz und bündig klargemacht: »Zu viel«. Wer »zu viel!« sagt, wehrt ab, zieht sich zurück, verkriecht sich in sich selbst, versagt sich. Was ist denn eigentlich hier »zu viel«? Zu viel Glanz? Zu viel nachklassisch, nachgoethisch vibrierendes Natur- und Weltgefühl? Oder zu viel Nähe, allzu drängende Forderung, den konturlos fließenden »Liebessegen« in solide Partnerschaft, in festen Ehealltag einzubringen?

So ist es wohl. Denn kaum ist, nach Rühmung der Landschaft, das »kleine Haus der Liebsten« angetönt, schlägt der lobpreisende Ton um in höchst persönliches banges Fragen: »O Herz, was hilft dein Wiegen und dein Wägen ...« Der innere Widerstreit ist wieder da, der alte, wohlbekannte, der Mörike schon seit Jahren umtreibt, er läßt sich auch diesmal nicht ganz abwiegeln.

Noch nennt ihn der Dichter »Wonnestreit«; eine merkwürdige Vokabel, die mehr zudecken als preisgeben will. Doch wie ihm eigentlich zumute ist, verraten die weiteren Anrufe: o Liebe, o Frühling, o Tag. Sie werden als Nothelfer beschworen, »den süßen Zauber zu lösen«, »die Liebe zu beugen« – und endlich bricht sich die volle Wahrheit Bahn: »Lisch aus, o Tag! Laß mich in Nacht genesen!« Genesen offenbar von der Blendung durch das »reinste Frühlingslicht«, von schwellenden Hügeln und seliger Landschaft, kurz gesagt, vom zu Vielen und Vielzuvielen, von diesem allzu heftigen und zudringlichen Ansturm des Lebens, das – soviel weiß Eduard schon und soviel hat er längst fürchten gelernt – auch mit dem »Engel« Luise Rau in die platte Ödenei einer »Vikariatsknechtschaft« münden müßte.

Immerhin wird sich die Beziehung noch jahrelang hinziehen. Freilich: Im Gedicht scheint das Ende schon vorausgeahnt, schon vorweggenommen. Unter sanften, göttlich kühlenden Sternen will der Dichter »zum Abgrund der Betrachtung« steigen. Er *will*! Merken wir auf! Er, der sich bis jetzt nur als Betrachtender hingab, sich im Wiegen und Wägen des Herzens und im Wonnestreit treiben ließ, er *will* mit einem Male den Abstieg in den Brunnenschacht (oder in die Grube) des eigenen Ich. Dort hofft er zu genesen. Denn dort ist er für sich allein, dort kann er sich finden als der, der er wirklich ist, Dichter, »in sanfter Wollust seines Daseins glühend«.

Doch nein, noch nicht. In der letzten Zeile bricht ein fremdes Element in die Sinnfälligkeit der Mörikeschen Metaphorik ein. »Betrachtung« ist ein Terminus theologischer Herkunft. Fromme Betrachtungen sind das tägliche Brot kirchlicher Würdenträger. Betrachtung dient der Er-

bauung. Doch seit wann steigt man in Abgründe, um sich zu erbauen?
Die seltsame Verquickung deckt den Trick auf, den der junge Pfarrvikar anwendet, um seinen Widerstreit, vielleicht sogar vor sich selbst, religionspädagogisch zu tarnen. Fluchtbewegung wird zum Rückzugsgefecht: List der Poesie.

AUS DES KNABEN WUNDERHORN
DAS BUCKLICHTE MÄNNLEIN

Will ich in mein Gärtlein gehn,
Will mein Zwiebeln gießen;
Steht ein bucklicht Männlein da,
Fängt als an zu nießen.

Will ich in mein Küchel gehn,
Will mein Süpplein kochen;
Steht ein bucklicht Männlein da,
Hat mein Töpflein brochen.

Will ich in mein Stüblein gehn,
Will mein Müßlein essen;
Steht ein bucklicht Männlein da,
Hats schon halber gessen.

Will ich auf mein Boden gehn,
Will mein Hölzlein holen;
Steht ein bucklicht Männlein da,
Hat mirs halber g'stohlen.

Will ich in mein Keller gehn,
Will mein Weinlein zapfen;
Steht ein bucklicht Männlein da,
Thut mir'n Krug wegschnappen.

Setz ich mich ans Rädlein hin,
Will mein Fädlein drehen;
Steht ein bucklicht Männlein da,
Läßt mirs Rad nicht gehen.

Geh ich in mein Kämmerlein,
Will mein Bettlein machen;
Steht ein bucklicht Männlein da,
Fängt als an zu lachen.

Wenn ich an mein Bänklein knie,
Will ein bislein beten;
Steht ein bucklicht Männlein da,
Fängt als an zu reden.

Liebes Kindlein, ach ich bitt,
Bet' für's bucklicht Männlein mit!

HEINZ POLITZER
SOZUSAGEN EIN DOPPELGÄNGER

Dies ist eines der geisterreichsten Stücke aus der an geisterreichen Liedern auch sonst nicht armen Anthologie Arnims und Brentanos. »Des Knaben Wunderhorn« ist ein Sammelsurium und, obwohl Brentano behauptet hat, die letzten sechs Zeilen stammten von ihm, eines der bruchlosesten. Jedenfalls kennt keines der Vorbilder, die aus der Schweiz, aus Niederösterreich und dem Elsaß belegt sind, das Finale.

Diminutive herrschen vor, und doch ist es kein einfaches Kinderlied. Vielmehr sind es kindliche, wenn auch simpel-ländliche Leute, denen das Unglück mit dem »bucklichten Männlein« zustößt. Gleichförmig, mit Ausnahme wieder des Schlusses, nimmt das »bucklichte Männlein« die dritte Zeile einer jeden Strophe völlig für sich in Anspruch, umgeben von Männlein und Weiblein, kindlich-simpel, wie es das vorindustrielle Zeitalter gerade noch zuließ. Die Frau geht in Küche, in Keller, und nur das Spinnrad dient ihr als tertiäres Geschlechtsmerkmal. Der Mann gerät in »Stüblein« und Dachkammer, Jedermann und Jedefrau.

Der Buckel aber lastet schwer auf dem Männlein; sein stereotypes Erscheinen in jeder Strophe zeichnet es aus. Etwas Unheimliches liegt in der Luft, die es atmet. Es ist ein Kobold und doch ein Mensch wie ich und du, sozusagen eine Art von Doppelgänger, in dem der Mensch seine Fehltritte und -leistungen erkennen könnte. Derselbe

Schöpfer hat auch das Männlein geschaffen. Außerdem erscheint es so übel nicht; es verzehrt vom »Müßlein« nur die Hälfte und hat das »Hölzlein« nur »halber g'stohlen«. Nur daß es am Anfang über die Zwiebel »nießt«, die gerade erst begossen wird, macht es einigermaßen verdächtig.

Der Doppelgänger verheißt Unglück. Aber das Unglück mag jedermann geschehen sein: der Topf war wohl schon brüchig; am Rade war der Rocken steckengeblieben. Das Männlein ist der Spökenkieker des kleinen Unglücks, lautlos kündet es ein Ärgernis an.

Das Grauen, das das Männlein verbreitet, liegt darin, daß es, wie es Sigmund Freud in seiner Schrift vom »Unheimlichen« dargetan hat, den Vorboten eines weit größeren Schreckens, den Boten des Todes, darstellt. Demnach wäre das »bucklichte Männlein« die Kunde vom Ende, etwa wie die »flache sternartige Spule«, von der Kafka in der »Sorge des Hausvaters« gesagt hat: »Die Vorstellung, daß er mich auch noch überleben sollte, ist mir eine fast schmerzliche.« Walter Benjamin hat in einem Aufsatz vom 18. Dezember 1934, der des Dritten Reiches wegen nur in der »Jüdischen Rundschau« erscheinen durfte, das Lachen des »bucklichten Männleins« mit dem Lachen des Dinges Odradek verglichen: »Es klingt etwa so, wie das Rascheln in gefallenen Blättern.« Das Rascheln im herbstlichen Laub aber ist ein böses Omen, besonders war es das für einen deutschen Juden im Jahre 1934.

Das »bucklichte Männlein« lacht zum Beschluß. Das ist keine Warnung vor kleinem Unglück mehr, sondern eine fatale Selbstenthüllung. Und Selbstenthüllung sind auch die Worte, die das »bucklichte Männlein« spricht, die einzigen Wörter, die in dem Gedicht laut werden und in denen es das »Kindlein«, das ein »bischen« beten geht, anfleht, es in sein Credo miteinzuschließen. Hier wird der Buckel zum Klumpfuß, der körperlich Verwachsene zum Vermaledeiten. Der Bruch gegenüber dem Rest des Liedes ist offenbar, gleichviel ob der nun aus der Feder Brentanos geflossen oder aus dem Grund einer verdammten Seele gerissen ist.

Der Wunsch des »bucklichten Männleins« ist die Bitte eines gestürzten Engels, der an die Erhörung des Gebetes glauben will. Es steckt auch ein »bißchen« Hoffnung darin, Hoffnung einer eigenen kindlichen Art. »Dies Männlein«, hat Benjamin gesagt, »ist der Insasse des entstellten Lebens; es wird verschwinden, wenn der Messias kommt, von dem ein großer Rabbi gesagt hat, daß er nicht mit Gewalt die Welt verändern wolle, sondern nur um ein geringes sie zurückstellen werde.«

UNBEKANNTER DICHTER
DIE JUDENTOCHTER

Es war eine schöne Jüdin,
Ein wunderschönes Weib,
Sie hatt'ein schöne Tochter,
Ihr Haar war schön geflochten,
Zum Tanz war sie bereit.

»Ach, liebste, liebste Mutter!
Was thut mir mein Herz so weh!
Ach, laßt mich eine Weile
Spazieren auf grüner Heide,
Bis daß mir's besser wird.«

Die Mutter wandt den Rücken,
Die Tochter sprang in die Gaß,
Wo alle Schreiber saßen:
»Ach liebster, liebster Schreiber!
Was thut mir mein Herz so weh.«

»Wenn du dich lässest taufen,
Luisa sollst du heissen,
Mein Weibchen sollst du seyn.«
»Eh ich mich lasse taufen,
Lieber will ich mich versaufen
Ins tiefe, tiefe Meer.

Gut Nacht, mein Vater und Mutter,
Wie auch mein stolzer Bruder,
Ihr seht mich nimmermehr!
Die Sonne ist untergegangen
Im tiefen, tiefen Meer.«

GERHARD SCHULZ
AUCH EIN LIEBESTOD

Solche Verse lassen sich heute nicht unbefangen und allein mit einem auf volkskundliche Traditionen beschränkten Interesse lesen. Ganz unbefangen haben sie allerdings wohl auch schon die beiden Sammler und Herausgeber des »Wunderhorns« nicht betrachtet. Ihr Ruf hinsichtlich ihrer Einstellung zu den Juden war nicht der beste. Arnim, dessen Judenfeindlichkeit unverhohlen war, hat das Lied später, ein Jahrzehnt oder mehr nach dem Erscheinen der Liedersammlung im Jahre 1806, in seiner Novelle »Die Majoratsherren« wiederaufgenommen und umgedichtet: »Es war eine alte Jüdin, / Ein grimmig gelbes Weib ...« Die Tochter, die sie Arnim haben läßt, ist überdies nicht einmal die leibliche, sondern eine vertauschte Christin. Unbekannt mit ihrer Herkunft, zieht es sie dennoch weg von den Juden zum Meere als der Taufe im Tod. Nur weiß dann die böse Stiefmutter dergleichen mörderisch zu verhindern. Von Liebe ist nicht die Rede.

Die Ballade von der Judentochter ist so alt wie das gespannte Zusammenleben von Christen und Juden und ebenso verbreitet wie dieses. Lange bevor sie von Johannes Brahms vertont wurde, hat man sie als Volkslied gesungen, und die Geschichte dieser Strophen ist sorgfältig dokumentiert worden, unter anderem mit dem Hinweis auf die Verwandtschaft zu jener anderen, vielbekannten Ballade von den zwei Königskindern, die des tiefen Wassers und der Starrköpfigkeit der Familien wegen »beisammen« nicht kommen konnten. Bezüge dieser Art mögen helfen, aber können auch irritieren, denn so steht es ja doch mit der Judentochter eigentlich nicht. Arnims späte, umgedichtete Fassung hat mit guter und schlechter Religion nach seinem Sinne zu tun. Nathans »unbestochne, von Vorurteilen freie Liebe« ist bei ihm verschwunden, die drei Ringe haben ihren gleichen Wert verloren, und die Judentochter sehnt sich nach der Taufe, wenn es sein muß, im Tod. So liberal, tolerant und human wie in Lessings Drama, wo Recha Judentochter, Christin und Nichte eines Sultans zugleich sein darf, geht es bei Arnim nicht mehr zu.

Die Volksballade wiederum ist illiberal in anderer Hinsicht, denn ungleich ist das Gewicht verteilt zwischen den Liebenden. Der Schreiber jedenfalls ist schnell fertig mit der Forderung nach Verwandlung einer Rahel oder Esther in die Gestalt einer kreuzbraven, getauften Luisa. Von seinem Leiden wird nicht gesprochen, und nichts deutet an, daß es überhaupt existiert. Es ist das Mädchen allein, dem, wie es scheint, die Macht des alten, angestammten, von den Eltern überkommenen Glaubens das Herz zerreißt, als die Liebe darin Unruhe stiftet.

In der Fassung des »Wunderhorns« ist die Ballade damit zugleich das Lied vom Stolz einer Frau. Wie bei den Königskindern kommt es auch hier zum Liebestod, aber nur zu dem des einen Königskindes, nur zu dem einer Isolde und nicht eines Tristan. Zwei Demütigungen und ihre Abwehr im Stolz verschmelzen: Die verachtete Religion und das herablassend behandelte Geschlecht erheben sich gemeinsam in dieser jungen Frau. Dennoch mag stimmen, daß das Lied aus christlichen Quellen stammt, wie die Forschung vermutet. Vielleicht zeugt davon allein schon das alte, letztlich genießerisch hochmütige Klischee von den »schönen Jüdinnen«, wie es bis heute fortlebt. Nicht weniger als viermal sind Mutter und Tochter »schön« in der ersten Strophe. Dergleichen hat die Tendenz, den Bezeichneten etwas Warenhaftes zu verleihen.

Goethe, dem das »Wunderhorn« dediziert war, hat es sich angelegen sein lassen, in einer Rezension, wie sie in ihrer Formlosigkeit wohl nur er sich leisten konnte, jedes einzelne Gedicht zu kommentieren. Zu diesem schreibt er: »Passender, seltsamer Vortrag zu confusem und zerrüttetem Gemüthswesen.« Da hatte er sicherlich nicht unrecht, nur, daß uns inzwischen die Ursachen der Symptome mehr beschäftigen als ihn.

UNBEKANNTER DICHTER
WIE KOMMT ES, DASS DU TRAURIG BIST?

Wie kommt's, daß du so traurig bist,
Und gar nicht einmal lachst?

Ich seh dir's an den Augen an,
Daß du geweinet hast.

»Und wenn ich auch geweinet hab,
Was geht es dich denn an?
Ich wein, daß du es weißt, um Freud,
Die mir nicht werden kann.«

Wenn ich in Freuden leben will,
Geh ich in grünen Wald,
Vergeht mir all mein Traurigkeit,
Und leb, wie's mir gefällt.

»Mein Schatz ein wackrer Jäger ist,
Er trägt ein grünes Kleid,
Er hat ein zart rot Mündelein,
Das mir mein Herz erfreut.«

Mein Schatz ein holde Schäfrin ist,
Sie trägt ein weißes Kleid,
Sie hat zwei zarte Brüstelein,
Die mir mein Herz erfreun.

»So bin ich's wohl, so bist du's wohl,
Feins Lieb, schöns Engelskind,
So ist uns allen beiden wohl,
Daß wir beisammen sind.«

BRIGITTE KRONAUER
DER STREIT ALS GESCHENK

Kennen sich die beiden nun, bevor sie ihr Duett beginnen, oder nicht? Geht es um einen ersten Flirt? Um eine Versöhnung? Hundertprozentig sicher kann man auch nach mehrfachem Lesen nicht sein, und gerade das ist natürlich das Schöne.

Was aber schöner wäre, sich bei der ersten Strophe vorzustellen, ein liebender Jägersmann spräche sein traurig schmollendes Liebchen an oder ein Vorbeispazierender wählte, die günstige Gelegenheit beim Schopfe packend, die Rolle des zartfühlenden Trösters, ist schwer zu entscheiden. Er jedenfalls, der zutraulich Anredende, kassiert zunächst eine kratzbürstige Zweizeilenabfuhr, die noch eben rechtzeitig ins geheimnistuerisch Hinhaltende, schon zuschnappend Kokette gewendet wird.

Seine Reaktion allerdings ist in mehrfacher Hinsicht hervorragend. Er beweist 1., daß er besagtes Gefühl und 2. ein Mittel dagegen kennt, 3. eine versteckte Einladung zu lancieren und 4. für alle Eventualitäten das Gesicht durch Bekräftigung seiner enormen Unabhängigkeit zu bewahren weiß, was ihn 5. noch attraktiver macht.

Die Schäferin honoriert es mit radikalem Gesinnungswandel und einer das Spiel energisch vorantreibenden Entdekkung: Einen gewissen, herzerfreuenden Jägerschatz habe sie! Auf der Stelle begreift der Gemeinte die Avancen und das Gesetz des Indirekten. Er antwortet in makelloser Symmetrie, nur das zarte Detail des Körperkompliments fällt bei ihm, wie es sich schickt, ein freches Schrittchen intimer aus. Mit Masken, also geschützt, leiten Jäger und Schäferin ihre erste oder erneute Annäherung in die Wege. Sie sprechen von Dritten, die sie selber sind. Diskretion, ja eine nahezu höfische Etikette ist garantiert trotz Zügigkeit des Arrangements.

Dann aber können sie ihr wechselseitiges ›Erkennen‹ nicht länger leugnen und müssen den erwiesenen Gleichklang der Herzen durch eine formale Steigerung noch zwingender dokumentieren, noch jauchzender feiern. Frisches Paar? Versöhntes Paar? Der Unterschied ist gar nicht so groß. Das Geschenk eines Streits zwischen Liebenden und manchmal seine einzige Absicht ist die Erneuerung erotisierender Fremdheit und die letzte Strophe nicht ohne die vorangegangenen zu haben. Was der Prosa nie und der Musik, wenn sie will, vollkommen gelingt, das Beschwören der Vereinigung mit jedem zusammen gesprochenen Wort, mit jeder gemeinsam gesungenen Note, zaubert hier ein Finale, bei dem man gern der Dritte im Bunde sein möchte, aus lauter Vergnügen darüber, daß alles so glücklich gegliedert verlaufen ist und Takt und Kühnheit der beiden sich die Waage hielten.

Am besten aber gefällt mir der Anfang. So würde man hier und da wohl gern getröstet werden, mit solchen Aufmerksamkeiten, einschmeichelnd – und leicht auswendig zu lernen. Das haben andere früher konstatiert und genutzt: In meiner »Wunderhorn«-Ausgabe finden sich schon nach sieben Seiten wieder jene vier Zeilen. Hier aber ist es ein »Unkraut«, das in treulicher Adaption die Eröffnungssätze zum »Gärtner« sagt, der sein Leid ohne Zögern halb symbolisch, halb direkt ausplaudert: Ein stein'ger Acker, ein stumpfer Pflug, ein zum Schelmen gewordener Schatz.

Das jetzt nur vierstrophige Zwiegespräch schließt mit dem festen Vorsatz des – dreistrophig dominierenden! – Unkrauts, ein solches zu bleiben, nämlich »kein gut« zu tun.

Sollte etwa der Jäger zum erfolglosen Gärtner gezähmt und das Liebchen zum Unkraut verwildert sein, ohne Illusionen inzwischen, aber noch immer mit Dezenz und Witz der Maskierung, mit zäher Dezenz, giftigem Witz, in ein bißchen grob gewordener Erinnerung an ein ehemals reizendes, intelligentes Zeremoniell? Ach was, vermutlich haben sich die beiden, nach zu vielen Schäferspielen, zur Robustierung nur einmal als Buffo-Paar kostümiert.

UNBEKANNTER DICHTER
REWELGE

Des Morgens zwischen drein und vieren
Da müssen wir Soldaten marschieren
Das Gäßlein auf und ab;
Tralali, Tralalei, Tralala,
Mein Schätzel sieht herab.

»Ach Bruder, jetzt bin ich geschossen,
Die Kugel hat mich schwer getroffen,
Trag mich in mein Quartier,
Tralali, Tralalei, Tralala,
Es ist nicht weit von hier.«

»Ach Bruder, ich kann dich nicht tragen,
Die Feinde haben uns geschlagen,
Helf dir der liebe Gott;
Tralali, Tralalei, Tralala,
Ich muß marschieren in Tod.«

»Ach Brüder, ihr geht ja vorüber,
Als wär es mit mir schon vorüber,
Ihr Lumpenfeind seid da;
Tralali, Tralalei, Tralala,
Ihr tretet mir zu nah.

Ich muß wohl meine Trommel rühren,
Sonst werde ich mich ganz verlieren;
Die Brüder dick gesät,
Tralali, Tralalei, Tralala,
Sie liegen wie gemäht.«

Er schlägt die Trommel auf und nieder,
Er wecket seine stillen Brüder,
Sie schlagen ihren Feind,
Tralali,Tralalei, Tralala,
Ein Schrecken schlägt den Feind.

Er schägt die Trommel auf und nieder,
Sie sind vorm Nachtquartier schon wieder,
Ins Gäßlein hell hinaus,
Tralali, Tralalei, Tralala,
Sie ziehn vor Schätzels Haus.

Da stehen morgens die Gebeine
In Reih und Glied wie Leichensteine
Die Trommel steht voran,
Tralali, Tralalei,Tralala,
Daß sie ihn sehen kann.

ECKART KLESSMANN
DER TOTEN MARSCH

Als dieses Lied aus dem ersten Band von »Des Knaben Wunderhorn« im Dezember 1805 veröffentlicht wurde, hatte Napoleon gerade die Schlacht von Austerlitz gewonnen, die einigen tausend französischen, österreichischen und russischen Soldaten das Leben kostete. In den Armeen jener Zeit war es die Aufgabe der Tambours, Signale zu trommeln: von der »Rewelge« (vom französischen *réveiller* = wecken) über das Marschtempo bis zum Angriff in der Schlacht, wo die hundertfach getrommelte rhythmische Monotonie die Soldaten, die in den Tod marschieren mußten, geradezu narkotisierte.
Dieses Lied, das Bettine Brentano aufgezeichnet hatte und das ihr Bruder Clemens überarbeitete und erweiterte, rühmte Goethe als »unschätzbar für den, dessen Phantasie folgen kann«. Es waltet in dem Soldatengesang statt heroischer Gefühle das schreckliche Gesetz des dreimaligen »muß«. Und dieses Muß ist nicht nur der militärische Auftrag der noch Lebenden; am Ende gilt das Muß auch den Toten, die als Wiedergänger erscheinen. Aber sie sind nicht nur dem Feind »ein Schrecken«, sie sind es auch der Liebsten. Sie verlassen als Lebende die Stadt, auf dem Weg zur Schlacht sieht ihnen »mein Schätzel« vom Fenster zu. Und als Getötete beziehen sie ihr »Nachtquartier schon wieder« und präsentieren sich am anderen Morgen dem Schätzel als Skelette, auch da noch »in Reih und Glied wie Leichensteine«, und der Liebste ist dem Schätzel unter allen Knochen nur noch kenntlich an seiner Trommel.

Der junge Heine hat sich im »Buch Le Grand« über diese Gespensterparade »mit innerem Grauen« entsetzt, aber sich gleichwohl der Faszination, wie sie ihm der Tambour Le Grand vermittelte, nicht entziehen können. Der zurückgelassene Sterbende begegnet uns auch in seiner Ballade von den beiden Grenadieren. Auch Uhland erinnert sich im Lied vom guten Kameraden an das Motiv des »Ach Bruder, ich kann dich nicht tragen«. Und Joseph Christian von Zedlitz machte aus dem Thema die biedermeierlich verharmlosende Ballade von der »Nächtlichen Heerschau«.

Nein, heroisch ist hier nichts, eher phantastisch. Denn den geschlagenen Soldaten helfen, von der Trommel des tödlich verwundeten Tambours wiederbelebt, die gefallenen Kameraden, »seine stillen Brüder«, die durch das Entsetzen, das sie verbreiten, den Feind zurückweichen lassen, da der über solche Alliierten offenbar nicht verfügt. Und das unausgesetzte Trommeln des Sterbenden führt die toten Soldaten schließlich zu ihrem Ausgangspunkt zurück, in eine Stadt, die wie ausgestorben wirkt. Was in dieser *marche macabre* befremdet, ist das so mechanische wie unfrohe »Tralali, Tralalei, Tralala«, dessen fatale Juchzer Gustav Mahlers geniale Vertonung in trübe, klagende Ausrufe verwandelt, wie denn überhaupt seine Musik dem Text eine Ausdeutung gibt, deren Schaurigkeit die bieder-gefällige Originalmelodie weit hinter sich läßt.

Heute wird nicht mehr unter einpeitschenden Trommelschlägen in den Krieg marschiert, aber die Mechanik des Tötens und Sterbens ist so unverändert geblieben wie die ideologische Verklärung, die sich als moralisches Recht versteht. Die »Rewelge« ist keine literarhistorische Antiquität, sie erscheint nur so dem ersten Blick. Tatsächlich ist dieses Lied lebendig wie die Skelette in ihren uniformen Lumpen. Nur die Accessoires haben sich geändert. In allen Kriegen, damals wie heute, geht eine imaginäre Trommel voran, erst ideologisch und dann militärisch, und am Ende bleibt dann der schöne gepflegte Soldatenfriedhof, auf dem die Leichensteine in Reih und Glied wie die Gebeine ausgerichtet sind.

ADOLF GLASSBRENNER
DAS MÄRCHEN VOM REICHTUM UND DER NOT

’s war einmal Bruder und Schwester:
Der Reichtum und die Not;
Er schwelgte in tausend Genüssen,
Sie hatte kaum trocken Brot.

Die Schwester diente beim Bruder
Viel hundert Jahre lang;
Ihn rührt’ es nicht, wenn sie weinte,
Noch, wenn sie ihr Leiden besang.

Er fluchte und trat sie mit Füßen;
Er schlug ihr ins sanfte Gesicht;
Sie fiel auf die Erde und flehte:
Hilfst du, o Gott, mir nicht?

Wie wird das Lied wohl enden?
Das ist ein traurig Lied!
Ich will’s nicht weiterhören,
Wenn nichts für die Schwester geschieht!

Das ist das Ende vom Liede,
Vom Reichtum und der Not:
An einem schönen Morgen
Schlug sie ihren Bruder tot.

INGRID HEINRICH-JOST
DIE ILLUSION DER BEFREIUNG

Wenige Monate nach seiner Veröffentlichung schien dieses Märchen Wirklichkeit zu werden. Im Juni 1844 revoltierten die vom Elend ausgezehrten schlesischen Weber. Bald darauf plünderten Hungernde in Berlin die Marktstände. 1848 schließlich erhoben sich die Bürger in allen Teilen Deutschlands und vertrieben die Aristokraten, die ihnen das System des spätfeudalen Absolutismus so lange hatten aufdrücken können.

Die wachen Dichter des Vormärz beobachteten, kommentierten, begleiteten die politische Entwicklung und versuchten, mit der Feder den Weg in eine bessere Zukunft zu weisen. Adolf Glaßbrenner wollte mit Hilfe seiner Literatur »die Schlafmützen Deutschlands verbrennen, um freie Köpfe« hervorzuholen. Die Schlafmützen, freiwillig gewählte und staatlich verordnete, fand er in allen Schichten der Gesellschaft. Deshalb richtet sich die Aufforderung in seinem Gedicht an mehrere Adressaten.

Damit er von möglichst vielen verstanden werde, bedient sich der Dichter der populären Formen des Märchens sowie des Liedes und lehnt sich dabei an die Moritat und deren Variante in der Darbietung des Guckkästners an, der »for'n Sechser« an der Straßenecke die Weltgeschichte erklärt – Glaßbrenner hat eine solche Szene wiederholt geschildert. So kann er der Schwester sagen, daß ihr lediglich der eine Ausweg aus der Not bleibt. Vergebens hat sie auf Beistand gehofft.

Die Zuversicht auf das »Morgenrot der Freiheit«, das Glaßbrenner mit den übrigen »Zeitschriftstellern« (Ludwig Börne) herbeisingen wollte, geht in diesen Versen einher mit der Verzweiflung darüber, daß ein gewaltsamer Umsturz nur der Ausdruck tiefster Ohnmacht wäre. Daher appelliert er gleichzeitig an Einsicht und Vernunft, die das Äußerste verhindern könnten. Doch bittet er nicht die Fürsten um Almosen, sondern legt im Geist des Humanismus und der Aufklärung das natürliche Recht der Menschen dar, die ohne Ausnahme gleich geboren sind. Aus dieser Argumentation spricht das politische Ideal der konstitutionellen Monarchie mit einem aufgeklärten Regenten als dem *primus inter pares*, das die Mehrzahl der liberalen Oppositionellen im Vormärz teilte.
Die sozialen und gesellschaftlichen Widersprüche, die sich in den vierziger Jahren des vorigen Jahrhunderts zuspitzten, verliehen der Lyrik dieser Zeit eine in Deutschland bis dahin nie gekannte Sprengkraft. Entsprechend streng reagierten Zensur und Polizei. Glaßbrenner mußte seine »Verbotenen Lieder« anonym in der Schweiz herausbringen. Als das Bändchen mit dem provozierenden Titel den Weg nach Preußen fand, begrüßte es ein Rezensent freudig als »wahres Volksbuch der Freiheit«. Angesichts der politischen Verhältnisse im Land wirkten ja schon die harmlosesten aktuellen Reimereien als Agitation.
Das in dieser Sammlung von Zeitgedichten enthaltene »Märchen vom Reichtum und der Not« geht über die zweckgebundene Tageslyrik hinaus, die in dieser Periode vorherrschte und die Heinrich Heine als »Tendenzpoesie« verachtet hat. Hinter der einfachen Fabel und der eingängigen Sprachmelodie seines Liedes entfaltet Glaßbrenner ein Bild des Obrigkeitsstaates, bei dem die Macht der

Minderheit auf der Machtlosigkeit der Mehrheit, das Wohlleben der wenigen auf der Fron der vielen beruht. Diese gesellschaftliche Struktur bestand in Deutschland über Jahrhunderte hinweg unangefochten, und was Glaßbrenner befürchtet hatte, traf ein: sie überdauerte auch die kurze Irritation durch die Barrikadenkämpfe des März 1848.

HERMANN VON GILM ZU ROSENEGG
ALLERSEELEN

Stell' auf den Tisch die duftenden Reseden,
Die letzten roten Astern trag' herbei
Und laß uns wieder von der Liebe reden,
Wie einst im Mai.

Gieb mir die Hand, daß ich sie heimlich drücke,
Und wenn man's sieht, mir ist es einerlei;
Gieb mir nur einen deiner süßen Blicke,
Wie einst im Mai.

Es blüht und funkelt heut' auf jedem Grabe,
Ein Tag im Jahre ist den Toten frei;
Komm' an mein Herz, daß ich dich wieder habe,
Wie einst im Mai.

PETER VON MATT
DIE LETZTEN BLUMEN

Die literarische Unsterblichkeit kann seltsame Wege gehen. Autoren gibt es, die schreiben ihr Leben lang und sinken mit all ihren Büchern lautlos in Vergessenheit. Statistisch gesehen, bilden sie wohl überhaupt die melancholische Mehrheit. Andere tauchen nach Jahrzehnten wieder auf und gelten plötzlich, was sie zu Lebzeiten nie gegolten haben. Besonders merkwürdig sind jene, von deren ausgreifendem Œuvre ein einziger Text überlebt. Fouqué gehört zu ihnen, mit der »Undine«. Niemand mag seine endlosen Romane mehr lesen, aber die »Undine« klettert immer neu aus ihren Flüssen und Brunnen an Land und läuft triefend durch Seminare und Lesekränzchen.

Ähnlich steht es mit Hoffmann von Fallersleben. Ihm verdankt die Nachwelt neben viel Geklimper und Geklapper zwei Evergreens, und zwar in einer Paarung, die es in sich hat: »Deutschland, Deutschland über alles« und »Ein Männlein steht im Walde«.

Mit Hermann von Gilm zu Rosenegg, einem österreichischen Generationsgenossen der Keller, Storm, Fontane, der allerdings schon 1864 starb, ging es noch seltsamer zu. Sein Name ist niemand mehr vertraut, aber eines seiner Gedichte lebt im allgemeinen Bewußtsein fort. Es ist sogar bloß die erste Strophe, von der dies mit Sicherheit gesagt werden kann. Sie existiert bald als Ganzes weiter, bald nur in einzelnen Versen. Der Refrain »Wie einst im Mai« hat sich vollends vom Gedichtkörper abgesetzt und ist sprichwörtlich geworden.

Eine wahrhaft extravagante Unsterblichkeit also. Soll man sie zufällig nennen? Lieber nicht. Erinnern ist anstrengend. Vergessen erleichtert. Was bleibt, muß etwas an sich haben, das es unersetzlich macht. Und in der Tat sind diesem Autor hier eine Handvoll Verse von eigentümlicher Magie gelungen. Die erste Strophe ist ein lyrisches Ereignis. Warum?

Die Klangregie der Zeilen allein kann es nicht ausmachen. Allerdings geht das Gedicht auch darin über die Poetik seiner Zeit hinaus. Es entwickelt eine gedehnte Musikalität, ein Languendo, das auf die Lyrik der Jahrhundertwende vorausweist und, über sie hinweg, auf die süchtigen Zeilen Gottfried Benns. Auch Astern und Reseden gehören ja in die erlesene Bennsche Blumenreihe. Daß die Erinnerung an Gilms Verse dazu beigetragen hat, ist nicht auszuschließen. Richard Strauss hat das Gedicht schon früh, 1885, vertont (Opus 10. Nr. 8).

Dennoch, die Klänge allein tun's nicht. Hinzu tritt die Verbindung von Eindeutigkeit und Geheimnis. »Und laß uns wieder von der Liebe reden ...« Ist das alles? Oder kommt es nur darauf an? »Kommt, reden wir zusammen / wer redet, ist nicht tot«, wird es bei Benn heißen. Daß Liebe Gespräch ist, wie sehr sie immer auch Gespräch ist, redselig, von Nonsens durchsetzt und kindlich erzählversessen nach den wortlosen Augenblicken, davon haben Gilms Verse eine Ahnung. Und daß zuerst die herzliche Rede stirbt, wenn Liebe kaputtgeht, wissen sie ebenfalls. Der Text lebt vom Paradox, daß »von der Liebe reden« einen Abstand bezeichnet und gleichzeitig ein ureigenstes Element der Liebe. Dieses Paradox wird nicht aufgelöst. Auch am Schluß noch ist die Liebe nur als Tote wieder lebendig, fast unheimlich: »Ein Tag im Jahre ist den Toten frei.«

Die mittlere Strophe hält die Höhe der andern beiden nicht. Da hört man eher jenen Mann, von dem die »Neue deutsche Biographie« treuherzig berichtet: »... er besaß die Gabe, die Erlebnisse seiner zahlreichen Liebschaften in wohlklingende Verse zu bannen.« Daß aus diesem Geschäft ein einziges Mal etwas anderes wurde, gehört zu den winzigen Wundern der Literatur.

FRIEDRICH WILHELM GÜLL
WILL SEHEN, WAS ICH WEISS,
VOM BÜBLEIN AUF DEM EIS

Gefroren hat es heuer
Noch gar kein festes Eis.
Das Büblein steht am Weiher
Und spricht so zu sich leis:
»Ich will es einmal wagen,
Das Eis, es muß doch tragen.«
Wer weiß?

Das Büblein stampft und hacket
Mit seinem Stiefelein.
Das Eis auf einmal knacket
Und krach! schon bricht's hinein.
Das Büblein platscht und krabbelt
Als wie ein Krebs und zappelt
mit Schrei'n.

»O helft, ich muß versinken
In lauter Eis und Schnee!
O helft, ich muß ertrinken
Im tiefen, tiefen See!«
Wär nicht ein Mann gekommen,
Der sich ein Herz genommen –
o weh!

Der packt es bei dem Schopfe
Und zieht es dann heraus
Vom Fuße bis zum Kopfe
Wie eine Wassermaus.
Das Büblein hat getropfet,
Der Vater hat's geklopfet
zu Haus.

ARMIN AYREN
PÄDAGOGISCHE MASSNAHME

Im Jahre 1836 erschien in Stuttgart Friedrich Gülls »Kinderheimath«, illustriert von Julius Nisle. Die Liedersammlung enthielt 48 Gedichte. Zehn Jahre später wurde sie, auf 75 Gedichte angewachsen, neu aufgelegt, diesmal mit Bildern von Franz Graf Pocci. Neu in dieser vermehrten Auflage war auch das »Büblein auf dem Eis«.

Ein Meisterwerk ist das Gedicht gewiß nicht, aber es stand wohl nicht von ungefähr jahrzehntelang in Volksschullesebüchern, weckt bei älteren Lesern Erinnerungen und vermag noch heute zu rühren. Sein Verfasser, 1812 in Ansbach geboren und 1879, nur drei Jahre nach seiner Pensionierung, in München gestorben, war Lehrer in Altdorf bei Nürnberg, in Flachslanden bei Ansbach und in München, daneben acht Jahre lang Erzieher in einem Fürstenhaus.

Das Nachwort von Hubert Göbels zum Neudruck der ersten Ausgabe der »Kinderheimath« zeichnet das Lebensbild eines Mannes, der mit Leib und Seele Pädagoge war und gleichzeitig, wie so viele Lehrer, ein verhinderter Dichter. Vom »Märtyrerloos des Schulmeister-Poeten« spricht ein Zeitgenosse Gülls, von einem schönen, hohen Mann mit freundlich-ernster Miene. Gülls erste dichterische Versuche, Sonette, galten seiner Freundin und späteren Frau. Zum Dichter von Kinderliedern wurde er unter dem Einfluß von Achim von Arnims und Clemens Brentanos »Wunderhorn«, in dessen drittem Band es einen Anhang mit »Ammenreimen« gab. Das bekannte »Wer will

gute Kuchen backen, der muß haben sieben Sachen« dort inspirierte Güll zu »Wer will unter die Soldaten«.
Gustav Schwab steuerte zum Erstdruck der »Kinderheimath« ein rühmendes Vorwort bei, in dem er vermutet, Güll sei auch durch Friedrich Rückerts 1813 erschienene »Fünf Märlein zum Einschlafen fürs Schwesterlein« angeregt worden. In der Tat ist die Diktion auffallend ähnlich. Die Lieder beider Dichter treffen den einfachen, kindgerechten Ton besonders gut und halten ihn auch durch. Gülls Verse erscheinen auf den ersten Blick simpler, zuweilen auch unbeholfener, offenbaren aber auf den zweiten Blick verborgene Kunstfertigkeit, die herkömmliche poetische Mittel geschickt nutzt. Dazu gehören: die Lautmalerei, etwa das *a* in der zweiten Strophe in Verbindung mit Konsonanten, die hörbar machen, wie da Eis bricht und Wasser schwappt, oder die vier *-opfe-* in der vierten; ebenso die Doppelungen: *stampft* und *hacket, platscht* und *krabbelt*, zweimal *o helft*, im *tiefen, tiefen* See – man sieht den Lehrer, der den Zeigefinger hebt und wiederholt, was er gesagt hat, förmlich vor sich.
Für antiautoritäre Erzieher von gestern und heute ist der Schluß des Gedichts gewiß ein Graus. Statt froh zu sein, daß er sein Büblein heil wiederhat, statt den Mann, der's aus dem Wasser gezogen, vor Dankbarkeit und Rührung zu umarmen und das Büblein gleich mit – was tut der gestrenge Vater? Er klopft es. Er klopft das nasse Büblein trocken und straft es. Indem Güll die drei letzten Verse aus dem Präsens ins Perfekt rückt, schafft er auch gleich den gebührenden Abstand, aus dem heraus die pädagogische Maßnahme zur Moral aus der Geschichte wird: Kinderlein, geht nicht aufs Eis, sonst brecht ihr ein und bekommt noch obendrein den Hintern voll!

Wer Güll oder seiner Zeit wegen des Verklopfens einen Vorwurf machen wollte, müßte bedenken, daß man damals, als sich Kinder, vor allem in kinderreichen Familien und auf dem Lande, weitgehend selbst erzogen, unsere Rücksichten gar nicht kannte. Güll beschreibt in seinen Erinnerungen den pädagogischen Alltag in Flachslanden: »In zwei Klassen machten mir 120 Kinder von sechs bis zehn Jahren den Tag über vollauf zu schaffen.« Jeder Lehrer, der einmal vor auch nur annähernd so großen Klassen gestanden hat, weiß, daß da anders als mit Strenge kein Unterricht möglich ist. Über eine fünfte Strophe, in der berichtet würde, wie das Büblein ob des Verklopftwerdens seelischen Schaden nahm und später etwa gar in ärztliche Behandlung mußte, hätten wohl selbst die Schulkinder von 1846 nur den Kopf geschüttelt.

FRIEDRICH HEBBEL
DÄMMEREMPFINDUNG

Was treibt mich hier von hinnen?
  Was lockt mich dort geheimnisvoll?
Was ist's, das ich gewinnen,
  und was, womit ich's kaufen soll?

Trat unsichtbar mein Erbe,
  ein Geist, ein luft'ger, schon heran,
und drängt mich, daß ich sterbe,
  weil er nicht eher leben kann?

Und winkt mir aus der Ferne
  die Traube schon, die mir gereift
auf einem andern Sterne,
  und will, daß meine Hand sie streift?

DIETER WELLERSHOFF
NÄHE DES UNHEIMLICHEN

Das Gedicht »Dämmerempfindung« von Friedrich Hebbel findet sich noch nicht in der Erstausgabe der Gedichte von 1842, wohl aber in der Werkausgabe von 1857, muß also in dem dazwischenliegenden Zeitraum, spätestens sechs Jahre vor seinem Tod im Jahre 1863, entstanden sein. In diesen Jahren, das belegen seine Tagebücher, hat er häufig an den Tod gedacht. »Dumpfheit im Kopf, vielleicht schon beginnender Tod«, schreibt er 1843. Und 1857 heißt es: »Du atmest fremden Tod als dein Leben ein und fremdes Leben als deinen Tod aus.«
Je länger man in den Tagebüchern liest, desto stärker wird der Eindruck eines willensbetonten, kämpferischen Lebens, das den Schatten des möglichen Scheiterns und des Todes ständig in sich trug. Hebbel hatte entbehrungsreiche Armutsjahre hinter sich, bevor er als Autor Erfolg fand. Seine Gesundheit war geschwächt. Er starb mit fünfzig Jahren an einer qualvollen Krankheit, die er bis zuletzt für Rheuma gehalten hat. Das hört sich nicht nur nach einer falschen Diagnose der Ärzte an, sondern auch nach verleugnetem eigenen Todeswissen. Schon vom Tode gezeichnet, sagte Hebbel zu Heinrich Laube: »Wir werden den widerspenstigen Leib zur Räson bringen.«
Ganz anders klingt das Jahre früher geschriebene Gedicht. Sein Titel »Dämmerempfindung« kann ein Hinweis auf die Stunde der Inspiration sein, ist aber vor allem ein Bild des dargestellten Zwischenzustandes. In der Dämmerung

halten sich Tag und Nacht eine Weile in der Schwebe. Allmählich entzieht sich uns die sichtbare, greifbare Welt, und wenn wir nicht künstliches Licht gegen die Nacht aufbieten, nötigt uns die Dunkelheit, die Augen zu schließen und uns in den Schlaf zurückzuziehen. Seit jeher ist dieser Vorgang als ein Abbild des Sterbens empfunden worden.

Das Gedicht erfaßt den Anfang dieses Geschehens: die Loslösung, den beginnenden Weltentzug. Wie in der Dämmerung entschwindet dem Ich die Welt. Es fühlt sich forttreiben in etwas Dunkles und Unbekanntes.

Der Vorgang ist fast unmerklich und wird nur mit einer leisen Bangigkeit und Befremdung wahrgenommen. Denn zugleich haben die Kräfte der Verdrängung der Todesahnung einen beruhigenden Sinn gegeben. Was sich ankündigt, ist kein Ausgelöschtwerden, sondern ein Hinüberwechseln in einen anderen Zustand, ein Tausch der Existenz. Die von der Welt abgelösten Lebenskräfte tasten nach diesem neuen Sinn, befragen die Abgründigkeit des Todes mit dem Bild des Ruhestandes. Ein anderer wird an die eigene Stelle treten. Man selbst wird entschädigt werden für das, was man verloren hat.

Allerdings wird die Anstrengung der Phantasie, das beängstigende Gefühl der Schwächung des eigenen Lebens in beruhigenden Bildern aufzufangen, durch die Frageform des Gedichtes ganz ins Ungewisse und bloß Hypothetische getaucht. Unterschwellig – und vielleicht ohne die Absicht des Autors – deutet das Gedicht die Wesenlosigkeit der erhofften Kompensationen an. Man wird seinen Platz in der Welt und im Körper mit der Unwirklichkeit eines luftigen Geistes tauschen, und die eigene Hand, die in der anderen Existenz nach dem Trostbild der gereif-

ten Traube greift, hat keinen eigenen Willen und bekommt nichts zu fassen. Sie »streift« die Traube nur und macht sie so kenntlich als Phantom.
Das Gedicht hält die Auflösungserfahrung in seiner strophisch gegliederten, durch Reime gesicherten Form fest und macht sie ruhig anschaubar. Doch seine phänomenale Stille spricht unüberhörbar von der Nähe des Unheimlichen, das sich ankündigt, unter dem Schleier der Illusion.

FRIEDRICH HEBBEL
HERBSTBILD

Dies ist ein Herbsttag, wie ich keinen sah!
Die Luft ist still, als atmete man kaum,
Und dennoch fallen raschelnd, fern und nah,
Die schönsten Früchte ab von jedem Baum.

O stört sie nicht, die Feier der Natur!
Dies ist die Lese, die sie selber hält,
Denn heute löst sich von den Zweigen nur,
Was vor dem milden Strahl der Sonne fällt.

ROLF SCHNEIDER
WACHSTUM UND VERGÄNGLICHKEIT

Dies ist ein hochberühmtes Herbstgedicht unserer Literatur. Vielleicht ist es das berühmteste. Der erste Vers darf geradezu beanspruchen, sprichwörtlich oder geflügelt zu sein, was nun im Bereich der absoluten Lyrik durchaus zu den Ausnahmen rechnet.
Es fällt auf, beim Lesen oder Wiederlesen, wie dieses Gedicht für seinen Ruhm eher bescheidene denn auffällige Voraussetzungen mitbringt: ganze zwei Strophen zu jeweils vier Versen, Kreuzreim, keine prunkenden Metaphern und keine ausufernd dargetane Schicksalhaftigkeit, die sich zu Zitaten plündern läßt. Beschrieben ist auch nicht die Totalität der vorgegebenen Jahreszeit. Beschrieben ist ein einziger und winziger Augenblick.
Es ist jener eines Umschlags. Gezeigt werden soll der zeitliche Schnittpunkt zwischen dem Ende des Wachstums und dem Anfang der Vergänglichkeit. Gezeigt werden soll er an einem Vorgang, mit welchem jeder vertraut ist, der schon einmal in einem herbstlichen Obstgarten gestanden hat. Ein paar Früchte brechen unvermutet aus den Zweigen. Sie fahren geräuschvoll durchs Laub und schlagen auf. Die Sonne streut jene letzte und melancholische Wärme aus, die dem Einbruch von Nebel und November vorangeht.
Der Vorgang ist derart einfach, daß er fast banal anmuten könnte. Die Einfachheit der Form scheint dem auch zu entsprechen, aber jedenfalls dieser Eindruck ist falsch.

Denn die, auf den ersten Blick, Lied-Gestalt der zwei vierzeiligen Strophen wird deutlich unterlaufen. Herkömmlich gemacht, will sagen im Geschmack der auslaufenden Eichendorff-Romantik, hätten die Verse nämlich bloß jeweils vier Hebungen, und bei den Reimen würden weibliche und männliche Kadenzen miteinander wechseln.
Es ist aber hier der Vers der fünffüßige Jambus, und das ist der seit Shakespeare und den Weimarer Klassikern geheiligte Vers der großen szenischen Bedeutsamkeit. Die Reime sind durchweg männliche, was eine eingeübte Erwartungshaltung in Sachen Rhythmik irritieren muß. Dafür stellt sich ein beinahe priesterlicher Ton ein. Mit einem Wort wie »Feier«, mit den beiden gebieterischen Mitteilungen, jeweils eine am Anfang einer Strophe, wird er auch bedient.
Das Gedicht steckt voller kleiner, feiner Bezüglichkeiten. In der ersten Strophe ist dem Eindruck, es werde nicht geatmet, mit dem Geräusch des Raschelns widersprochen; raschelnder Atem ist fast schon röchelnder Atem, er ist jedenfalls kein gesundes Geräusch und in einem Zeitalter, da die Lungenschwindsucht eine Volksseuche war, auch kein ungewohntes Geräusch.
Die zweite Strophe spielt dann mit den Worten »lesen« und »lösen« so eindringlich, daß man an deren klanglicher Ähnlichkeit (die auf sprachgeschichtlicher Verwandtschaft beruht) schwerlich vorbeikommt. Ernten, wofür hier Lese steht, ist Ablösen und Fortnehmen. Es ist eine Handlung, zielgerichtet auf Entblößen und Verlust. Auch das Wort Verlust gehört in den Zirkel der Worte »lesen« und »lösen« und klingt in ihnen heimlich mit.
Wir wissen, wann und wo das Gedicht geschrieben wurde: Oktober 1852 in Wien. Der Verfasser stand da-

mals im neununddreißigsten Jahr; er war nicht mehr jung, wie er noch nicht alt war. Der Schauplatz Wien aber lieferte nicht nur die äußerliche Topographie, jene der in Überfülle schwelgenden Gärten und Weinhänge. Sie stellte auch eine zweihundertjährige Einübung auf das barocke Thema der Vergänglichkeit, mit unübersehbaren und mühelos zitierbaren Zeugnissen.
Der vom Dichter beschriebene Augenblick ist der des österreichischen Barock. Es gibt keinen anderen. Das Gedicht hält ihn fest mit einer Gebärde aus gänzlich barockem Geist: heitere Festlichkeit, die bloß inszenierter Vorwand ist für Fatalität und Trauer.

FRIEDRICH HEBBEL
SOMMERBILD

Ich sah des Sommers letzte Rose stehn,
Sie war, als ob sie bluten könne, rot;
Da sprach ich schauernd im Vorübergehn:
So weit im Leben, ist zu nah am Tod!

Es regte sich kein Hauch am heißen Tag,
Nur leise strich ein weißer Schmetterling;
Doch, ob auch kaum die Luft sein Flügelschlag
Bewegte, sie empfand es und verging.

REINHOLD GRIMM
EMPFUNDENE BEWEGUNG

Im Grunde mag ich Friedrich Hebbel nicht besonders, zumindest nicht als Lyriker – bei allem Respekt, versteht sich, den ich auch ihm sonst gern zu zollen gewillt bin. Doch entstammt jene Mißstimmung, die mir Hebbels Lyrik mitunter bereitet, gar nicht eigentlich ihrer Gedanklichkeit und deren Folgen: also dem Spröden, fast Harten, weil allzusehr mit Logik und Reflexion Befrachteten, das in ihr herrscht und das dem Autor manche seiner Kritiker vorwerfen zu müssen glauben. Gedicht und Gedanke vertragen sich, scheint mir, durchaus. Nein, was mich an Hebbels Versen und Strophen gelegentlich stört, ist eher ihr forciertes Pathos, ihre Bühnenrhetorik, überhaupt das Gestellte und Arrangierte, das ihnen anhaftet. Nicht einmal seine berühmtesten Gedichte sind davon völlig frei.

Aber es gibt Ausnahmen. Und eine von ihnen – eine hinreißende in ihrer Einfachheit, um dies gleich vorweg zu bekennen – bietet für mich das Gedicht »Sommerbild«. Übrigens wurde es nicht etwa, wie man zunächst vermuten könnte, in heimischer Landschaft und Umwelt geschaffen, sondern in städtischer Fremde: Hebbel schrieb es an einem Augusttag des Jahres 1844 in Paris. Daß es trotz solcher Schlichtheit seinen Verfasser, den Dramatiker und Denker, ja Grübler, schwerlich verleugnet, ist allerdings ebensowenig bestreitbar.

In der Tat, der Dichter zeichnet ein Bild, entwirft eine Szene, berichtet uns einen Vorgang; er tritt sogar, mit

Wort und Gebärde, selber in das Geschilderte ein. Doch wie verhalten und karg und dennoch wie reich und erfüllt ist jede seiner acht Zeilen! Erst nachträglich fällt einem auf, daß sie nichts anderes tun, als den alten Vergänglichkeitstopos, das mahnende *Media in vita in morte sumus*, neu zu gestalten. Keinerlei sentenziöse Deutlichkeit eignet dem bangen Ausspruch dieses Schauernden, der hier mitten im Leben den Tod erfährt und verkündet – und dabei hat Hebbel seine Vorlage, sie bloß geringfügig ändernd, förmlich pointiert und dramatisiert, sie jedenfalls kühn in spannungsvolles Geschehen verwandelt!

Wird nicht behauptet, Urteilssätze seien rein diskursiv und deshalb meist unlyrisch? Der Hebbelsche aber fügt sich nicht allein der szenischen Schau und Entwicklung, auch nicht nur dem steten Gleichmaß des Jambentakts und dem dennoch so vielfältig in ihm pochenden Rhythmus, sondern selbst der gedämpften Wortmusik des Gedichts, dem Wohllaut seiner Assonanzen und Reime, ja Binnen- und Stabreime, makellos und melodisch ein. Freilich, gegen Schluß wird das gelassene Schreiten der Verse, der ruhige Gang und Klang der geregelten Fünfheber, jäh unterbrochen. Gerade darin jedoch, in ihrem Abweichen von der Norm, dem sogenannten Enjambement, erreichen sie ihre höchste Vollendung.

Der rhythmische Stau vor dem »ob« ist gleichsam der tödliche »Flügelschlag«, dessen lebendiger »Hauch« durch die »Luft« wie konkret durch die Zeile, worin er beschworen wird, weiterbebt, sich fortpflanzend auch und erst recht über deren Einheit hinweg, bis er die »Rose« trifft, die unter ihm vergeht. Mit genialer Selbstverständlichkeit, kraft der bloßen Anordnung von Sprachmaterial und Sinn im Wechselspiel mit der Versgestalt, vollzieht das Gedicht, was es aussagt. Wenn ich als Lyrikleser je eine Bewegung empfunden habe, je von einer Empfindung bewegt worden bin, dann im betroffenen Nachvollzug dieses winzigen technischen Details, das meisterhafte Kunst ist und mehr: pure Poesie des Metrums.

EMANUEL GEIBEL
DEUTSCHLANDS BERUF

Soll's denn ewig von Gewittern
Am umwölkten Himmel braun?
Soll denn stets der Boden zittern,
Drauf wir unsre Hütten baun?
Oder wollt ihr mit den Waffen
Endlich Rast und Frieden schaffen?

Daß die Welt nicht mehr, in Sorgen
Um ihr leichterschüttert Glück,
Täglich bebe vor dem Morgen,
Gebt ihr ihren Kern zurück!
Macht Europas Herz gesunden,
Und das Heil ist euch gefunden.

Einen Hort geht aufzurichten,
Einen Hort im deutschen Land!
Sucht zum Lenken und zum Schlichten
Eine schwerterprobte Hand,
Die den güldnen Apfel halte
Und des Reichs in Treuen walte.

Sein gefürstet Banner trage
Jeder Stamm, wie er's erkor,
Aber über alle rage
Stolzentfaltet eins empor,
Hoch, im Schmuck der Eichenreiser,
Wall' es vor dem deutschen Kaiser.

Wenn die heilge Krone wieder
Einen hohe Scheitel schmückt,
Aus dem Haupt durch alle Glieder
Stark ein einger Wille zückt,
Wird im Völkerrat vor allen
Deutscher Spruch aufs neu erschallen.

Dann nicht mehr zum Weltgesetze
Wird die Laun' am Seinestrom,
Dann vergeblich seine Netze
Wirft der Fischer aus in Rom,
Länger nicht mit seinen Horden
Schreckt uns der Koloß im Norden.

Macht und Freiheit, Recht und Sitte,
Klarer Geist und scharfer Hieb
Zügeln dann aus starker Mitte
Jeder Selbstsucht wilden Trieb,
Und es mag am deutschen Wesen
Einmal noch die Welt genesen.

JÖRG VON UTHMANN
DEUTSCHES WESEN UND UNWESEN

Auf Gedichte, die die Wiedervereinigung feiern, werden wir wohl verzichten müssen. Jubel- und Preislieder sind außer Mode gekommen. Auch kann die deutsche Poetenzunft dem Ereignis wenig abgewinnen. Bei unserer vorletzten Wiedervereinigung – vor hundertzwanzig Jahren – war das anders. Damals dichtete Emanuel Geibel: *Nun wirf hinweg den Witwenschleier, / Nun gürte dich zur Hochzeitsfeier, / O Deutschland, hohe Siegerin! / Die du mit Klagen und Entsagen / Durch vierundsechzig Jahr' getragen, / Die Zeit der Trauer ist dahin.*

Geibel gehört zu den Vergessenen der Literaturgeschichte. In der zweiten Hälfte des neunzehnten Jahrhunderts war er der populärste deutsche Lyriker. Seine Gedichte erschienen in hohen Auflagen und wurden von Schumann, Brahms, Reger und Pfitzner vertont. Heute halten selbst gebildete Leute *Der Mai ist gekommen* für ein Volkslied und die beiden Schlußzeilen des nebenstehenden Gedichts für einen nationalsozialistischen Kalenderspruch.

Obwohl Geibel aus Lübeck stammte und Professor in München war, erhoffte er die Vereinigung Deutschlands von Preußen. Das konnte nicht gutgehen. Ein Hymnus auf den Vorläufer des Reiches, den Norddeutschen Bund, kostete ihn seine Münchner Stelle. Auch mit seinem Gönner, dem preußischen König Friedrich Wilhelm IV., hatte er es schwer. Zwar zahlte ihm Berlin vierzig Jahre lang ein

Ehrengehalt von dreihundert Talern, aber von seinen poetischen Ratschlägen wollte man dort nichts hören. Tief enttäuscht mußte Geibel erleben, daß der »Romantiker auf dem Thron« die ihm angetragene Kaiserkrone ausschlug und unter österreichischem Druck seine zaghafte Unionspolitik schließlich ganz aufgab.

1852 erklomm Napoleons Neffe den leerstehenden Kaiserthron und machte sich sogleich daran, die vom Wiener Kongreß festgelegte Nachkriegsordnung Europas umzustoßen. Als Napoleon III. 1859 an der Seite Sardiniens in den italienischen Befreiungskrieg eingriff, wurde dies in Deutschland als erster Schritt zur Revision der französischen Ostgrenze aufgefaßt. Trotzdem konnte sich Berlin wieder einmal nicht entscheiden: Die »Laun' am Seinestrom« triumphierte. Zwei Jahre danach stürzte der Streit um die Verlängerung des Militärdienstes Preußen in eine tiefe Krise. Der frischgekrönte König Wilhelm erwog allen Ernstes, auf seinen Thron gleich wieder zu verzichten.

Vor diesem historischen Hintergrund muß man Geibels Gedicht lesen, das 1861 entstand. Der Dichter läßt keinen Zweifel daran, auf welcher Seite er steht. Von der Devise »Frieden schaffen ohne Waffen« hält er nichts. Nur der »schwerterprobten Hand« wird der Reichsapfel zufallen. Diesmal hat es Geibel richtig getroffen: Statt zurückzutreten, nimmt König Wilhelm den Kampf mit den widerspenstigen Abgeordneten auf und ernennt den Botschafter in Paris, Otto von Bismarck, zum Ministerpräsidenten. Bei seinem ersten Auftreten vor dem Haushaltsausschuß macht Bismarck klar, daß er sich die Einigung Deutschlands nur durch »Eisen und Blut« vorstellen kann. Der Gedanke freilich, das »deutsche Wesen« sei das geeignete

Vorbild für den Rest der Welt, liegt ihm unendlich fern: »Ich weiß, daß ich viele Erwartungen enttäusche«, wird er später vor dem Reichstag sagen, »aber ich bin nicht der Meinung, daß wir der Schulmeister in Europa sein sollten«.

Justament dies ist aber immer noch die Meinung vieler deutscher Professoren und Dichter. Anders als vor hundertdreißig Jahren predigen sie zwar nicht mehr die Aufrüstung Deutschlands, sondern einen radikalen Pazifismus. Gleichgeblieben ist jedoch der missionarische Drang, der Welt das »deutsche Wesen« als Heilmittel aufzuschwatzen. Sollte der epidemische Ausbruch von Friedensliebe während des Golfkriegs nur der jüngste Beweis dafür sein, daß Nietzsche schon recht hatte, als er unsere Ideale dort vermutete, »wo unsere Schwächen liegen«? Wie auch immer – vom »scharfen Hieb« sind die deutschen Intellektuellen zum Glück abgekommen. Vom »klaren Geist« würde man ihnen gern mehr wünschen.

GEORG HERWEGH
LUDWIG UHLAND

Nur selten noch, fast graut's mir, es zu sagen,
Nehm' ich der Freiheit Evangelium,
Den Schatz von Minne und von Rittertum
Zur Hand in unsern hartbedrängten Tagen.

Wie hab' ich einst so heiß dafür geschlagen!
Wie hastig dreht' ich Blatt um Blatt herum!
Ich kann nicht mehr – ich kann nicht – sei es drum!
Es soll doch niemand mich zu schelten wagen.

Ein ander Hassen und ein ander Lieben
Ist in die Welt gekommen, und von allen
Sind wenig Herzen nur sich *gleich* geblieben.

So sind auch *deine* Lieder mir entfallen;
Ein einziges steht fest in mir geschrieben;
Kennst du das Lied: »Weh euch, ihr stolzen Hallen!«

WALTER HINCK
EIN ZEITALTER WIRD VERABSCHIEDET

Das Sonett »Ludwig Uhland« ist ein Gedicht, dem Vollkommenheit fehlt, weil der Autor sprachlichen Leerlauf nicht immer vermeidet. Aber es hat seinen Wert als Dokument. Dieses Sonett stammt aus den »Gedichten eines Lebendigen« (1841), die Herwegh berühmt machten, und ist eine Absage, keine Eloge. Und doch huldigt es noch, wo es abschwört. Der Dreiundzwanzigjährige, der hier die Freiheitsidee und das Dichteridol seiner frühesten Jugend verabschiedet, gebärdet sich nicht wie ein wilder Renegat. Auch nicht in Triumph und Überlegenheit äußert sich das Bewußtsein der Zeitenwende. Staunen und ein leises Bedauern über den Wandel halten das bedingungslose Plädoyer für die Gegenwart, für ihr »ander Hassen« und ihr »ander Lieben«, in der Schwebe.

Dem Autor der »Gedichte eines Lebendigen« stehen auch andere Töne zu Gebote: das Pathos und die Rhetorik politischer Kampflyrik – sie vor allem haben seinen Ruhm bei Freunden und Feinden begründet. Und immer ist Herwegh ein radikaler Demokrat und Republikaner geblieben, über die Grablegung der Revolution von 1848/49 und den Festjubel der Reichsgründung von 1871 hinaus. Was kaum schon genug beachtet worden ist: Die besten der späteren Gedichte lassen die Vormärzlyrik hinter sich; ihre Sprache, an Heinescher Satire geschliffen, münzt rhetorischen Überschuß in zugeschärfte Präzision um.

Im Uhland-Gedicht erlaubt das Formkorsett weder eine

ausladende noch eine abgerissene Sprachgebärde, es zwingt den Gedankengang in bestimmte Schrittfolgen. Der Tanzmeister Sonett ruft zwei Quartette und zwei Terzette und dazu den Wechsel der Reimpartner ab.
Herwegh hat das Angebot der Form, den natürlichen Einschnitt zwischen den zwei Vierer- und den beiden Dreierstrophen zu einer Antithese zu nutzen, wahrgenommen. Der erste Teil des Sonetts holt im Erinnerungsvorgang noch einmal den mächtigen Zauber Uhlandscher Dichtung zurück, der zweite läßt ihn erloschen sein. Dem schönsten Vers des Gedichts setzt aber die behutsame bildliche Assoziation zum Laubfall des Herbstes einen Schuß von Melancholie zu: »So sind auch *deine* Lieder mir entfallen.«
Das Mittelalter, wie es Uhland in seinen Romanzen und Balladen besungen hat, die Welt der »holden« Frauen, der »wackren Ringer« und der »edlen Knappen«, ist fragwürdig geworden (freilich – wie wir wissen – nicht überall und nicht für immer: Was Uhlands durch historische Quellen geweckte Phantasie an Gestalten improvisierte, das wird durch unzählige deutsche Ritterballaden des 19. Jahrhunderts als Zwergenvolk in Ritterpanzern wimmeln). Nicht die Geschichte selbst, die Epoche des Rittertums und des Minnesangs, wird *ad acta* gelegt, wohl aber die Illusion von Freiheit, die Uhland ins Mittelalter hineinträumte. Im eisernen Griff von Polizei und Zensur ebenjener restaurativen Monarchien, die das mittelalterliche Reich beerbt haben, ist die falsche, rückwärts gewandte Utopie zerronnen. Und in Verruf gebracht hat sich ein Vergangenheitsverständnis, dem die Geschichte zum Leihhaus wird, in dem man Kostüme und Rüstungen ausborgen kann.
Mit Ludwig Uhland wird ein Zeitalter verabschiedet. Und

doch ist unter den spät- und nachromantischen Autoren er es, der zwischen den Generationen vermittelt – mit Versen, die im Gedächtnis Herweghs fest verankert bleiben. Gemeint ist die Ballade, in der »Des Sängers Fluch« gegen den mörderischen königlichen Despoten furchtbar in Erfüllung geht, jenes Gedicht des leidenschaftlichen liberalen Demokraten Uhland also, das bereits etwas vom Geist der Märztage des Jahres 1848 signalisiert.

So geht der schon Verabschiedete doch noch ein Stück des Weges mit, und so wird dieses »Gedicht eines Lebendigen« schließlich doch noch zum Gedicht über einen Lebendigen.

THEODOR STORM
ABENDS

Warum duften die Levkojen
so viel schöner bei der Nacht?
Warum brennen deine Lippen
so viel röter bei der Nacht?
Warum ist in meinem Herzen
so die Sehnsucht auferwacht
Diese brennend roten Lippen
dir zu küssen bei der Nacht?

KARL KROLOW
OFFENES GEHEIMNIS

Theodor Storm war auch in seinen Gedichten von unterschiedlicher Qualität. Er war politisch leidenschaftlich und zugleich jemand, der ein spätes norddeutsches Biedermeier in seinen Versen zeigte, Gedichte, ganz abseits und still, als gäbe es keine Gegenwart, keinen dänisch-deutschen Konflikt. Es sind scheue Verse. Doch plötzlich werden sie erregt, halten sich nicht mehr zurück. Sie fragen. Es sind Fragen, auf die keine Antworten erwartet werden. Fragen, ununterdrückbar, heftig, überraschend und wie aus einem Versteck heraus versucht. Von dieser Art ist der Text »Abends«: ein leidenschaftlich fragend hingehauchtes Liebesgedicht, vier Zeilen, die nahezu an diesem Fragebedürfnis ersticken in ihrem hastigen, ihrem kurzen, jähen Atem. Die vier Zeilen scheinen mit halber Stimme herausgepreßt, denn »hingesprochen« wäre schon eine zu ruhige Deutung des Vorgangs. Es klingt eher wie ein ersticktes Flüstern.

»Abends« gehört weder zu den bekannten noch zu den besten Stücken Storms. Aber es offenbart sich in ihm etwas kaum Beschreibbares, nur in solchem schnellen, leisen Reden, Flüstern Ausdrückbares: Heftigkeit des Gefühls, des Verlangens, eines Verlangens nach Leben, Liebe, während draußen die Dämmerung, das Dunkel kommt und vorsichtig atmosphärisch wird. »Dämmerung ist gesehene Nacht«, heißt es bei Storms norddeutschem Landsmann Friedrich Hebbel in dessen »Tagebüchern«.

Dies hier ist ein Dämmerungsgedicht; die Nacht ist schon spürbar. Sie wird sinnlich wahrnehmbar in dem kurzen Liebestext: als Duften, als Lichtveränderung, als Unruhe, als nicht mehr zurückzuhaltende Bekundung von Zuneigung, von Liebe, von sinnlichem Impuls.

Ich las das Gedicht früh, schon als Schüler. Ich wußte, wie Levkojen, diese Blumen aus niederdeutschen Bauerngärten in der großen Ebene, duften können, wie sie ihren Geruch verströmen, nach einem warmen Regen, nach einem heißen Tag, in der Feuchtigkeit der Luft. Storms Liebes- und Landschaftsgedicht hat in seiner Unruhe, seiner erotischen »Aufladung« Suggestion, die überspringt. Sie hat gerade in ihrer Knappheit etwas Unwiderstehliches. Die vier Zeilen lassen sich keine Zeit für anderes. Wer sie liest, ist so ratlos wie die Fragen, die ratlos ins Dunkel gerichtet sind. In manchem der kleinen Storm-Gedichte ist etwas von einem erregten, einem hauchfeinen Verstummen, in dem sich die Wörter aufzulösen scheinen. Bangigkeit und Glück sind nicht mehr als Empfindung zu unterscheiden. Sehnsucht ist ganz konkret, der Wunsch, die brennend roten Lippen der Geliebten zu küssen, und zugleich verwirrend: ein Nicht-aus-noch-ein-Wissen, das sich kaum Zeit läßt, diesen Zustand auszudrücken.

Was alles wird hier geliebt: ein Mädchen, eine Frau, ein Wesen in seiner sinnlichen Erscheinung, und zugleich mit dieser nahen und doch nicht faßlichen Erscheinung der Tagesmoment, die Jahreszeit, die Landschaft. Alles ist angedeutet. Es kommt nicht einmal zu einem flüchtigen Umriß, sondern das Gewünschte, das heftig Ersehnte huscht in einem Nu vorbei, wachtraum-ähnlich. Die wenigen Zeilen wirken wie aus einer Trance formuliert, wie aus einer Betäubung heraus notiert. Das »schöne« Duften wird rauschhaft wahrgenommen. Alles ist in dieser hereinbrechenden Nacht nochmals und intensiver da und wird doch atmosphärisch zerstäubt. Diese ergibt die kaum erträgliche Spannung, das Fragen und wieder Fragen, ergibt das Unfaßliche.

Und doch ist in einem solchen Gedicht zarteste Konsistenz bewahrt. Es hat eine kaum merkliche, gleichsam vegetabile Festigkeit. Das kurze heftige Erleben wird nicht zum Lallen, zum Verschwinden in entrücktem, benommenem Stillschweigen. Vielmehr bleibt der kleine Text fragend offen, so offen wie denkbar. Diese Offenheit ist aufregend, ohne rätselhaft zu sein. Das offene Geheimnis hat nichts mit Mystifikation zu tun.

THEODOR STORM
HYAZINTHEN

Fern hallt Musik; doch hier ist stille Nacht,
Mit Schlummerduft anhauchen mich die Pflanzen;
Ich habe immer, immer dein gedacht,
Ich möchte schlafen; aber du mußt tanzen.

Es hört nicht auf, es rast ohn Unterlaß;
Die Kerzen brennen und die Geigen schreien,
Es teilen und es schließen sich die Reihen,
Und alle glühen; aber du bist blaß.

Und du mußt tanzen; fremde Arme schmiegen
Sich an dein Herz; o leide nicht Gewalt!
Ich seh dein weißes Kleid vorüberfliegen
Und deine leichte, zärtliche Gestalt.

Und süßer strömend quillt der Duft der Nacht
Und träumerischer aus dem Kelch der Pflanzen.
Ich habe immer, immer dein gedacht;
Ich möchte schlafen; aber du mußt tanzen.

HANS BENDER
LIEBESMÜDIGKEIT

Wenn jemand Theodor Storm herabsetzt, ergreife ich für ihn Partei: einiger Erzählungen, einiger Gedichte wegen. Ich führe »Hyazinthen« an und zitiere die vier Strophen, die ich auswendig weiß. Auf Thomas Mann berufe ich mich dann und dessen Sympathie für Storm. Ich zitiere, was er Tonio Kröger sagen und erklären läßt »Ein wunderschönes Gedicht von Storm fiel ihm ein: ›Ich möchte schlafen, aber du mußt tanzen.‹ Der demütigende Widersinn quält ihn, der darin lag, tanzen zu müssen, während man liebte ...« Im Adjektiv »wunderschön« ist die Faszination, die das Gedicht ausstrahlt, auch für mich, salopp zusammengefaßt.

Der Liebhaber Storms muß jedoch nicht selber tanzen; seine Geliebte tanzt, mit Leidenschaft anscheinend. Er hat den Ballsaal eben verlassen; oder ihn erst gar nicht betreten. Er hört und sieht, wie es drinnen zugeht, grell und laut; ganz entgegengesetzt seiner verzweifelten, eifersüchtigen Melancholie. Er möchte »schlafen« – zweimal wünscht er es – »schlafen«, um alle Peinigungen ersticken zu können, die ihm die »leichte, zärtliche Gestalt«, an deren Herz sich »fremde Arme schmiegen«, bereitet.

Man muß den Vorgang – die bekannte »Königskinder«-Situation – eigentlich nicht nacherzählen. Doch man wird verleitet nachzuforschen, welches autobiographische Motiv dem Gedicht zugrunde liegt. Die Vorform zu »Hyazinthen« verrät es. Im »Liederbuch dreier Freunde« war

sie 1843 unter dem Titel »Junges Leid« erschienen. Sie enthält bereits alle Stimmungen und Requisiten des »Hyazinthen«-Gedichts: den » kerzenhellen Saal«, des »Tanzes Zaubertöne«, die »dunklen Schmerzen der Erinnerungen«; auch die Tänzerin und die gedämpfte Sehnsucht nach ihr: »Noch blüht dein Mund, noch glühen deine Wangen / Noch ist mein Herz wie deines stark und jung.«
Bertha von Buchan hat dieses »Junge Leid« verursacht. Als elfjähriges Mädchen hatte der Oberprimaner Storm sie im Haus seines Onkels Scherff in Altona kennengelernt. Für Bertha von Buchan schrieb er seine erste Prosa, das Kindermärchen »Hans Bär«. Er hat sie geliebt, immer mehr, und nicht nur mit platonischen Gefühlen. Er riskierte, als sie sechzehn war, eine Werbung – und wurde abgewiesen. Sie war adelig, katholisch; sie blieb »Jungfer«. Seltsam, seiner Braut sogar, Constanze Esmarch, die er 1846 heiratete, hat er in einem Brief bekannt, welchen Schmerz ihm »jenes Kind« bereitet hat, und wie er überwunden wurde: »Vielleicht wäre ich daran zugrunde gegangen, wenn dies Gefühl mir nicht zum Objekt geworden, das ich künstlerisch zu gestalten suchte.«
Aus der epigonalen Vorform »Junges Leid« ging im Abstand der Jahre das bewußter gearbeitete Gedicht »Hyazinthen« hervor. In der Refrainzeile – »Ich habe immer, immer dein gedacht« – kippt es zweimal aus dem Präsens ins Perfekt. Gegenwart und Vergangenheit, Erlebnis und Erinnerung verschränken sich. Die »Hyazinthen«, die im Titel stehen, werden in den Strophen selber nicht mehr aufgerufen; und doch durchströmt ihr Aroma das ganze Gedicht. Von heftigen Verben ist der Tonfall bestimmt: »Anhauchen«, »rasen«, »schreien«, »brennen«, »vorüberfliegen«. Sie, die Verben, vor allem wirken mit, das

Gedicht abzuheben von anderen Storm-Gedichten; von ihrer »Weichheit« oder »Sentimentalität«. Es war die Zeit, als Mörike und Keller ihre Gedichte schrieben, aber auch Rückert, Geibel und Heyse. »Hyazinthen« zählt gewiß noch zum Kapitel »Spätromantik«; es weist aber auch, seiner geheimnisvollen Instrumentation wegen, voraus auf Gedichte, die drei, vier Jahrzehnte später geschrieben wurden; von den symbolistischen Lyrikern des Fin de siècle.

Fontane zählte zu den Bewunderern Storms. Für ihn war er »vor allem ein erotischer Dichter«. Thomas Mann ist in seinem Aufsatz »Theodor Storm« (1930) nochmals eigens auf »Hyazinthen« zu sprechen gekommen. Seitdem kann man das Gedicht nicht mehr lesen oder interpretieren, ohne sich dessen preziöser und geradezu liebevoller Charakteristik zu erinnern. Thomas Mann war hingerissen von »seiner cellomäßig gezogenen Fülle von Empfindung, Schwermut, Liebesmüdigkeit, dem unendlich gefühlssymbolischen Refrain: ›Ich möchte schlafen, aber du mußt tanzen‹.«

THEODOR STORM
MEERESSTRAND

An's Haf nun fliegt die Möwe,
Und Dämm'rung bricht herein;
Über die feuchten Watten
Spiegelt der Abendschein.

Graues Geflügel huschet
Neben dem Wasser her;
Wie Träume liegen die Inseln
Im Nebel auf dem Meer.

Ich höre des gärenden Schlammes
Geheimnisvollen Ton,
Einsames Vogelrufen –
So war es immer schon.

Noch einmal schauert leise
Und schweiget dann der Wind;
Vernehmlich werden die Stimmen,
Die über der Tiefe sind.

GERHARD KAISER
IM GEFLÜSTER DER STIMMEN ODER VOM SELBSTGENUSS DER VERLASSENHEIT

In religiösen Abendliedern findet Heimkehr in den Hafen statt. Hier fliegt die Möwe hinaus. Storm vermerkt »für binnenländische Leser: Haf das Meer«. Erläuterungsbedürftig war in der Entstehungszeit auch »Watt«. Eduard Mörike erhielt brieflich am 27. August 1855 eine Erklärung. Die befremdenden Wörter führen ins »Un-heimliche«.

Bereits der Standpunkt, von dem das Sprechen ausgeht, ist unsicher; ein amphibischer Zwischenraum, wo sich Land und Meer ständig gegeneinander verschieben, im zeitlichen Zwischenraum der Dämmerung. Wunderbar genaue Augenwahrnehmungen erfassen das Ungenaue: den Übergang von größeren zu geringeren Helligkeitswerten, größerer zu geringerer Umrißschärfe. Daß Inseln wie Träume im Nebel auf dem Meer liegen, ist selber wie eine Traumwahrnehmung, das Bild einer Stimmung. Sie befindet sich an der Gleitfläche von der optischen zur akustischen Orientierung, welche die zweite Gedichthälfte beherrscht.

Erweckt sind Vorstellungen, die das Geschehen dem Ich und seinen Empfindungen anzunähern versuchen. Genau in der Mitte des Gedichts hebt es sich heraus. Aber indem es mit allen Sinnen und aller Empfindungsfähigkeit die Natur aufnimmt, spürte es als Summe seiner Eindrücke, daß sie ihm gegenüber verschlossen ist. Die menschliche

Einfühlungssehnsucht ist angezogen und gleitet ab. Die Möwe (allein!), das Geflügel (eine Sorte!), der Dämmerungsanbruch ziehen uns an und lassen uns stehen. Das Kommunikationssignal »Vogelruf« bleibt ohne Antwort. Was den Menschen bei der lyrischen Landschaft dieses Gedichts am meisten berührt, ja untergründig erschüttert, ist, daß sie nichts mit ihm zu tun hat und ihn teilnahmslos sich selbst überläßt.

Nicht der Vogelruf ist einsam, nicht die Naturerscheinungen sind es; das ist der Mensch. Er genießt als letzte Weise, mit der Natur verbunden zu sein, daß er seine Vereinzelung in ihre Einzelerscheinungen und in ihre Gesamtheit projiziert. Das ergibt ein leichtes Pathos, einen Selbstgenuß der Verlassenheit. Nur im Bewußtlosen besteht Verbindung, als Ungeschiedenheit. Lediglich in seiner Biologie und als Leiche hat der Mensch an den Gärungsprozessen der Naturzyklik Anteil.

Zuletzt wird hörbar, was man als Gehörtes nicht mehr identifizieren kann. Aber das Gedicht spricht nicht von Geräuschen; es versucht noch einmal die Annäherung. Es sagt »Stimmen«. Sind es Stimmen der Toten, der Geister, der leidenden Menschheit, der – laut dem Römerbrief des Neuen Testaments – ängstlich auf die Offenbarung harrenden Kreatur? Sie sind alles zusammen und nichts gewiß. Die Stimmen, die über der Tiefe sind, mögen vernehmlich sein, aber sie bleiben jenseits der Grenze der Verständlichkeit, rühren sie nur an. Das unterscheidet »Vernehmen« von »Hören«: vernehmen kann man äußerlich und innerlich. »Stimmen vernehmen« ist eine Bezeichnung für die mediale Wahrnehmung okkulter Phänomene. Die Stimmen über der Tiefe sind in ihrer Fremdheit wir, weil auch wir uns fremd sind. Die Spiegelung des Abendscheins in den feuchten Watten am Anfang des Gedichts läßt oben und unten reziprok getrennt. »Über der Tiefe« ist ein abgründiger Ort. Nur die Überschrift »Meeresstrand« zieht eine Linie der klaren Unterscheidung, die sich alsbald im Feld der Gezeiten verflüssigt.

Am Ende versinkt alles im Geflüster der Stimmen, die mich angehen, aber nicht meinen. Das Ich, in der Mitte des Gedichts aufgetaucht, wird selber zum dämmernden, amphibischen Zwischenreich. Die Verse sind Geflüster über die bodenlos gewordene Tiefe der Natur und des Menschen. Geflüster aus uns, zu uns und an uns vorbei.

THEODOR FONTANE
ABER ES BLEIBT AUF DEM ALTEN FLECK

»Wie konnt' ich *das* tun, wie konnt' ich *das* sagen«,
So hört man nicht auf, sich anzuklagen,
Bei jeder Dummheit, bei jedem Verlieren,
Heißt es: »das soll Dir nicht wieder passieren.«

Irrtum! Heut traf es bloß Kunzen und Hinzen,
Morgen trifft es schon ganze Provinzen,
Am dritten Tag ganze Konfessionen,
Oder die »Rassen, die zwischen uns wohnen«,
Immer kriegt man einen Schreck,
Aber es bleibt auf dem alten Fleck.

GOTTFRIED HONNEFELDER
WEISHEIT STATT GESCHICHTSPHILOSOPHIE

»Was wirklich ist, das ist vernünftig«, hat Hegel 1820 in seiner Vorrede zur Rechtsphilosophie geschrieben. Natürlich wußte er, daß dieser Satz schon durch einen Mükkenstich als töricht zu widerlegen und nur im Ausgriff einer spekulativen Geschichtsphilosophie als wahr zu behaupten war. Aber kann man mit einer Geschichtsphilosophie den heraufziehenden Schrecken der Moderne begegnen, wie sie sich am Ende des Jahrhunderts im bürgerlichen Berlin ankündigen?
Als Fontane dieses Spruchgedicht schreibt, wird im Reichstag über den mit der Einwanderungswelle aus dem Osten aufflammenden Antisemitismus debattiert, Kulturkampf und Streit über die Sozialistengesetze machen die Spannungen deutlich, der die bis dahin konfessionell einigermaßen homogene und ständisch geordnete preußische Gesellschaft entgegengeht. Hinter dem Optimismus der Reichsgründung und einer zu Ende gehenden Gartenlaubenkultur werden für den Kundigen die Risse sichtbar, mit denen sich die zukünftigen Erdbeben ankündigen.
Die Antwort des alten Fontane ist eines seiner kurzen Gedichte, formal einfach, scheinbar kunstlos, wie im Plauderton, aber knapp, pointiert und handwerklich sicher, trotz der biederen Knittelverse. Sie entspringen einer kritischen Beobachtergabe, einer nüchternen Wachheit und einem Realitätssinn, der im Land der großen Spekulation eher selten ist.

Wachgerufen werden in der ersten Strophe die individuellen Erfahrungen der Kontingenz: das Versagen der Menschen, die Unausrottbarkeit der Dummheit und die Unbeherrschbarkeit des Zufalls, also die alte Trias, die seit jeher gegen allen metaphysischen Optimismus spricht. So erscheint das Bedrohliche in kleiner Münze und läßt das große Projekt von Aufklärung und Fortschritt scheitern, es erscheint nur als »das«, ohne Namen und ohne Begriff. Die Pointe der ersten Strophe liegt nicht in der Beschwörung des Schreckens, sondern in der Apostrophierung seiner bürgerlichen Verharmlosung: »das soll Dir nicht wieder passieren« – so lautet die rasch gefundene Beruhigung.

Doch auf diese Idylle verdeckender Moral trifft der schneidende Einwand der zweiten Strophe: »Irrtum!« Das, was das individuelle Ich nur hier und da getroffen hat, ist nicht auf »Kunzen und Hinzen« zu beschränken, weder zu trivialisieren noch zu marginalisieren. Wie ein Erdbeben oder eine Seuche setzt »es« an, »ganze Provinzen« und »ganze Konfessionen« zu erfassen. Weder Region noch Religion bewahrt vor seinem Risiko. Und wer glaubt, daß es weit weg sei und ihn nicht treffe, der sieht »es« aufbrechen an dem Schicksal, das die Fremden trifft, die Einwanderer, die »zwischen uns wohnen«. »Es« ist mitten unter uns im Berlin der neunziger Jahre des vorigen wie im Mölln der neunziger Jahre dieses Jahrhunderts.

Seiner bürgerlichen Trivialisierung entkleidet und im ganzen universalen Umfang sichtbar, löst »es« nur noch »Schreck« aus. An die Stelle der Rationalisierung der ersten Strophe ist in der zweiten Strophe das Erschrecken getreten. Auch dieses Erschrecken wird als Stereotyp präsentiert. Doch nach der vorausgehenden Andeutung der ungeschminkten Realität läßt gerade diese erneute Verharmlosung den dahinterstehenden Schrecken um so stärker spürbar werden.

Doch was tun, wenn die Verharmlosung nicht gelingt und der sich ausbreitende Schrecken nur mühsam hinter dem »Schreck« zu verbergen ist? Ist die Antwort auf die mißlungene Rationalisierung dessen, was »passiert«, nur seine noch viel schlimmere Irrationalisierung? Fontanes Antwort: »es« bleibt, aber: »es bleibt auf dem alten Fleck«. Katastrophenszenarien taugen sowenig wie Verharmlosungen. Nur wer »es« nüchtern in den Blick nimmt, vermag mit ihm umzugehen. Das ist nicht die Fontane immer wieder zugeschriebene resignative Humanität, sondern der ihm eigene und im Berlin des ausgehenden Jahrhunderts nicht allzu verbreitete Realitätssinn, der die Dinge, wie sie wirklich sind, weder verleugnet noch vor ihnen davonläuft.

In Stil wie Inhalt lassen sich wohl keine so konträren philosophischen Glaubensbekenntnisse im Berlin des neunzehnten Jahrhunderts finden wie Hegels »Was wirklich ist, das ist vernünftig« und Fontanes »Aber es bleibt auf dem alten Fleck«. Wo findet sich größere Weisheit?

THEODOR FONTANE
ES KRIBBELT UND WIBBELT WEITER

Die Flut steigt bis an den Ararat,
Und es hilft keine Rettungsleiter,
Da bringt die Taube Zweig und Blatt –
Und es kribbelt und wibbelt weiter.

Es sicheln und mähen von Ost nach West
Die apokalyptischen Reiter,
Aber ob Hunger, ob Krieg, ob Pest,
Es kribbelt und wibbelt weiter.

Ein Gott wird gekreuzigt auf Golgatha,
Es brennen Millionen Scheiter,
Märtyrer hier und Hexen da,
Doch es kribbelt und wibbelt weiter.

So banne dein Ich in dich zurück
Und ergib dich und sei heiter;
Was liegt an dir und deinem Glück?
Es kribbelt und wibbelt weiter.

GÜNTER KUNERT
FONTANE MISANTHROPISCH

Zur menschlichen Hybris gehört es ganz offenkundig, kollektive Erfahrungen weder *zweckdienlich* vermitteln noch als Lehre nutzen zu können. Eine Tatsache, gegen die sich unser Verstand sträubt, da wir uns unzweifelhaft für vernünftige Wesen halten und diese Selbstüberschätzung mit allen irrationalen Mitteln zu verteidigen pflegen. Manchmal jedoch läßt sich die trostlose Wahrheit unserer genetisch bedingten Beschränktheit nicht wunschgemäß verheimlichen. Irgendeiner kommt und lüftet den Schleier über dem verdrängten Faktum. Unerwarteterweise hat dies ein Autor getan, dem eher die Bezeichnung human, gar humanistisch angeheftet worden ist: Theodor Fontane, der Erzähler einer Berlinschen und märkischen Kleinwelt. In diesem kaum bekannten Gedicht erweist er sich als resignativer Misanthrop – falls man gewillt ist, eine desillusionierte Anschauung der Menschheit so zu benennen.

Was während der Epoche noch den glaubhaften Schein einer hoffnungsträchtigen Entwicklungsfähigkeit besaß, ist hier mit dem Neutrum »Es« schon radikal disqualifiziert. Dieses »Es« reduziert das Gemeinte, Menschheit eben, auf seinen rein organischen Charakter, der jedoch durch die entsprechenden Verben »kribbeln« und »wibbeln« assoziativ in Bezug zum Insektenbereich, zum Ameisenhaufen gesetzt wird. Unter diesem Aspekt erweist sich Geschichte, wie andeutungsweise in den ersten drei Strophen dargestellt, als die totale Sinnlosigkeit. Fontane wird hier plötzlich ein Vorläufer und Geistesverwandter des Philosophen Theodor Lessing, dessen Werk »Geschichte als Sinngebung des Sinnlosen« wie die spätere theoretische Bestätigung der Fontaneschen Verse gedacht wirkt.

Fontane, auf einer Lese-Reise im Jahr 1989, würde gewiß die berüchtigte Frage zu hören bekommen, wo denn das Positive bleibe und ob denn sein Pessimismus nicht weithin Lähmung verbreite und zum Suizid anstifte. Dann müßte er wohl erwidern, daß, selbst wenn eine winzige Minorität solche Konsequenzen aus den unbestreitbaren Einsichten zöge, die Mehrheit dennoch weiterkribbeln und -wibbeln würde. Er könnte zum Beispiel darauf hinweisen, daß nach dem Ende des Zweiten Weltkrieges sogar fünfzig Millionen Menschen mehr auf der Erde existierten als zuvor und daß gegenwärtig, trotz global sinkender Lebens- und Umweltqualität, bereits die Sechs-Milliarden-Grenze überschritten sei, ohne daß ein Einhalten des Kribbelns und Wibbelns abzusehen wäre.

Und, Herr Fontane, was unternehmen Sie gegen diese heraufziehende Katastrophe? Wie kämpfen Sie dagegen an?

In der letzten Strophe nennt der Schriftsteller sein Credo, das nun auch nicht gerade ermutigend klingt und die Leser enttäuschen muß. Es ist nämlich die Forderung nach dem Verzicht auf Individualität, auf individuelles Dasein: Man habe sich selber zurückzunehmen und sich ins doch offenkundig Unabänderliche zu schicken. Erst wer die Waffen in diesem sinnlosen Kampf streckt und kapituliert, wer sich mit den unveränderlichen Gegebenheiten abfindet, fände zu einer ruhigen Heiterkeit. Ein uraltes Rezept, das wir bereits bei Marc Aurel in den »Selbstbetrachtungen«

nachlesen können, wo es heißt: »Zieh dich in dich selbst zurück! Die in uns zur Herrschaft bestimmte Vernunft ist darauf angelegt, ihr Genügen in sich selbst zu finden, wenn sie das Rechte tut und dabei Frieden in ihrer Seele hat.« Und fernerhin: »Es ist sinnlos, dem Schicksal zu grollen; denn es nimmt keine Klagen an.«
Aber Fontanes Gedicht schließt nicht mit billigem Trost, mit einer Flucht zu metaphysischen Mächten. Obgleich es die Frage nach dem persönlichen Glück mit verneinendem Unterton formuliert, bleibt die Frage dennoch zur Beantwortung dem Leser überlassen. Und die allerletzte, refrainartige Zeile enthält den Stachel der Beunruhigung, weil sie den Blick nicht von den Termiten lassen kann, mit denen wir identisch geworden sind.

THEODOR FONTANE
LEBENSWEGE

Fünfzig Jahre werden es ehstens sein,
Da trat ich in meinen ersten »Verein«.
Natürlich Dichter. Blutjunge Ware:
Studenten, Leutnants, Refrendare.
Rang gab's nicht, *den* verlieh das »Gedicht«,
Und *ich* war ein kleines Kirchenlicht.

So stand es, als Anno 40 wir schrieben;
Aber ach, wo bist du Sonne geblieben?
Ich bin noch immer, was damals ich war,
Ein Lichtlein auf demselben Altar,
Aus den Leutnants aber und Studenten
Wurden Genräle und Chefpräsidenten.

Und mitunter, auf stillem Tiergartenpfade,
Bei »Kön'gin Luise« trifft man sich grade.
»Nun lieber F., noch immer bei Wege?«
»Gott sei Dank, Exzellenz ... Trotz Nackenschläge ...«
»Kenn' ich, kenn' ich. Das Leben ist flau ...
Grüßen Sie Ihre liebe Frau.«

HELMUTH NÜRNBERGER
IM BUMMELTON

Wie eine Plauderei in einem seiner Romane oder in einem seiner Briefe kommen Fontanes Verse daher, scheinbar kunstlos und doch ausdrucksknapp und pointiert. Es sind Knittelverse, wie sie zu seiner Zeit wieder beliebt waren, salopp paarweise gereimt; populärer Ausdruck wechselt mit vorgeblich Respekt heischendem. Die Zeilenordnung deutet Strophen an, markiert aber vor allem Erzählpausen. Das (im herkömmlichen Sinn) spezifisch Lyrische scheint zugunsten der Intimität der Aussage preisgegeben. »Ohne einen gewissen Zauber der Form geht es nicht, nur kann dieser Zauber sehr verschieden sein, hie Platen, hie Bummelton, das eine, je nachdem, so schön und so berechtigt wie das andre.« (An Friedlaender, 28. 2. 1892) Fontane hat es, auch so kann man Abstand gewinnen, zunehmend mit dem »Bummelton« gehalten.
Sogar recht präzise Zeitangaben sind den »Lebenswegen« beigefügt. »Fünfzig Jahre werden es ehstens sein« seit »Anno 40«. Tatsächlich ist das Gedicht 1889 zum ersten Male gedruckt worden. Wer wollte, konnte dem siebzigjährigen Autor damals im Tiergarten begegnen, etwa beim 1880 enthüllten Marmordenkmal der Königin Luise, das auch in dem Gedicht »Meine Reiselust« erwähnt wird. »Höchstens bis Königin Luise« wagt der Spaziergänger sich noch, dann geht es zurück zur »alten Dreitreppenklause«.
Der literarische Sonntagsverein »Tunnel über der Spree«,

um den die Erinnerung kreist, existierte auch noch, lag allerdings schon lange in Agonie. Im »Tunnel« hatte jene für Fontane so günstige Regel gegolten, daß er seinen bürgerlichen Namen, den kein akademischer Titel schmückte, hinter einem *nom de guerre* verbergen konnte. Am Sonntagnachmittag war er Lafontaine. Es war die für seine Zukunft wichtigste, allerdings nicht die erste Dichtervereinigung, der er angehört hatte, vorher war er – 1840 – in einem »Lenau«-Verein und in einem »Platenverein« Mitglied gewesen, hatte danach einem literarisch-politischen »Herwegh-Klub« radikaler Burschenschaftler nahegestanden.

Im Rückblick spricht der Autor nur von Literatur. Die es damit nicht so genau genommen hatten wie er, die nunmehrigen »Genräle und Chefpräsidenten«, distanzieren sich von ihm – auch Fontanes Lyrik ist auf den Dialog gestellt – durch eine gesellschaftliche Redeweise, die übrigens nicht überall so jovial ausfällt wie auf »stillem Tiergartenpfade«. Die Frage nach der sozialen Stellung des Schriftstellers hat den alten Fontane beschäftigt.

Scharf gesehene Momentbilder in Versen »Aus der Gesellschaft« behandeln die Begegnung zwischen dem »offiziellen Preußen« und dem »berühmten Sänger«. Auch aus »Lebenswege« spricht schmerzliche Erfahrung. Man darf zweifeln, ob der Spaziergänger Frau Emilie den Gruß der Exzellenz bestellt hat. Spätestens seit 1876, als ihr Mann die Chance, zuletzt doch noch Geheimrat zu werden, verscherzte, hatte sie über seine Begabung zur praktischen Lebensgestaltung ganz eigene Gedanken.

Dennoch ist Fontanes Ton nicht bitter. Nicht umsonst ist von einem »Altar« (der Kunst) die Rede. Souveräne Könnerschaft spricht sich in bescheidenen Wendungen aus:

Lafontaine war ja schon bald das umjubelte größte Kirchenlicht des Tunnels, dieser »Kleindichterbewahranstalt« (Geibel), gewesen, und der Spaziergänger im Tiergarten ist der Autor von »Irrungen, Wirrungen«. Gefordert ist Bescheidenheit allerdings deswegen, weil hier, wenngleich im alleralltäglichsten Ton, ein Lebensrückblick erfolgt; *sub specie aeternitatis* betrachtet, verliert alles an Wichtigkeit. Wohl dem, der da von sich sagen kann, ein kleines Kirchenlicht gewesen zu sein.

Wie ernst es Fontane ist, zeigt ein unauffälliges Zitat. »Aber ach, wo bist du Sonne geblieben?« fragt das lyrische Ich in der Erinnerung an die dichterischen Anfänge und Hoffnungen der Jugend. Dabei handelt es sich, kaum variiert, um eine Zeile aus dem einst weitverbreiteten Abendlied »Nun ruhen alle Wälder« von Paul Gerhardt (»Wo bist du, Sonne, blieben?«), von dem Fontane in dem »Mittenwalde«-Kapitel der »Wanderungen« als einem »Musterstück einfachen Ausdrucks und lyrischer Stimmung« spricht. Auf Paul Gerhardt hat er sich auch in der Krise von 1876 berufen: »Eine Strophe von Paul Gerhardt« sei »mehr wert als 3000 Ministerial-Reskripte«, heißt es in einem seiner Briefe an Mathilde von Rohr.

In Fontanes später Lyrik zeigen sich dieselben großen Vorzüge seiner Kunst wie in seinen Romanen und Briefen. Diese Kunst zielt, geleitet von einem tiefen Sinn für das Echte, letztlich auf nichts anderes als das, was Fontane an Paul Gerhardt rühmt: auf die mit den Kunstmitteln der eigenen Zeit gestaltete, der Wirklichkeit dieser Zeit gemäße Poesie.

THEODOR FONTANE
MEIN HERZE, GLAUBT'S, IST NICHT ERKALTET

Mein Herze, glaubt's, ist nicht erkaltet,
Es glüht in ihm so heiß wie je,
Und was ihr drin für Winter haltet,
Ist Schein nur, ist gemalter Schnee.

Doch was in alter Lieb' ich fühle,
Verschließ' ich jetzt in tiefstem Sinn,
Und trag's nicht fürder ins Gewühle
Der ewig kalten Menschen hin.

Ich bin wie Wein, der ausgegoren:
Er schäumt nicht länger hin und her,
Doch was nach außen er verloren,
Hat er an innrem Feuer mehr.

PETER HÄRTLING
ALTKLUGE VORAUSNAHME

Das Gedicht entstand vermutlich 1847. Es ist, wie viele andere Gedichte Fontanes, zu einer Gelegenheit geschrieben, nur ist sie nicht offenkundig, er wendet sich nicht ausdrücklich an jemanden. Obwohl eben jemand angesprochen ist: Emilie Rouanet-Kummer, seit einem Jahre mit ihm verlobt.

Noch keiner der großen Romane ist geschrieben, und auch die Gedichtsammlung wird erst in vier Jahren erscheinen. Er ist gerade zum Apotheker erster Klasse approbiert worden. 1850 wird er Emilie heiraten, schon »freier Schriftsteller«, Mitarbeiter verschiedener Zeitungen.

Nie wird sie die Waghalsigkeit seiner Existenz (die er nicht hervorkehrt, auf die er nicht pocht) verstehen, und ihre Vorwürfe verletzen ihn immer von neuem. Einem Freund, Wilhelm Wolfsohn, gesteht er, angestrengt amüsiert, in einem ausführlichen Brief (vom 10. November 1847), »daß namentlich der Poet in mir oft blutige Thränen über den verlobten Bräutigam vergoß. Auch diese Mißhelligkeiten sind beigelegt; meine Braut, die sonst in meinen dichterischen Gelüsten nur eine verhaßte Nebenbuhlerin sah, hat diese plötzlich von Herzen lieb gewonnen ...«

Es fragt sich, ob er da einer guten Laune nachgab oder ob er sich wissentlich einen Frieden einredete, den er und Emilie vor allem in den ersten Jahren, bedrängt von Geldsorgen, gar nicht bewahren konnten. Er verstand es, die Ängste auf Distanz zu halten, schon weil er sich seiner Begabung sicher war. Das aber schien Emilie zu verdrießen. Ihre Beschuldigungen klingen in dem Gedicht als Echo mit: Wie kannst du nur so kaltherzig sein, so egoistisch.

Er antwortet aufgebracht, dringlich: »Mein Herze, glaubt's, ist nicht erkaltet.« Diese Versicherung, dieses »glaubt's« ist wohl jedem vertraut, ein winselnder, knieender Einsilber, der zum Streit gehört wie die Zichorie in Fontanes Arme-Leute-Kaffee. Er beteuert und wird nicht ernst genommen. Wer will schon wissen, daß der Frost, der ihm nachgesagt wird, nur Schein sei, »gemalter Schnee« – eine etwas zu hastige Metapher.

Die vierzeilige Eröffnung genügt ihm als Eingeständnis von Wärme, Verletzbarkeit, »alter Liebe«. Glaubt's! oder laßt es bleiben: »Doch was in alter Lieb' ich fühle, / Verschließ' ich jetzt in tiefstem Sinn.« Nein, er denkt nicht daran, sich weiter preiszugeben. Er zieht sich zurück. Mehr noch: was ihm vorgeworfen wurde, wirft er nun den andern vor, »ewig kalte Menschen« zu sein.

Und ohne Zweifel ist er im Zwist geübt. Er will das letzte Wort haben und gibt es sich selbst. Mit der dritten Strophe verblüfft er die Gescholtene(n): Der Achtundzwanzigjährige schlüpft, den ausgegorenen Wein rühmend, in die Rolle des Alten, nimmt sich altklug voraus. Oder derber gesagt: Der vom alltäglichen Krach Geplagte verschreibt sich überlegene Ruhe.

Allerdings hielt die Poesie der Wirklichkeit nicht stand. Beinahe dreißig Jahre später beteuert er Emilie: »Es ist auch nicht richtig, wenn ewig von meiner Lieblosigkeit gesprochen wird. Ich beobachte mich seit längerer Zeit auf

diesen Punkt hin, und ich kann mit gutem Gewissen sagen: es trifft nicht zu. Egoistisch bin ich, aber nicht lieblos. Das ist ein großer, großer Unterschied.«
Und wieder könnte er einfügen: Glaubt's! Je älter er aber wurde, um so wahrer wurde dieses Gedicht. Und um so seltener mußte er Emilie die Liebe erklären. Sie begann, ihm zu glauben.

THEODOR FONTANE
MEINE GRÄBER

Kein Erbbegräbnis mich stolz erfreut,
Meine Gräber liegen weit zerstreut,
Weit zerstreut über Stadt und Land,
Aber all in märkischem Sand.

Verfallene Hügel, die Schwalben ziehn,
Vorüber schlängelt sich der Rhin,
Über weiße Steine, zerbröckelt all,
Blickt der alte Ruppiner Wall,
Die Buchen stehn, die Eichen rauschen,
Die Gräberbüsche Zwiesprach tauschen,
Und Haferfelder weit auf und ab –
Da ist meiner Mutter Grab.

Und ein andrer Platz, dem verbunden ich bin:
Berglehnen, die Oder fließt dran hin,
Zieht vorüber in trägem Lauf,
Gelbe Mummeln schwimmen darauf.
Am Ufer Werft und Schilf und Rohr,
Und am Abhange schimmern Kreuze hervor,
Auf eines fällt heller Sonnenschein –
Da hat mein Vater seinen Stein.

Der Dritte, seines Todes froh,
Liegt auf dem weiten Teltow-Plateau,
Dächer von Ziegel, Dächer von Schiefer,

Dann und wann eine Krüppelkiefer,
Ein stiller Graben die Wasserscheide,
Birken hier, und da eine Weide,
Zuletzt eine Pappel am Horizont,
Im Abendstrahle sie sich sonnt.
Auf den Gräbern Blumen und Aschenkrüge,
Vorüber in Ferne rasseln die Züge,
Still bleibt das Grab und der Schläfer drin –
Der Wind, der Wind geht drüber hin.

CHARLOTTE JOLLES
GEBORGENHEIT

Dieses Gedicht ist wahrscheinlich im Sommer 1888 entstanden, zusammen mit einem zweiten, das Fontane zum Jahrestag des Begräbnisses seines ältesten Sohnes schrieb. Der Gedanke an diesen Tag lenkte Fontanes Blick auch auf die anderen Toten seiner Familie, auf die Ruhestätten seiner Eltern.

Es beginnt mit einer Zeile, in der er sich absondert von der Gesellschaft seiner Zeit mit ihren prunkvollen und protzenden Grabdenkmälern und Erbbegräbnissen. Seine Toten hatten kein solches Erbbegräbnis – sie lagen zerstreut über Stadt und Land, *aber all in märkischem Sand.* Und das märkische Stimmungsbild, das er jeweils am Grabe von Mutter, Vater und Sohn entwirft, erinnert uns an seine »Wanderungen durch die Mark Brandenburg«, wo dieses Gedicht recht eigentlich hineingehört.

Der erste Gedanke ist dem Grab seiner Mutter gewidmet. Sie hatte die letzten Jahrzehnte ihres Lebens wieder in Neu-Ruppin gelebt, wo Theodor Fontane als erster Sohn geboren war. Jetzt lag sie auf dem alten Ruppiner Kirchhof. Die Stätte des Todes, des Verfalls, ist gekennzeichnet durch alte Mauern, verwitterte Steine und eingesunkene Grabhügel. Und doch ist Leben da, die Eichen rauschen, und die Gräberbüsche tauschen Zwiesprache. Hinter den alten Kirchhofsmauern aber haben wir eine offene heitere Landschaft: *Haferfelder weit auf und ab.*

Vom Rhin, dem sich durch das Ruppiner Land schlängelnden Flüßchen, kommen wir in der nächsten Strophe zur Oder, die breit und träge durch die Ebene fließt. Eine zweite Stätte, die Fontane gut bekannt ist: Seine Familie hatte mehrere Jahre in Letchin im Oderbruch gelebt, und nach der Trennung von seiner Frau hatte der Vater in der dortigen Gegend in Schiffmühle sein einsames Leben geführt.

Wieder ein märkisches Stimmungsbild: der träge Lauf der Oder, auf der gelbe Mummeln, Teichrosen, schwimmen, Werft, Schilf und Rohr, und auf der einen Seite der Ebene Berglehnen, also eine hügelige Flußlandschaft. Dort, auf der Höhe des Tarnowschen Kirchhofs, war nun Fontanes Vater begraben, nicht weit von dem Platz, wo die letzte Begegnung zwischen Vater und Sohn stattgefunden hatte, die Fontane uns in *Meine Kinderjahre* so liebevoll schildert. Der helle Sonnenschein, der auf des Vaters Grab fällt, ist Ausdruck der menschlichen Wärme und Liebe.

Die letzte Strophe ist Fontanes Sohn George gewidmet. Sein Grab liegt schon in der Nähe der Großstadt: Dächer von Ziegel, Dächer von Schiefer, und in der Ferne hören wir die Züge, die zur Großstadt fahren. George war Hauptmann und Lehrer an der Kadettenanstalt zu Lichterfelde bei Berlin gewesen, und dort, auf dem weiten Teltow-Plateau, wurde er auch begraben. Als Sechsunddreißigjähriger war er einer Blinddarmentzündung erlegen. Wir stutzen ein wenig, wenn wir lesen: *Der Dritte, seines Todes froh ...*

Projizierte hier Fontane seine eigenen Gefühle, die eines alten Mannes, der sich nach Ruhe sehnt? Diese Stimmung kommt in manchen seiner Alterssprüche, aber auch in seinen Briefen oft zum Ausdruck. In dem anderen Gedicht, zum Jahrestag des Begräbnisses geschrieben, stellt er die

Frage: *Das Leben, war dir's wenig, war dir's viel?*, doch nur, um die Antwort zu geben: *Ich weiß das eine nur, du bist am Ziel ... Du hast die Ruh' nun, Erde wird zu Erden.*

Und so eindrucksvoll und eigentlich ohne Gram war ihm das Begräbnis, daß er das Gedicht »Am Jahrestag« mit den Versen enden läßt: *Und kommt die Stund' uns, dir uns anzureihn, / So laß die Stunde, Gott, wie diese sein.* Und im Tagebuch schreibt er: »Er liegt nun auf dem Lichterfelder Kirchhof, ein umgezäuntes Stück Ackerland, und ich wünsche mir die gleiche Stelle.« Die beiden vorangehenden Strophen enden mit der Nennung von Mutter und Vater. War der Schmerz doch so groß, daß es Fontane nicht über sich bringen konnte, auszusprechen, daß wir vor dem Grabe seines Sohnes stehen? *Still bleibt das Grab und der Schläfer drin – / Der Wind, der Wind geht drüber hin.* Still bleibt auch der Schmerz.

Der Ton von Fontanes Gedicht ist verhalten. So verhalten wie bei ihm jeder Ausdruck von Gefühlen. Es ist eigentlich auch kein trauriges Gedicht. Im Gegenteil, es atmet Verbundensein mit den Toten und jenes Gefühl der Geborgenheit, das den Menschen unserer Zeit abhanden gekommen ist. *Erde spricht zu Erde: Alles wird mein,* so heißt es in dem von Fontane übersetzten Grabspruch auf dem Kirchhof von Melrose Abbey. Hier wird Trost gezogen selbst aus dem letzten Verfall.

THEODOR FONTANE
PUBLIKUM

Das Publikum ist eine einfache Frau,
Bourgeoishaft, eitel und wichtig,
Und folgt man, wenn sie spricht, genau,
So spricht sie nicht mal richtig.

Eine einfache Frau, doch rosig und frisch,
Und ihre Juwelen blitzen,
Und sie lacht und führt einen guten Tisch,
Und es möchte sie jeder besitzen.

HELMUTH NÜRNBERGER
ENTSCHLOSSENES BEGEHREN

»Publikum« ist erstmals 1889 gedruckt worden, es zählt zu den in die dritte Auflage der »Gedichte« neu aufgenommenen Stücken. Vermutlich sind die Verse nicht lange vor dem Druck entstanden beziehungsweise abgeschlossen worden, also das Werk eines annähernd Siebzigjährigen, der bereits seit einem halben Jahrhundert publizierte. Im Alter ist Fontane zu dem Verfahren übergegangen, neue Gedichte hauptsächlich in Verbindung mit neuen Auflagen »anzufertigen« – so müßte man wohl sagen, wenn man ihn wörtlich nehmen wollte.

»Allmählich geht es wieder auf den Sommer los«, schreibt er im Frühjahr 1887 an Wilhelm Hertz, »den ich diesmal, wenn es sein kann, an die Vollendung vieler halb- und dreiviertelfertiger Balladen und Gedichte setzen möchte.« Voraussetzung dafür ist die Zustimmung des Verlegers zur Neuauflage, sonst wird der Autor sich »hüten«, denn es geht ihm nur noch um »Dichterbeweisführung vor *anderen* ... vor mir selber brauche ich es nicht mehr und komme mit dem geplanten und gedachten Gedicht gerade so weit, wie mit dem ausgeführten.«

Merkwürdig. Scheut der Autor die, wie er schreibt, »Laboratoriumsarbeit ... bei vorn geschlossener Apotheke«, die »nur kostet und nichts einbringt, wobei ich nicht an Geld denke«? Nicht selten – es gibt freilich auch großartige Gegenbeispiele – hat Fontane sich über Kunst und künstlerische Arbeit mit solcher scheinbar hausbakkenen Nüchternheit, grämlichen Bitternis, satirischen Schärfe geäußert – und hat doch niemals von seinem Beruf abgelassen.

Es gibt Verse aus seiner Feder, die ein konkretes, zufälliges Publikum realistisch beschreiben: »Luftig die Kleider, kokett die Hüte, / Vorn an der Brust eine Heidekrautblüte, / So sitzen sie da; Lorgnon und Gläser / Richten sich auf die Lurenbläser« heißt es in dem von ihm selbst besonders geschätzten »Luren-Konzert«. Demgegenüber handelt es sich bei unserem Gedicht um das Publikum schlechthin, das Gegenüber des Künstlers, gesehen und umworben mit seinen, Fontanes Augen.

Was kann ihm die Anerkennung dieser Gruppe von Menchen bedeuten, die sich überschätzt, die umschmeichelt sein will, die des Idioms nicht mächtig ist, dessen sie sich bedient? In der ersten und fünften Zeile lautete es im Entwurf statt »eine einfache Frau« zunächst »'ne dumme Frau«. Am schwersten scheint der Vorwurf »bourgeoishaft« zu wiegen, wenn man an Fontanes aggressive Ablehnung der Bourgeoisie sich erinnert, in deren Sprache er bis in die feinen Differenzierungen des Tones und der Wortwahl hinein die ästhetische und soziale Lüge erkannte. Er »hasse« die Bourgeoisie, die »furchtbar« sei, hat er in Briefen geschrieben.

Aber von Haß ist in »Publikum« wenig zu spüren (und wieviel künstlerische Bezauberung muß diesem Haß jederzeit beigemischt gewesen sein, wenn er imstande war, Gestalten wie die Kommerzienräte Van der Straaten und Treibel, wie Jenny Treibel, née Bürstenbinder, hervorzubringen). »Rosig und frisch« ist die Frau, die das Publikum personifiziert, sie kann lachen, ist eine gute Gastgeberin, die Juwelen – vielleicht etwas zu auffällig –

blitzen verheißungsvoll. Ihre erotische Anziehungskraft fragt nach keiner Rechtfertigung, wie das Leben selbst. Die Distanz zwischen dem Künstler und diesem Publikum ist fast unüberbrückbar. Was Fontanes Gedicht die klare Kontur gibt, ist die Knappheit, mit der er über den vielbeklagten Gegensatz von Kunst und Leben hinweggeht. Kein Wort über den Künstler, keine Reflexion, nur das erotisch bezeichnete Objekt, Begehren, dem Werbung folgt. In der Faszination, die es spiegelt, exemplifiziert das Gedicht selbst die leidenschaftliche Hingabe des Künstlers und seine gestaltende Kraft. Nicht zufällig hat Thomas Mann auf diese »Personifikation des Publikums in acht unglaublich sicheren Versen« gelegentlich hingewiesen.

THEODOR FONTANE
VOM FEHRBELLINER SCHLACHTFELD

Blumen, o Freundin, dir mitzubringen
Von diesem Feld, es wollt' nicht gelingen.

Hafer nur, soweit ich sah,
Hafer, Hafer nur war da.

Märkische Rosse gewannen die Schlacht,
Haben das Feld berühmt gemacht.

Und das Feld, es zahlt mit Glück
Alte Schulden in Hafer zurück.

HANS JOACHIM KREUTZER
FREMDE PFLANZEN

Der Sprecher der Parlandozeilen, die zuerst für die »Wanderungen durch die Mark Brandenburg« entworfen waren und später zusammen mit anderen unter die Überschrift »Märkische Reime« gelangten, bringt eine Entschuldigung vor: auf dem Schlachtfeld von Fehrbellin leider keine Blumen, statt dessen bloß nützlicher Hafer. Prosa statt Poesie, das ist Brandenburg. Ironisch bildet das Versmaß die Enttäuschung ab: im ersten Zweizeiler, genau besehen, fast antikisierender Tonfall, große Verbeugung sozusagen, dann Hebung und Senkung im simplen Trab, ganz hafermäßige Verse.
Blumen aber durfte die Angeredete erwarten. Die Poesie berechtigte sie dazu: Sie hatte im »Prinz Friedrich von Homburg« die Natalie gespielt. In Kleists Fehrbellin-Schauspiel finden sich fremde Gewächse wie heimische Blumen an tragenden Stellen. Am Anfang verblüfft den Kurfürsten der Lorbeer: »Wo fand er den in meinem märkischen Sand?« Höflich, vielleicht mit leisem Unterton des Vorwurfs, der Nichtbeachtung wegen, verweist man ihn auf die Rückseite seines Schlosses, »wo der Gärtner/ Mehr noch der fremden Pflanzen auferzieht«. Am Schluß aber, im Augenblick der unmittelbaren Erwartung seines Todes, überrascht den Prinzen der Duft von Blumen des Bodens, auf dem er, ein Landfremder, Heimat gesucht hatte: Nachtviolen, Nelken, Levkojen. Der Duft, das ist die zarteste Form der sinnlichen Wahrnehmung. Eine ein-

zelne Blume will der Prinz in Wasser setzen, er sagt: »zu Hause« – und steht dabei zwei Schritt vom Grabe.
Das Fehrbellin-Kapitel der »Wanderungen«, noch mit einer einfachen Vorform des Gedichts, ist 1860 geschrieben. Da gab es noch keinen Ministerpräsidenten Bismarck, da gab es noch kein Düppel, kein Königgrätz, keine Reichsgründung. Fontane ist auf der Suche nach geschichtlicher Identität, »unserer Monarchie«, wie er sagt. Magere zweihundert Jahre gelangt er zurück, »ein neues Volk, wie wir sind«, und versteigt sich, überanstrengt, zu dem Satz: »Das Soldatische hat sich zum poetischen Inhalt unseres Volkslebens ausgebildet.« Das trifft's. Aber was wurde aus dem Soldatischen? Ach, der sensible Fontane ahnte es bald: Schon 1864, in der zweiten Auflage der »Wanderungen«, warf er das ganze Kapitel hinaus und damit auch die falschen Töne.
An dem Gedichtchen hielt er fest und machte etwas daraus. Das war 1888 und schon unter Wilhelm Zwo, dessen politischer Stil kaum noch altpreußische Züge bewahrte. Aber Fontane mochte im Grunde seines Herzens schon Kleist nicht so recht. Als Theaterkritiker übt er Respekt, aber privat, in seinen literarischen Notizen, da ist ihm dieses Irrlicht viel zu romantisch, da verkörpert ihm Kleist den morbiden Geist der Zeit vor 1806, vor dem Zusammenbruch des alten Preußen.
Die beiden Dichter Fontane und Kleist waren fremde Pflanzen im märkischen Sande, Südfranzose und stolz darauf der eine, aus pommerscher Familie und empfindlich-selbstbewußt der andere. Die Heimat der Musen und Grazien war Brandenburg nie – Goethe hat ganz schön gestichelt über Poesie und Wissenschaft aus dem Sandboden. Den Schwung und Glanz haben noch stets die Zu-

wanderer hineingebracht, früh die Hugenotten, später die Juden. Daß Fontane resigniert den braven Hafer pries, mit seinem prosaischen, obschon dauerhaften Ertrag, war 1888 ein Zeichen der Zeit: die besseren Köpfe, verunsichert bis verstört vom aufgesetzten Reichsbrimborium Neupreußens, suchten die Identität des staatlichen Gemeinwesens wieder in den Leitbildern der kargen, aber ehrlichen Fritzen-Zeit oder der des Großen Kurfürsten. Über seine eigene Welt hat Fontane im Laufe seines Lebens so mancherlei gesagt. Aber am Ende setzte sich dafür bei ihm als Leitmotiv durch: »Blech und Kindertrompete«.

THEODOR FONTANE
WÜRD' ES MIR FEHLEN, WÜRD' ICH'S VERMISSEN?

Heute früh, nach gut durchschlafener Nacht,
Bin ich wieder aufgewacht.
Ich setzte mich an den Frühstückstisch,
Der Kaffee war warm, die Semmel war frisch,
Ich habe die Morgenzeitung gelesen.
(Es sind wieder Avancements gewesen.)
Ich trat ans Fenster, ich sah hinunter,
Es trabte wieder, es klingelte munter,
Eine Schürze (beim Schlächter) hing über dem Stuhle,
Kleine Mädchen gingen nach der Schule –
Alles war freundlich, alles war nett,
Aber wenn ich weiter geschlafen hätt'
Und tät' von alledem nichts wissen,
Würd' es mir fehlen, würd' ich's vermissen?

PETER HÄRTLING
EIN SEUFZER ÜBERS ALLERLEI

Theodor Fontane hat immer wieder Gedichte zu Gelegenheiten geschrieben, zu Geburtstagen, Namenstagen, Familienfesten, auch über Alltägliches – und wer diese Gedichte liest, ohne daß ihn der Anlaß noch berühren könnte, glaubt sie dennoch von einer freundlichen, auch ein wenig gleichmütigen, in sich gekehrten Stimme vorgetragen zu hören: Ansprachen, die im Grunde Selbstgespräche sind. Und dieses 1888 entstandene Gedicht verleugnet gar nicht erst, daß hier einer mit sich selber redet, beinahe unabsichtlich in Versen, in Reimen.
Die Laune, aus der es entsprang, durchdringt jedes Wort, jede Zeile: Ein alter Herr von fast siebzig Jahren ist aufgestanden, hat durchaus gut geschlafen, und es überkommt ihn eine Morgenmelancholie. Offenbar zieht er es vor, in der Frühe mit sich allein zu sein. Kaffee, Semmeln, die Morgenzeitung sind ihm gebracht worden. Mit niemandem hat er sich unterhalten müssen. Was einmal frisch war, ist zur allmorgendlichen Erfahrung, zur vertrauten und auch verbrauchten Begleiterscheinung geworden.
Ein dreifaches »Wieder« unterstreicht das. Doch ist das erste Wieder – im zweiten Vers – anders getönt als die beiden folgenden. Leise und nebenbei meint es auch ein mögliches Ende. Zwar werden die Rüstigkeit, die Erquickung durch den Schlaf betont, doch hinter vorgehaltener Hand mischt sich, wahrhaft fontanesch, ein Ächzen in das kleine Glück. Nun gut, ein neuer Tag beginnt eben – wieder.

Nichts wird ihn überraschen, nichts Unerwartetes eintreten. Die Morgenzeitung teilt das übliche mit: »Es sind wieder Avancements gewesen«, wieder diese sich aufplusternden Nachrichten über Beförderungen – wie oft hat er über das Gestrampel geschrieben und wie weit hat er sich von diesem Exerzierplatz entfernt.

Nach dem Frühstück tritt er, der Gewohnheit folgend, ans Fenster, und in drei Zeilen entsteht ein Genre-Bild, das von Menzel gemalt sein könnte, in einem freundlichen, klaren Licht. Der Tag ist längst im Gange – für den Betrachter bleibt die Geschäftigkeit in angenehmer Distanz. Er weiß allerdings jedes Signal zu deuten: so zeigt die Schürze »über dem Stuhle« den Schlachttag an; zu Mittag könnte es Wurstbrühe und Wellfleisch geben. – Und endlich die Mädchen, die »nach der Schule« gehen. Tag für Tag schaut er ihnen nach. Sie ziehen durch einen Satz, der in jedem seiner Romane so vorkommen könnte: in seiner Unauffälligkeit sonderbar blank.

Dann stellt sich ein Gedankenstrich quer, und der alte Mann löscht mit einer eher gemurmelten, achselzuckenden Frage das muntere Bild. Das dreifache Wieder steht endgültig auf einer bitteren Linie. Kennte er diese morgenfrischen Bagatellen nicht – würden sie ihm fehlen? Die unvermittelte Resignation läßt eigentlich gar keine andere Antwort zu als: Nein, wohl nicht.

Fontane hat nicht nur dieses eine Mal über den verschmerzbaren Verlust philosophiert. (Die Anmerkungen in der Hanser-Ausgabe helfen, solche Zusammenhänge herzustellen.) In »Vor dem Sturm« steht: »Er (...) setzte hinzu, daß er einmal gelesen habe, wie das Leben einem Gastmahl gleiche. Jeder habe den Wunsch, auszudauern: aber wer in der Mitte des Mahles abgerufen würde, fühle bald nachher, daß er wenig versäumt habe.« In der »Effi Briest« wird dieser Gedanken variiert: »Es sei wer von einer fröhlichen Tafel abgerufen worden, und am andern Tag habe der Abgerufene gefragt, wie's nachher gewesen sei. Da habe man ihm geantwortet: ›Ach, es war noch allerlei; aber eigentlich haben Sie nichts versäumt.‹«

Die »Festmähler«, von denen dieser Schriftsteller erzählte, die er vor Augen hatte, waren nie sonderlich opulent, und gerade das Allerlei, das hier ins Nachher versetzt wird, hat ihn immer besonders gefesselt. Ihm hat er sich schreibend anvertraut, »es trabte wieder, es klingelte munter«. Mit der geseufzten Frage schließt er die Augen vor seiner Welt. Er hat sie nicht satt, ist ihrer nicht überdrüssig. Er gibt nur einen Augenblick der Erschöpfung nach und schreibt das Gedicht, um sich, nicht ohne die ihm eigene Koketterie, zu beweisen, daß das Allerlei ihn, seinen Erzähler, braucht.

GOTTFRIED KELLER
ABENDLIED

Augen, meine lieben Fensterlein,
Gebt mir schon so lange holden Schein,
Lasset freundlich Bild um Bild herein:
Einmal werdet ihr verdunkelt sein!

Fallen einst die müden Lider zu,
Löscht ihr aus, dann hat die Seele Ruh;
Tastend streift sie ab die Wanderschuh,
Legt sich auch in ihre finstre Truh.

Noch zwei Fünklein sieht sie glimmend stehn,
Wie zwei Sternlein, innerlich zu sehn,
Bis sie schwanken und dann auch vergehn,
Wie von eines Falters Flügelwehn.

Doch noch wandl' ich auf dem Abendfeld,
Nur dem sinkenden Gestirn gesellt;
Trinkt, o Augen, was die Wimper hält,
Von dem goldnen Überfluß der Welt!

HANS WEIGEL
DER AUGENBLICK DES ERLÖSCHENS

Als ich das »Abendlied« in Gottfried Kellers »Gesammelten Gedichten« wiederfinden wollte, mußte ich lange suchen, denn sein Titel war mir fremd, das Gedicht aber aus gymnasialen Zeiten in schönster Erinnerung geblieben, vor allem die liebe erste Zeile und das Schlußzeilenpaar, wobei es mir aber noch heute schwerfällt, das originale »Trinkt, o Augen« wiederherzustellen, denn bei mir heißt es im Gedächtnis seit sechzig Jahren, und das finde ich besser, äxcüsi, Herr Stadtschreiber, immer noch »Trinket, Augen«. Das verändernde Gedächtnis ist oft ein guter Lektor beziehungsweise Dramaturg.
Ich brauchte den Text, weil anläßlich eines meiner späten Geburtstage eine Lesung von Lieblingstexten stattfinden konnte und ich an den Schluß zwei sozusagen »Sehgedichte« nebeneinander stellte, eines von Wilhelm Busch und dieses.
Der Titel »Abendlied« bekam nun seine sehr stimmende Bedeutung. Ich bin seit frühen Schülerzeiten in der Sehkraft behindert, irreparabel und durch Brillen, später durch Operationen nur notdürftig korrigierbar; ich sehe das Entfernte deutlich, aber das Nahe völlig unzureichend. Da mit zunehmendem Alter bestenfalls die Klugheit zunimmt, alles Physische jedoch schwächer wird, war und ist die Angst berechtigt, daß die Sehkraft dahinschwinde. Und jedes Sehen, jedes Wiedersehen ist bei mir ein bewußt wahrgenommenes Geschenk.

In der Schülerzeit war der Deutschunterricht für mich eine Tortur, nicht nur in jener Klasse, welche mir das Alt- und Mittelhochdeutsche aufnötigte, da wäre ich beinahe durchgefallen, der Deutschnote wegen, sondern bis zum Schluß. Ich mußte eine Virtuosität im Weghören entwikkeln und erinnere mich in diesem Zusammenhang vor allem an Adalbert Stifter; ich wußte, daß ich zu ihm kommen würde, und wollte mir das nicht verderben lassen. Guten Zugang hatte ich indes vor allem zu Gottfried Keller und zu Theodor Storm.

Dieses schöne Abendlied ist für mich auch Erweis einer wichtigen Erkenntnis. Was dem Stümper mit Recht vorgeworfen wird, ist dem Großen mit Recht gestattet. Daß die Seele ihre Schuhe abstreift, würde ich einem Wald- und Wiesenpoeten, dem schönen »tastend« zum Trotz, nie durchgehen lassen. Gottfried Keller darf. Daß die Augen trinken, ist wunderschön, doch »was die Wimper hält« befremdet, will als Bild nicht stimmen; aber gerade diese Zeilen mit dem pathetischen »goldnen« Überfluß inmitten von Sachlichkeit machen mir die Größe der Dichtung aus. Die edle Resignation ist Wort geworden, in fast feierlichen vierfach gereimten vier trochäischen Strophen; da ist das schöne, überhaupt nicht neckische Bild der Fensterlein. Das Versmaß entspricht dem Geist der Gedanken, es ist getragen, wie die »finstre Truh« getragen werden wird, es beschwört den letzten Gang, den Augenblick des Erlöschens, doch es wendet sich vom Grabgeleite in das Wandeln auf dem Abendfeld des späten Lebens – welch eine Wortschöpfung, dieses »Abendfeld«!

Von sechzehn Zeilen verwendet der Dichter zwei auf das Bild vom Flügelwehn des Falters, das die letzten, nur noch innerlich gesehenen Fünklein verlöscht. Der goldne Überfluß der Welt deutschsprachiger Lyrik findet hier für mich in Hoffnung, Dankbarkeit, Bescheidung und holder Einfachheit einen großen Höhepunkt.

GOTTFRIED KELLER
AM FLIESSENDEN WASSER

Ein Fischlein steht am kühlen Grund,
Durchsichtig fließen die Wogen,
Und senkrecht ob ihm hat sein Rund
Ein schwebender Falk gezogen.

Der ist so lerchenklein zu sehn
Zuhöchst im Himmelsdome;
Er sieht das Fischlein ruhig stehn,
Glänzend im tiefen Strome!

Und dieses hinwieder sieht
Ins Blaue durch seine Welle;
Ich glaube gar, das Sehnen zieht
Eins an des andern Stelle!

CYRUS ATABAY
DOPPELHEIT

Dieses Gedicht mag an einem Tag geschrieben worden sein wie jenem 8. August 1843, an dem Gottfried Keller in sein Tagebuch einen Morgenspaziergang notiert. Was ihn bei solchen Gängen in »immerwährender Aufgeregtheit« behält, ist die Natur, von der er sagt, daß sie sich mit ihren »tausend Bildern und Schönheiten immer zwischen die innern Ideen drängt«. Aus der Durchdringung von Idee und Bild entsteht ein Gedicht, das eine nahtlose Osmose von Wirklichkeit und Einbildungskraft herstellt. Was evoziert wird, ist das Sichtbare, aber es rührt an das Unsichtbare, das im Gedicht eingebettet ist wie das Fischlein im Wasser der Sihl.

Das Gedicht selbst ist durchsichtig wie der Strom, auf seinem Grund zeigt es das Geflecht der Unentrinnbarkeit der Einzelhaft und die Sehnsucht, sich in einem anderen Element auszulöschen. Gottfried Keller ist kein Dichter, der sich von der Wirklichkeit absentiert hätte, obschon diese für ihn immer Teil einer anderen, umfassenderen ist.

Das Fischlein ruht in der Flut, fast ist es bewegungslos, denn es »steht am kühlen Grund«; senkrecht über ihm zieht ein Falke seinen Kreis, in dessen Mitte er nun schwebend zu verhalten scheint. Beide sind in diesem Augenblick des Gleichgewichts aufeinander bezogen, beide »sehen« sich, der eine aus der Höhe, dieses aus der Tiefe. Und dennoch und glücklicherweise: die Verschmelzung der Pole ist eine unvollkommene, es ist, als riefe die vorletzte

Zeile – »ich glaube gar« – die Erinnerung an eine Wunde wach, die der Dichter mit seiner Ahnung angeritzt hat, die Erinnerung an eine Doppelheit, die unsere Existenz bedürftig macht und die nur das Sehnen stillen kann.
Wenn es wahr ist, daß sich der Geist einer Sprache am deutlichsten in ihren unübersetzbaren Worten offenbart, so gehört zweifellos das Wort »innig« zu diesen Worten der deutschen Sprache. Genau dieses Wort ist es, das in seiner zarten Versdichtung das Wesen dieses Gedichtes für mich ausdrückt.

GOTTFRIED KELLER
EHESCHEIDUNG

Zum Pfäffel kam ein Pärchen und schrie:
Geschwinde laßt uns frein!
Wir können nicht eine einzige Stund'
Mehr ohne einander sein!

Und aber ein Jährlein kaum verstrich,
Sie liefen herbei und schrien:
Herr Pfarrer, trennt und scheidet uns,
Laßt keine Minute verziehn!

Das Pfäfflein runzelte sich und sprach:
Macht euch die Scham nicht rot?
Wir haben es alle drei beschworn:
Euch trenne nur der Tod!

Rot macht die Scham, die Reue bleich!
Herr Pfarrer, gebt uns frei!
Der Mann bot einen Beutel dar.
Die Frau der Beutel zwei.

Da tat das Pfäffel zwischen sie
Ein Kätzelein, heil und ganz;
Der Mann, der hielt es bei dem Kopf,
Die Frau hielt es am Schwanz.

Der Pfaff mit großem Messer hieb
Das Kätzelein entzwei:
»Es trennt, es trennt, es trennt der Tod!«
Da waren sie wieder frei.

PETER HORST NEUMANN
EIN KÄTZLEIN, HEIL UND GANZ

Auf weniges legt sich so rasch der Staub der Geschichte wie auf polemische Texte. Das gilt auch für diese Verse von Gottfried Keller. Bläst man den Staub weg, gibt sich ein Zeitgedicht zu erkennen. Seine Tendenz ist antipfäffisch; und antipfäffisch zu sein, war im Zürich der vorigen Jahrhundertmitte eine klare politische Haltung.
Als das Gedicht 1854 erschien, lag der »Sonderbundkrieg« gerade sieben Jahre zurück – die schwerste Zerreißprobe der Eidgenossenschaft seit ihrem Bestehen. Zürich und Bern waren gegen die katholischen Kantone zu Felde gezogen, und Keller war wacker mitmarschiert – mit Reim und Lied. (»Was jesuitisch ist und heißt, / Ist und bleibt vogelfrei!«) Inzwischen war zwar durch die Schweizer Bundesverfassung von 1848 ein neues Rechtsverhältnis zwischen Staat und (katholischer) Kirche begründet worden, doch hatte die antiklerikale Propaganda noch längst ihre Häme nicht abgelegt. Sie ist auch in Kellers Scheidungs-»Romanze« noch gut zu erkennen.
Das Gedicht will als Bänkellied gelesen werden. Deshalb sein flotter Stil, deshalb die Jahrmarkts-Effekte. Alles ist überzogen: das schreiende Pärchen, rasch kopuliert, noch rascher geschieden; der verschlagene Pfaffe, wahrlich kein »Pfäfflein«. (Keller, der Meister des Diminutivs, setzt hier ein trügerisches Harmlosigkeitssignal.) Um die Korruptheit der religiösen Instanz zu beweisen, sind drei Beutel Geld gerade genug. Ruchlos wird der Treueschwur ausge-

legt – buchstabentreu, ohne daß irgendein Wortbruch geschähe.

Also: ein Sittenbild, eine Sitten-Groteske, antipfäffisch und mit polemischer Tinte geschrieben. Als Keller neunundzwanzig Jahre später diese Verse noch einmal in seinen »Gesammelten Gedichten« (1883) druckte, muß ihm ihr antiklerikaler Zug zwar durchaus nicht verstaubt, aber doch inopportun erschienen sein (»Kulturkampf«-Zeit, Antijesuitengesetze). Durch das Austauschen weniger Worte hat er sein Gedicht polemisch umgepolt. Aus drei Geldbeuteln wurden drei Dollars, und unter den alten Titel schrieb er als neue Lese-Anweisung »amerikanisch«. Auch dieser moralisch gestimmte Antiamerikanismus hat inzwischen Staub angesetzt. Geblieben aber ist ein polemischer Text, der weit ins Bös-Geträumte, ins Finster-Archaische schießt: ein schaurig-absurdes Gedicht.

Untiefen sind aufgerührt. Es wird ein satanisches Ritual zelebriert, so selbstverständlich, daß einem der Atem stockt. Die Bedingung des Scheidens ist eine Leiche; ein Drittes, etwas Lebendiges muß verbluten: »ein Kätzelein, heil und ganz«. Keller mag sich an Salomons Urteil erinnert haben. In der biblischen Fabel streiten zwei Frauen um den Besitz eines Kindes; der König zog sein Schwert und wollte das Kind zerteilen; die Mutter rief: »Es soll leben!« Hier aber wird die Katze gemetzelt. Es geht auch nicht um Besitz, sondern um Freiheit. Diese Freiheit wollen ein Mann und eine Frau, koste sie, was sie wolle; die Frau will sie doppelt so heftig wie der Mann (zwei Beutel gegen einen). Wenn das Gedicht ihre Freiheitsgründe auch nicht benennt, so deutet es doch – diskret oder indiskret? – in die Richtung, wo wir sie vermuten dürfen: beim »Kopf« und beim »Schwanz«.

Man braucht nicht Sigmund Freud zu bemühen, um zu spüren, wie stark dieses Bänkellied vom Sexus betroffen ist. Vielleicht sollte man wissen, daß ein zu klein gewachsener Mann es gedichtet hat, einer, der glühende Liebesbriefe schrieb und immer vergebens warb. Ein Wunschziel war ihm das Institut der Ehe gewiß, nur ist er weder hineingelangt, noch gar hinein und wieder heraus. Auch sollte man wissen: Keller liebte die Katzen. Gelegentlich hat er sogar von einer geträumt, die sich ihm dann als Schlange zu erkennen gab; es war die Katze seiner Mutter. Er schrieb's in sein Tagebuch. – Ich denke: Durch das vergossene Katzenblut ist sein Gedicht lebendig geblieben. Es steckt ein Wahnsinn darin.

GOTTFRIED KELLER
FRIEDE DER KREATUR

Spinnen waren mir auch zuwider
All meine jungen Jahre,
Ließen sich von der Decke nieder
In die Scheitelhaare,
Saßen verdächtig in den Ecken
Oder rannten, mich zu schrecken,
Über Tischgefild und Hände,
Und das Töten nahm kein Ende.

Erst als schon die Haare grauten,
Begann ich sie zu schonen,
Mit den ruhiger Angeschauten
Brüderlich zu wohnen;
Jetzt mit ihren kleinen Sorgen
Halten sie sich still geborgen,
Läßt sich einmal eine sehen,
Lassen wir uns weislich gehen.

Hätt ich nun ein Kind, ein kleines,
In väterlichen Ehren,
Recht ein liebliches und feines,
Würd ich's mutig lehren,
Spinnen mit dem Händchen fassen
Und sie freundlich zu entlassen;
Früher lernt' es Friede halten,
Als es mir gelang, dem Alten!

GERHARD KAISER
DER TRAUM VOM KIND

Figura Leu, das lebensvollste, heiterste und am meisten geliebte unter den schönen Mädchen, die dem Landvogt von Greifensee einen Korb gegeben haben, ist von einem in ihrer Familie erblichen Wahnsinn bedroht. Ihr zuweilen grotesker Humor ist ein wenig auch dieser Wahnsinn, der ihr auflauert, ohne sie einzuholen. Ihr Humor ist aber auch ein unbewußt wirkender Schutzmechanismus, der den Wahnsinn domestiziert und damit abwendet.

Gottfried Keller, der Autor dieser Geschichte, wußte, wovon er sprach. Auch sein Humor ist ein Spiel überm Abgrund. Im »Grünen Heinrich«, dem aus seiner Biographie gespeisten Roman, gibt es greuliche Episoden; eine der schrecklichsten, wie das Kind lebende Tiere, die es in viel zu engen Käfigen gefangenhält, endlich dadurch von ihren Leiden »befreit«, daß es sie mit einem glühenden Eisen durchbohrt und, tot oder halb tot, im Garten begräbt. Unter den Tieren sind auch große Spinnen, die Heinrich »entsetzlich fürchtete« und in der Gefangenschaft »mit schauerlichem Behagen« betrachtet hatte. Die Zerstörungsaktion ist nicht nur Exzeß der Herrschaft eines selbst Ohnmächtigen über eine mißratene kleine Schöpfung; sie ist auch ein Stück Selbstzerstörung und Selbstbegräbnis eines mit Selbsthaß beladenen Kindes, das in einer krisenhaften Sozialisation nach dem Tod des Vaters psychisch schwer beschädigt worden ist. Ein »Spinner« ist es, der die Spinnen mit schauerlichem Behagen betrachtet.

Der Siebenundzwanzigjährige sieht sich in seinem »Traumbuch« grotesk-komisch als ein Schiff, beladen mit ausgestopften exotischen Tieren und sündhaften Bajaderen. Noch ist die innere Menagerie unter Deck, aber doch nicht mehr begraben. In der Realität der Kindheit konnten die Kreaturen eines finsteren kleinen Creators nicht leben und nicht sterben. Nun beginnt der verspätet Erwachsene in einem Freiraum der Phantasie mit ihnen zu spielen.

Der alte Keller hat ein ungedrucktes Gedicht hinterlassen, das von Verbrüderung spricht – mit den Spinnen, mit sich. Er hat gelernt, mit ihnen »brüderlich zu wohnen«: »Friede der Kreatur« wenigstens im Gedicht, wiederhergestelltes Paradies, wo der Löwe mit den Lämmern weidet, im Kleinformat. Der Melancholiker, der über einem unerfüllten Leben brütet, hat er das Paradies im gelassenen, monologischen Parlando seiner Verse? Er hat es – als ein Adam mit längst grauen Haaren, den Sündenfall hinter sich. All die jungen Jahre hat er getötet. In die Scheitelhaare haben sich die Spinnen niedergelassen: der Scheitel – das denkende Gehirn; die Haare – Sinnbild der Geschlechtlichkeit.

Bis in die kleinkindliche Perspektive, der ein Tisch zum »Gefild« wird, ist der Schrecken noch abrufbar gegenwärtig. Als er, der hier spricht, grau wurde, begann er zu schonen und ruhiger, nicht ruhig, anzuschauen. Und noch jetzt: Einander weislich gehen lassen – welch merkwürdig verkümmerte Vorstellung von Brüderlichkeit!

Nur im Irrealis des unerfüllbaren Wunsches ist die ganze Versöhnung, ihm eingeschrieben der Grund für die Unmöglichkeit der Erfüllung. »Hätt ich nun ein Kind, ein kleines ...« Nicht nur früher lernt es Frieden halten als der Alte, auch, weil ermutigt, mutiger, bis zur Freundlich-

keit, bis zur Hautnähe, bis zum Anfassen, das doch frei läßt. Es wäre lieblich, dieses Kind, deshalb könnte es lieben. Und es wäre lieblich, weil es lieben könnte.
Noch ins Bild unerreichbaren Glücks reicht die Spur eines kindlichen Bewußtseins, das sich nicht lieblich wußte, dem Spinnen »auch« zuwider waren. Dieses aus tiefster Tiefe heraufkommende »auch« ist der Inbegriff dessen, was gelitten wurde. Der Alte steht nicht »in väterlichen Ehren«, weil er nicht in kindlichen Ehren gestanden hat; er wird kein Vater, weil er keinen Vater hatte. Er kann keine Liebe lehren, weil er es selbst so spät und unvollkommen gelernt hat. Der Traum vom Kind, das da sein sollte, ist der Traum vom Kind, das nicht war.
Das Paradies wird nicht wiedererlangt, weil es nie verlorenging; es ist nur im einsamen Sprechen von Liebe, Väterlichkeit, Brüderlichkeit und Kindlichkeit vorhanden. Das Gedicht ist der Schatten des hellen Glücks, der auf den Melancholiker fällt. Mit Worten kann er, was er im Leben nicht kann: »bilden«, freundlich anfassen und loslassen, den ganzen Frieden halten und geben. Im Gedicht hat er das Leben so wie der Landvogt von Greifensee die unerreichbare und immer nahe Figura Leu.

GOTTFRIED KELLER
JUGENDGEDENKEN

Ich will spiegeln mich in jenen Tagen,
Die wie Lindenwipfelwehn entflohn,
Wo die Silbersaite, angeschlagen,
Klar, doch bebend gab den ersten Ton,
    Der mein Leben lang,
    Erst heute noch, widerklang,
Ob die Saite längst zerrissen schon;

Wo ich ohne Tugend, ohne Sünde,
Blank wie Schnee vor dieser Sonne lag,
Wo dem Kindesauge noch die Binde
Lind verbarg den blendend hellen Tag:
    Du entschwundne Welt,
    Klingst über Wald und Feld
Hinter mir wie ferner Wachtelschlag.

Wie so fabelhaft ist hingegangen
Jener Zeit bescheidne Frühlingspracht,
Wo, von Mutterliebe noch umfangen,
Schon die Jugendliebe leis erwacht,
    Wie, vom Sonnenschein
    Durchspielt, ein Edelstein,
Den ein Glücklicher ans Licht gebracht.

Wenn ich scheidend einst muß überspringen
Jene Kluft, die keine Brücke trägt,

Wird mir nicht ein Lied entgegenklingen,
Das bekannt und ahnend mich erregt?
O die Welt ist weit!
Ob nicht die Jugendzeit
Irgendwo noch an das Herz mir schlägt?

Träumerei! Was sollten jene hoffen,
Die nie sahn der Jugend Lieblichkeit,
Die ein unnatürlich Los getroffen,
Frucht zu bringen ohne Blütenzeit?
Ach, was man nicht kennt,
Danach das Herz nicht brennt
Und bleibt kalt dafür in Ewigkeit!

In den Waldeskronen meines Lebens
Atme fort, du kühles Morgenwehn!
Heiter leuchte, Frühstern guten Strebens,
Laß mich treu in deinem Scheine gehen!
Rankend Immergrün
Soll meinen Stab umblühn,
Nur noch ein Mal will ich rückwärts sehn!

HANS WYSLING
LINDENWIPFELWEHN

Kellers Gedichte sind brüchig, und sie sind verstimmt. Ausnahmen gibt es kaum. Auch »Jugendgedenken« (entstanden 1845) ist keine. Risse sind da, Inkonsequenzen, Holprigkeiten, Klischees. Woher denn die Unsicherheit der Sprache – und damit des Menschen? Darauf gibt gerade dieses Gedicht eine Antwort. Am Anfang zeigen märchenhafte Bilder das Paradies der Jugend, die Zeit grüngoldner Seligkeit. »Lindenwipfelwehn« hat Keller dieses Gefühl genannt, und niemand wird das Wort im Wörterbuch finden. Es ist so frisch wie die Kindheit selbst. Aber: der Märchenglanz ist entschwunden, das Ich sieht sich aus dem Paradies der Kindheit ausgestoßen. In der »fabelhaften« Zeit fühlte es sich geliebt, jetzt ist ihm die Liebe entzogen. Genau da stellen sich die Klischees ein: die zerrissene Saite, der ferne Wachtelschlag, der Edelstein, der Stab.
Mindestens zwei gedankliche Brüche machen dem Leser zu schaffen: Nur wer je das Paradies der Kindheit erlebt hat, heißt es, wird »einst« das jenseitige Paradies erkennen. Jene aber, die »nie sahn der Jugend Lieblichkeit«, bleiben ausgeschlossen – das Ich bezieht das selbstquälerisch auf sich selbst und setzt sich damit in Widerspruch zu den Bildern des Eingangs. In der überraschenden Schlußwende ist dann plötzlich nicht mehr vom jenseitigen Gottesgarten die Rede, sondern wieder vom Glanz der Kindheit, der dem *homo viator* unauslöschlich im Gedächtnis

bleibt. »Jugendgedenken« bezeichnet jetzt den Wunsch, das erinnerte Paradies wiederzugewinnen, im Lindenwipfelwehn das »ozeanische Gefühl« als gegenwärtiges zu erleben.

Das alles hat seine biographischen und kulturgeschichtlichen Hintergründe. Im »Grünen Heinrich« ist vom »kleinen Paradies« im Hinterhof die Rede, dessen Licht in Heinrichs Heimatträumen wieder aufscheint. Und einmal heißt es dort (es liest sich wie ein Kommentar zu dem Gedicht): »Die Erinnerung an empfangene Liebe, als ein Zeugnis, daß man *ein* Mal im Leben liebenswürdig und wert war, ist es vorzüglich, welche die Sehnsucht nach der früheren Jugend nie ersterben läßt. Wer nicht das Glück hatte, eine aufknospende zarte und heilige Jugendliebe zu genießen, der hat dagegen gewiß eine treue und liebevolle Mutter gehabt, und in den späten Tagen bringen beide Erinnerungen ungefähr den gleichen Eindruck auf das Gemüt hervor, eine Art reuiger Sehnsucht. Wer aber in jeder Weise verwaist und einsam aufgewachsen ist, der kann wohl sagen, daß er um einen Teil des Lebens zu kurz gekommen sei.« Keller, es ist bekannt, hat mit fünf seinen Vater verloren, und als die Mutter einen zweiten Mann heiratete, empfand der Sohn das als Liebesverrat. Der Geschädigte wurde mit fünfzehn wegen Verstocktheit aus der Schule ausgestoßen. Die ferne »Jugendgeliebte« ist früh gestorben – sie wird dann im »Grünen Heinrich« verklärt.

Daß das Einst der Vergangenheit im Einst der Zukunft wiederkehren soll, entspricht jenem uralten Dreitakt, der die Menschheit immer bewegt hat, sei es in religiöser Begeisterung, idealistischem Schwung oder in heimlicher Versponnenheit. Klopstock und Goethe, Schiller und

Hölderlin, Mörike und Keller sind Zeugen. Was die einen freudig vorwegnehmen oder prophetisch fordern, kann von den späteren nur heraufgeträumt werden. Mörike hat von »golden grüner Zweige Dämmerung« gedichtet, Keller das »goldne Grün« im Lindenwipfel gesehn. Später kommt er in einem Aufsatz über Goethe und Schiller darauf zu sprechen: »Hat man noch nie von dem grünen, vom Sonnengold durchschienenen Laubdache einer Buche gehört, vom grünlichen Goldfeuer der Waldeswipfel?« Mit diesem Goldfeuer, er hatte es erfahren, konnte sich der Glanz der Frühzeit wieder einstellen.

Woher also das Stocken in Kellers Stimme? Es stammt aus der Unsicherheit. Man sagt: Wer *einmal* glücklich war, ist's für immer gewesen. Bei Keller gilt auch das Umgekehrte: Wer einmal verstoßen war, gewinnt die Gelassenheit nicht zurück. Das macht die Stimme wanken, und manchmal verschlägt es Keller buchstäblich den Atem. Dann schreibt er leere Verse, oder er verheddert sich. Aber vielleicht lieben wir seine Gedichte gerade wegen dieses Schwankens der Stimme? Letzte Frage – es soll bei der Frage bleiben: Woher dann aber die Sicherheit in Kellers Prosa?

GOTTFRIED KELLER
SCHÖNE BRÜCKE

Schöne Brücke, hast mich oft getragen,
Wenn mein Herz erwartungsvoll geschlagen
Und mit dir den Strom ich überschritt.
Und mich dünkte, deine stolzen Bogen
Sind in kühnerm Schwunge mitgezogen,
Und sie fühlten meine Freude mit.

Weh der Täuschung, da ich jetzo sehe,
Wenn ich schweren Leids hinübergehe,
Daß der Last kein Joch sich fühlend biegt;
Soll ich einsam in die Berge gehen
Und nach einem schwachen Stege spähen,
Der sich meinem Kummer zitternd fügt?

Aber *sie*, mit anderm Weh und Leiden
Und im Herzen andre Seligkeiten:
Trage leicht die blühende Gestalt!
Schöne Brücke, magst du ewig stehen,
Ewig aber wird es nie geschehen,
Daß ein bessres Weib hinüber wallt!

HERMANN KUNISCH
DAS GLÜCK WAR UNERREICHBAR

Dieses wenig bekannte, von Gottfried Keller selber verschwiegene Gedicht bedarf einiger biographischer Erläuterungen, so eng ist es mit der Person seines Verfassers verbunden. Es entstand 1849 während seines Heidelberger Aufenthalts. Keller war damals dreißig Jahre alt; nach dem Scheitern seiner Malstudien in Zürich und München hatte er seine ersten Gedichte 1846 veröffentlicht: über Politik, Vaterland, Natur, Liebe. In Heidelberg hatte sein Verhältnis zu Gott, Mensch, Welt und Natur durch das Studium bei Ludwig Feuerbach anderen Inhalt und neue Form gefunden: das Diesseits war ihm als »ewig« aufgegangen; Gott verschwand in diesem Ewigen, und der Mensch in der Gestalt des Weibes trat als letztes Glück und in reiner Gegenwärtigkeit an seine Stelle.

Gegenüber der Stadt, auf der anderen Seite des Neckars, erreichbar über die »schöne Brücke«, wohnte Johanna Kapp, Tochter des mit Feuerbach, Hermann Hettner und Ludwig Auerbach befreundeten Philosophen und Politikers Christian Kapp. Keller verliebte sich in Johanna, erfuhr aber, daß sie bereits gebunden sei: an Feuerbach. Eine öffentliche Verbindung mit Feuerbach indes war nicht möglich – Johanna wollte das Glück der Frau Feuerbachs nicht zerstören. So verließ sie Heidelberg, bald nachdem sie Keller ihr Schicksal eröffnet hatte. Später ist sie in geistiger Umnachtung gestorben.

Der Dichter band dieses Bekenntnis seines Unglücks an

die »schöne Brücke«, über die hinweg der Weg ihn oft zu der heimlich Geliebten geführt hatte; zuerst mit »erwartungsvollem Herzen«, dann nach der Aufklärung mit »schwerem Leid«. Das Gedicht berichtet, wie die Brücke dem Gefühl des Hinüberschreitenden Antwort gibt, zuerst »in kühnerm Schwung« mit ihm über den Fluß ziehend, dann sich seinem Schmerz versagend, so daß »der Last (seines Leides) kein Joch sich fühlend biegt«. Er wird sie also meiden müssen und, wenn er trotz der Aussichtslosigkeit seiner Lage dennoch zu der geliebten Frau hinüberwill, an anderer Stelle einen »schwachen Steg« zum Übergang suchen, der dem »Kummer« »zitternd« nachgibt.

Aber – das war die Noblesse dieses männlichen Herzens – die sich ihm versagende Brücke soll sich *ihr* und ihren »Leiden« und »Seligkeiten« freundlich fügen: »Trage leicht die blühende Gestalt!« Denn wer immer über sie weggehen wird: niemals wird es geschehen, »daß ein bessres Weib hinüber wallt«.

Keller hat dies Gedicht nie veröffentlicht; es ist erst aus dem Nachlaß bekanntgeworden: so sehr ging es ihn an. Liegt hier der Unterschied zu vielen Liebesgedichten unserer Zeit? Sie feiern das Glück des Augenblicks, das aber weder den oder die Sprechende noch das angeredete Gegenüber etwas »an-geht«. Die Liebenden gehen darin unter, so daß nur »Liebe« bleibt. Es will scheinen, als ob das, was heute in der Auslieferung der Liebe an die Seligkeit des Augenblicks geschieht, eben das verschweigt, was sonst ihr eigen war: daß sie »jemanden« etwas angeht, daß sie »jemanden« meint. Wer mag das entscheiden?

Unseren Dichter ging es an, was da zwischen ihm und der geliebten Frau sich begeben hatte. So sehr, daß er es nur vor sich aussprach und es niemanden sonst hören ließ.

GOTTFRIED KELLER
SEEMÄRCHEN

Und als die Nixe den Fischer gefaßt,
Da machte sie sich abseiten;
Sie schwamm hinaus mit lüsterner Hast,
Hinaus in die nächtlichen Weiten.

Sie schwamm in gewaltigen Kreisen herum,
Bald oben, bald tief am Grunde,
Sie wälzt' mit dem Armen sich um und um
Und küßt ihm das Rot vom Munde.

Drei Tage hatte sie Zeitvertreib
Mit ihm in den Meeresweiten,
Am vierten ließ sie den toten Leib
Aus ihren Armen gleiten.

Da schoß sie empor an das sonnige Licht
Und schaute hinüber zum Lande;
Sie schminkte mit Purpur das weiße Gesicht
Und nahte sich singend dem Strande.

GERHARD SCHULZ
IM RINGKAMPF DER GESCHLECHTER

Wenn ein Gedicht mit »und« beginnt, dann geht ihm etwas voraus. Von vornherein will es nur Teilstück eines poetischen Diskurses sein, in dem es dann freilich gern das letzte Wort haben möchte. In Kellers Gedicht ist uns die Vorgeschichte vertraut: Kühl bis ans Herz hinan zwar hatte sich der Fischer in Goethes Ballade dem Geschäft des Angelns gewidmet, aber dem feuchten Weib, das aus der Flut zu ihm stieg, fiel er dann doch zum Opfer. »Halb zog sie ihn, halb sank er hin«, und wiedergesehen ward er bekanntlich nimmermehr.

Keller war ein aufmerksamer und bewundernder Goethe-Leser, und daß er dessen Ballade im Sinne gehabt hat, als er sein »Seemärchen« schrieb, ist wenn nicht sicher, so doch immerhin äußerst wahrscheinlich. Allerdings hatte er rund siebzig Jahre nach Goethe anderes mitzuteilen als die Geschichte einer ins Mythisch-Dunkle reichenden Verführung.

Denn Gesundwerden, Erlösung von unstillbaren Sehnsüchten und ein ewiges Wohlsein bei den »Fischlein auf dem Grund« hatte die Goethesche Nixe dem Angler versprochen, und da über die Erfüllung solcher Versprechungen nichts verlautbart wird, muß immerhin als möglich gedacht werden, daß dergleichen geschah. Nicht so bei Keller. Da herrscht Klarheit über das Schicksal des Verführten, und über die Wasser weht der Wind einer aufgeklärten Zeit. Was sich hier metaphorisch als Meerfrau gibt, ist – wir wissen es aus der bissigen Ironie des Gedichts – ein sehr realer Dämon Weib, der den armen Fischer zu Tode liebt und von ihm nur noch eine seelenlose Hülle übrigläßt.

Nun war Keller tatsächlich ein von Liebesnöten Geschlagener. Klein von Statur, auch wohl nicht selten barsch im Auftreten und noch dazu in tiefer innerer Abhängigkeit von der Mutter stehend, fiel es ihm nicht leicht, Frauen sein Liebebedürfnis mitzuteilen. Dergleichen Nöte entwickeln sich leicht zu Frauenfeindschaft oder gar Frauenhaß. Als Zeugnis dafür läßt sich denn auch dieses Gedicht lesen, in dem ganz offensichtlich ein Verwundeter im alten Ringkampf der Geschlechter ein warnendes Beispiel erzählen will.

Aber das Gedicht wäre wenig, wenn es nur das wäre – wie ein gutes Gedicht ja ohnehin mehr zu sagen hat, als der Dichter nach seiner Absicht mitteilen will. So hat Kellers Gedicht mit etwas sehr Modernem zu tun, das hier freilich nur erst in seinen Anfängen zu erkennen ist: mit dem Selbstbewußtsein der Frau, für die Promiskuität eine Art Mittel ihrer Selbstbehauptung gegen die Besitzergreifung durch den Mann im Namen der Liebe wird. Zum gleichen Zweck hatten einst die Nixen, Undinen oder Melusinen das Geheimnis ihres Mythos benutzt. In einer geheimnisarmen Zeit ist es nun die unverhohlene Sinnlichkeit selbst, mit der sie Herrschaft auszuüben versuchen.

Im übrigen meldet sich aber auch eine Epoche an, in der sich die Sexualität überhaupt selbständig macht und von der Liebe emanzipiert; durch die Wissenschaft verklärt, will sie ganz für sich ernst genommen werden. Daß dafür dann freilich oft genug wiederum das gute Wort »Liebe« usurpiert wird, hätte Keller nicht wenig verstört, denn auf sie als Summe tiefster Empfindungen hielt er doch große Stücke, mochte sie nun besitzergreifend sein oder nicht.

GOTTFRIED KELLER
WALDLIED

Arm in Arm und Kron an Krone steht der Eichenwald
verschlungen,
Heut hat er bei guter Laune mir sein altes Lied gesungen.

Fern am Rande fing ein junges Bäumchen an sich
sacht zu wiegen,
Und dann ging es immer weiter an ein Sausen,
an ein Biegen;

Kam es her in mächt'gem Zuge, schwoll es an
zu breiten Wogen,
Hoch sich durch die Wipfel wälzend kam
die Sturmesflut gezogen.

Und nun sang und pfiff es graulich in den Kronen,
in den Lüften,
Und dazwischen knarrt und dröhnt es unten
in den Wurzelgrüften.

Manchmal schwang die höchste Eiche gellend ihren
Schaft alleine,
Donnernder erscholl nur immer drauf der Chor
vom ganzen Haine!

Einer wilden Meeresbrandung hat das schöne Spiel
geglichen;
Alles Laub war, weißlich schimmernd, nach Nordosten
hin gestrichen.

Also streicht die alte Geige Pan der Alte laut und leise,
Unterrichtend seine Wälder in der alten Weltenweise.

In den sieben Tönen schweift er unerschöpflich
auf und nieder,
In den sieben alten Tönen, die umfassen alle Lieder.

Und es lauschen still die jungen Dichter und die
jungen Finken,
Kauernd in den dunklen Büschen sie die Melodien
trinken.

PETER VON MATT
IM WELTWIND

Das gibt es also! Daß sich die Bedeutung eines Gedichts nach mehr als hundert Jahren ändert und ins Gegenteil verkehrt, das ist also möglich! Das Tosen und Branden des Waldes wird vom Lebenslied zum Requiem, vom Choral der unerschütterlichen Mächte zum trüben Abgesang. Pan der Alte klemmt die Geige unter den Arm und verdrückt sich. Den jungen Dichtern regnet's tote Eicheln auf den Kopf. Die Finken halten sich ans Streufutter.

Der Wald, den Gottfried Keller gehört, dessen Töne er in die wunderbar gestreckten Verse übersetzt hat, haben wir ihn nicht umgebracht? – Haben *wir* nicht! Haben *die* schon! Groß und berühmt waren einst die Eichenwälder der Zürcher Landschaft, dort gegen den Rhein hin, wo Keller herstammte. Aber sie waren nicht reine Natur, man brauchte sie für die Schweine. Diese lebten von den Eicheln, und man trieb sie herdenweise in den Wald, den man pflegte um des Specks und um der lieben Würste willen. Dann kamen die Kartoffeln und ersetzten die Eichelmast; und es kamen die Eisenbahnen und brauchten Millionen von hölzernen Schwellen. Man hieb die Eichen um und machte ein schönes Geschäft. Keller gehörte zur letzteren Generation, die die alte Pracht noch gesehen hat. Ein Requiem mithin, schon damals!

Aber Pracht immerhin, und im Gedicht ist sie da, und da bleibt sie auch, und mancher wird sagen, die Herrlichkeit der ersten sechs Strophen wachse noch im Maße der Zer-

störung, die wir heute mitansehen müssen. Rätselhaft ist, daß ein Dichter um 1848 herum vom tönenden Wald schreiben kann, als wäre er der erste, als hätte sich das mit all den Kerner und Lenau und Eichendorff nicht gründlich durch- und ausgerauscht. Rätselhaft ist, daß es ihm so mächtig gelingt, als wären jene andern seine Epigonen.
Die Romantiker hatten den Wald zum Ort des resignativen Rückzugs gemacht, der geträumten Vergangenheit und einer verbotenen Erotik, zum hohen Schauplatz ihrer Trauerkultur. Keller geht über sie hinaus, indem er hinter sie zurückgreift, zurück auf den Hölderlin von 1797, dem der Eichenwald ein unverhüllt politisches Sinnbild war. »...jeder ein Gott, im freien Bunde zusammen«, so redete dieser die »Eichbäume« an im gleichnamigen Gedicht und traf damit die kühnste Formel des republikanischen Denkens. In der kommenden Zeit sollte jeder ein König sein und gelassen neben seinen königlichen Brüdern stehen: Arm in Arm und Kron an Krone.
Also wäre das gar kein Naturgedicht? Doch, erst recht ist es eins. Es singt die Demokratie als eine Ordnung der Natur, als die Verlängerung des naturhaften Lebens in die Menschenwelt hinein. Wie die Musik der Bäume sich fortpflanzt in den Liedern der Dichter, pflanzt ihre Wechselrede sich fort im dröhnenden Streit der freien Volksversammlung. Dort entsteht die Kunst und hier das Recht. Durch beide bläst der Weltwind. War das nicht einst ein schöner Gedanke?

GOTTFRIED KELLER
WEIHNACHTSMARKT

Welch lustiger Wald um das hohe Schloß
hat sich zusammengefunden,
Ein grünes bewegliches Nadelgehölz,
Von keiner Wurzel gebunden!

Anstatt der warmen Sonne scheint
Das Rauschgold durch die Wipfel;
Hier backt man Kuchen, dort brät man Wurst,
Das Räuchlein zieht um die Gipfel.

Es ist ein fröhliches Leben im Wald,
Das Volk erfüllet die Räume;
Die nie mit Tränen ein Reis gepflanzt,
Die fällen am frohsten die Bäume.

Der eine kauft ein bescheidnes Gewächs
Zu überreichen Geschenken,
Der andre einen gewaltigen Strauch,
Drei Nüsse daran zu henken.

Dort feilscht um ein winziges Kieferlein
Ein Weib mit scharfen Waffen;
Der dünne Silberling soll zugleich
Den Baum und die Früchte verschaffen.

Mit rosiger Nase schleppt der Lakai
Die schwere Tanne von hinnen;
Das Zöfchen trägt ein Leiterchen nach,
Zu ersteigen die grünen Zinnen.

Und kommt die Nacht, so singt der Wald
Und wiegt sich im Gaslichtscheine;
Bang führt die ärmste Mutter ihr Kind
Vorüber am Zauberhaine.

Einst sah ich einen Weihnachtsbaum:
Im düsteren Bergesbanne
Stand reifbezuckert auf dem Grat
die alte Wettertanne.

Und zwischen den Ästen waren schön
Die Sterne aufgegangen;
Am untersten Ast sah man entsetzt
Die alte Wendel hangen.

Hell schien der Mond ihr ins Gesicht,
Das festlich still verkläret;
Weil auf der Welt sie nichts besaß,
Hatt' sie sich selbst bescheret.

PETER HAMM
SCHÖNE BESCHERUNG

Entsetzliche Schönheit, wie Robert Walser sie dem »Grünen Heinrich« attestierte, zeichnet auch viele Gedichte Gottfried Kellers aus. In seinem »Weihnachtsmarkt« treibt Keller mit Entsetzen nicht Spott, sondern Verklärung. Verklärt, nicht verzerrt ist das Gesicht der alten Wendel. Entsetzt sind wir, der Dichter und der Leser, entsetzt darüber, daß Verklärung für eine wie die alte Wendel offenbar nicht anders zu haben war als so. Freitod als schönste Bescherung.
Gedichte, die auf eine Pointe hinauslaufen, bringen sich meist um ihr Bestes. In Kellers Gedicht verleiht die provokante Schlußpointe den Eingangsstrophen erst ihr Gewicht. In der vierten Strophe hätte Keller seine Pointe fast schon verraten, Nüsse werden für gewöhnlich nicht an einen Weihnachtsbaum *gehenkt*. Aber mit diesem *gehenkt* ist der Beweis erbracht, daß Keller sein Gedichtende schon genau kannte. So selbstverständlich ist das nicht. Der genuine Lyriker hat oft nur den Einfall eines Gedichtanfangs und läßt sich dann sozusagen von der Sprache das Gedichtende diktieren. Keller war primär Prosaiker, viele seiner besten Gedichte haben einen epischen Zug. Stimmigkeit, nicht Stimmung ist ihr Ziel.
Etwas stimmt nicht mit dem *lustigen Wald*, in den der Gedichtanfang führt: weder ist er lustig, noch ist er Wald, denn es fehlen ihm die Wurzeln. Und auch das *fröhliche Leben* darin macht nicht froh, schon gar nicht die sozial

Deklassierten, vor denen Lakai und Zofe das wegschleppen, was sie sich mit ihrem *Silberling* ohnehin kaum leisten könnten: ein wenig Illusion. Nicht nur ist alles künstlich in diesem *Zauberhaine*, vom Wald bis zum Gaslicht, es ist auch alles käuflich, Marktprodukt. Dem faulen Zauber und der Warenwelt der Großstadt setzt Keller den Zauber der wahren, nicht zur Ware gewordenen Natur entgegen: im *Bergesbanne*, also im Bannwald, darf wegen Lawinengefahr kein Holz geschlagen werden. Dem fremden, flachen, fahlen Berlin, in dem sein Gedicht entstand, konfrontiert Keller die sternübersäte Berggewalt seiner Schweizer Heimat. Dem Leben, das kein Fest ist, konfrontiert er einen festlichen Tod.

Ihn hat die alte Wendel (die in einer früheren Gedichtfassung noch die *alte Schmidtin* ist) wahrlich verdient, war sie doch noch ärmer als die *ärmste Mutter*, die ihr Kind am Weihnachtsmarkt vorbeiführte – um dieses Kind ärmer. Ihr war auch nicht beschert worden, worauf sich eigentlich jede Weihnachtsbescherung gründet, die Geburt eines Kindes, das immer auch *göttliches Kind* ist.

»Der grüne Heinrich weint zum ersten Mal um Geld« (Adolf Muschg). Geld, vor allem das, das man nicht hat, spielt in den Büchern Kellers, der immer wieder schwer verschuldet war, eine gewaltige, gewalttätige Rolle. Daß auch menschlicher Wert dem Marktwert unterliegt, hat den Dichter, der als Fünfjähriger den Vater und Ernährer verlor und den sozialen Abstieg seiner Familie nicht aufhalten konnte, lebenslang gequält. Schlimmer als alle materielle Not aber quälte ihn Liebesnot, Liebesverzicht. Alle Frauen, sogar die selbstgedichteten, waren zu groß für ihn, den Zwerg, der gerade 140 Zentimeter maß, Liebeserfüllung blieb ihm versagt. Versagt blieb ihm schon

eine erfüllte Kindheit und erst recht das eigene Kind, das dies hätte wettmachen können. Noch im herrlichen Nachlaßgedicht »Friede der Kreatur« vermißt er schmerzlich das Kind, das er hätte *Friede halten* lehren können.
Sein Los war Unfriede – Prügeleien und Alkoholexzesse waren nur äußerer Ausdruck dieses tief in sich Unzufriedenen, Zerrissenen, der »Lebendig begraben« nicht nur einen Gedichtzyklus nannte, sondern sich auch meist wohl so fühlte. *Im Tode erhöht* ist besser als *lebendig begraben.* Todes- und Erlösungsphantasien durchziehen Kellers ganzes Werk, Selbstmörder bevölkern es, und der grüne Heinrich mußte, obwohl der Verleger um sein Leben flehte, partout sterben, »aus melancholischer Laune«, wie eine autobiographische Notiz es vermeldet.
Im »Grünen Heinrich« heißt es einmal: »Aus Nichts hat Gott die Welt geschaffen. Sie ist ein krankhafter Abszeß dieses Nichts, ein Abfall Gottes von sich selbst. Das Schöne, das Poetische, das Göttliche besteht eben darin, daß wir uns aus diesem materiellen Geschwür wieder ins Nichts zurückabstrahieren ...« – Kellers in den vierziger Jahren entstandenes Gedicht stößt sich nicht nur blasphemisch und entsetzlich schön aus dem *Abszeß dieses Nichts* ab, es stößt auch kühn in eine lyrische Moderne vor, die recht eigentlich erst viel später mit Baudelaire und Rimbaud beginnen sollte.

GOTTFRIED KELLER
WIE GLÄNZT DER HELLE MOND

Wie glänzt der helle Mond so kalt und fern,
Doch ferner schimmert meiner Schönheit Stern!

Wohl rauschet weit von mir des Meeres Strand,
Ach, weiterhin liegt meiner Jugend Land!

Ohn Rad und Deichsel gibts ein Wägelein,
Drin fahr ich bald zum Paradies hinein.

Da sitzt die Mutter Gottes auf dem Thron,
Auf ihrem Schoße schläft ihr seelger Sohn.

Da sitzt Gott Vater, der den Heilgen Geist
Aus hohler Hand mit Himmelskörnern speist.

In einem Silberschleier sitz ich dann
Und schaue meine weißen Hände an,

Sankt Petrus aber gönnt sich keine Ruh,
Hockt vor der Tür und flickt die alten Schuh.

HEINZ POLITZER
MÄRCHENHAFTE HIMMELFAHRT

Man hat diesen Versen eine »mystisch-katholische Färbung« zugesprochen und ist versucht, sie aus dem skeptisch-gläubigen Geist zu erklären, der auch über Gottfried Kellers »Sieben Legenden« waltet. Tatsächlich handelt es sich in seinen Mittelstrophen um eine märchenhafte Himmelfahrt.

Das Gedicht besitzt eine Vorform, die um etwa dreißig Jahre zurückliegt. Diese schiebt sich nach der zweiten Strophe ein und berichtet vom abgründigen Verlust des Glücks, von Nacht und Nebel und von der Kälte des Himmels, an dem schon der kalte Mond der allerersten Zeile gestanden ist. Die Streichung dieser konventionellen und von Selbstmitleid triefenden Zeilen bildet den eigentlichen Geniestreich, aus dem sich das Gedicht erhob.

Beiden Fassungen gemeinsam ist, von geringfügiger Abweichung abgesehen, der Einsatz: die Sehnsucht nach der Jugend, nach dem Stern von seiner, des Dichters, Schönheit. Es ist nicht anzunehmen, daß der Mann Gottfried Keller, den Ernst Kretzschmer das Vorbild eines »zyklothymen Pyknikers« genannt hat, seine körperliche Schönheit im Sinne hatte. Und doch schwebt in dieser astralen Schönheit ein gut Stück Autoerotik mit, vom Verliebtsein aller Jugend in sich selbst: *quant' è bella giovinezza.* Diese Schönheit aber war Keller schon ferngerückt, als er in den Dreißigern stand.

Der Blick des lyrischen Ichs ist jedoch nicht nur rückwärts gewandt. Das »Wägelein« der dritten, neuen, Strophe, das es »gibt«, von dessen Existenz der Dichter also überzeugt ist, hebt ihn in den Himmel, und zwar »bald«. So tröstet sich ein Mensch, der weiß, daß es in Kürze vorbei sein und er dahinfahren wird. Die verflossene Jugend spiegelt sich in einer jenseitigen Zukunft (doch welche Zukunft wäre nicht jenseits?): Hier aber öffnet sich das Paradies mit der Madonna, die ihr Kind wiegt. Oder ist es eine Pietà? Der Text bleibt an dieser Stelle undeutlich. Jedenfalls erzählt er von der Heimkehr eines verlorenen Sohnes. Und jedenfalls sitzt Gott Vater gemütlich da und streut der Taube der Dreifaltigkeit paradiesischen Weizen auf. »Kein' Musik ist schöner auf Erden« als die Harmonie über dieser Himmelsszene.

Beiden Fassungen gemeinsam ist dann auch wieder die vorletzte Strophe. Der »Silberschleier«, der den Entseelten aufs durchsichtigste umhüllt, dient der Verklärung. Verwundert blickt der Tote auf seine Finger, die noch wächsern sind von der Anstrengung des Sterbens, aber durch den Schleier ein neues, gleichsam erlöstes Leben gewonnen haben. Die Schönheit der Jugend feiert ein transzendentales Auferstehen.

Dann aber spaltet's sich wieder. Die letzte Strophe der Vorform schließt an ihre Vorgängerin an: »Bis irgend eine Harfensaite springt / Und mir erschreckend durch die Seele klingt.« Verunsichert durch das Füllwort »irgend« und abgeplattet durch die Harfen-Allegorie, sind diese Zeilen Jugendstil, vor allem Jugendstil, frühester Rilke. In der Fassung letzter Hand tritt an die Stelle der geplatzten Saite ein durchaus robuster Sankt Petrus, der vor der Himmelstür hockt und alte Schuhe ausbessert. Mit dem Bild

dieses sonderbaren Heiligen setzt Keller die Signatur des Realismus unter das Gedicht.
Fern davon, ihr zu widersprechen, besiegelt dieser Realismus die Symbolsprache des ganzen Gedichts. Verfolgen wir dessen Duktus von Jugendsehnsucht und Alterswehmut zu Tod und Verklärung, dann wird es klar, daß die Seele die Himmelstür schon passiert hat, während der arme Heilige noch draußen vor der Türe sitzen und sich abschuften muß. Seine Finger sind vom Flickwerk schwielig, – der Seele aber, drinnen, *hinter* der Himmelstür, ist es erlaubt und gestattet, sich mit unendlicher Muße in den Anblick ihrer weißen Finger zu versenken. Gott Vater scheint seinen Dichter zu kennen: ein wenig bleibt er auch im Paradies Narziß. So wird die Angst vor dem Tod unversehens zum Lächeln über das Gestorbensein.

GOTTFRIED KELLER
WINTERNACHT

Nicht ein Flügelschlag ging durch die Welt,
Still und blendend lag der weiße Schnee.
Nicht ein Wölklein hing am Sternenzelt,
Keine Welle schlug im starren See.

Aus der Tiefe stieg der Seebaum auf,
Bis sein Wipfel in dem Eis gefror;
An den Ästen klomm die Nix' herauf,
Schaute durch das grüne Eis empor.

Auf dem dünnen Glase stand ich da,
Das die schwarze Tiefe von mir schied:
Dicht ich unter meinen Füßen sah
Ihre weiße Schönheit Glied um Glied.

Mit ersticktem Jammer tastet' sie
An der harten Decke her und hin,
Ich vergeß' das dunkle Antlitz nie,
Immer, immer liegt es mir im Sinn!

HERMANN BURGER
DAS GESICHT IM EIS

Dieses frostklar umgrenzte Winterbild, das zu den schönsten Landschaftsgedichten Gottfried Kellers gehört, fasziniert mich aus zwei Gründen. Zum einen scheint es ganz in der Stimmung der wolkenlosen Winternacht über einem gefrorenen See aufzugehen; zum andern birgt es ein Geheimnis unter der Eisdecke, dem man mit dem Vokabular der Psychologie beizukommen meint. Beim wiederholten Lesen aber versagt dieses Instrumentarium.
Zwar kann man in der Nixe, die an dem rätselhaften Seebaum emporklettert – nach dem Grimmschen Wörterbuch ein Schlagbaum, der die Einfahrt in den Hafen sperrt –, durchaus das »schöpferische Unbewußte« sehen, das den Künstler geheimnisvoll bedrängt und in ihm nach Gestalt ringt. Seetiefe und Frostnacht, Wasserjungfrau und Eisdecke wären demnach Bilder für zwei Bereiche, die beim Schaffen zusammenwirken: das kühle, berechnende Handwerk und die irrationale »Unterwelt«.
Liest man es so, geht das Gedicht restlos auf. Der Dichter folgt dem Lockruf aus der Tiefe, wagt sich auf die Eisfläche hinaus und sieht wie durch ein Aquariumglas die weiße Schönheit der weiblichen Gestalt. Ihr verzweifeltes Tasten der Decke entlang bewahrt er im Gedächtnis, das wie später bei Celan gleichbedeutend mit Gedicht verstanden werden kann. Doch diese saubere Gleichung befriedigt nicht ganz.
Das Gedicht »Winternacht« bezeugt zwar Kellers Verbin-

dung mit einem Seelenbereich, der sich in einem weiblichen Symbol zu erkennen gibt, aber wie das Traumbild in ein wirkendes Werk verwandelt wird, erfahren wir nicht. Die psychologische Deutung des künstlerischen Prozesses hört da auf, wo das Handwerk, das Machen beginnt.
So bleibe ich lieber bei der naiveren Lesart, die mir eine Stimmung nahe bringt und die Frage aufdrängt: Woher kommt denn das sprechende und von der Tiefe angesprochene Ich? Wie steht es mit dem horizontalen Kräfteverhältnis auf der Achse der Zeit? Über dem gefrorenen See wölbt sich ein schalltoter Raum – kein Flügelschlag –, der Festgebannte kommt aus dem Niemandsland wie der lebendig Begrabene im gleichnamigen Zyklus.
Diese Starre ist bezeichnend für Kellers Lebensfremdheit, für seine Isolation vor allem bezüglich des weiblichen Geschlechts. Der da steht auf dünnem Glas, hat sich trotz seines Staatsschreiberamtes nie eingebürgert in der Gesellschaft. Keller blieb stets der Unbehauste im kleinen Kreis, und dieses Kafka verwandte Junggesellentum des Einzelgängers, ja Sonderlings zeitigte zwei Aspekte derselben Mentalität: den Humor in den »Leuten von Seldwyla« und die tiefe Resignation im »Martin Salander«.
»Resignatio«, heißt es einmal bei Keller, sei keine schöne Gegend. Ich sehe sie in der Landschaft, die das Gedicht verschweigt. Eine weiße Einöde ohne Zeichen der Kommunikation, arktisch. Aber dem Ich, das sich da in eine gefährliche Zone begeben hat, bleiben zwei Dinge zum Trost: Das Firmament über ihm und das dunkle Antlitz unter ihm.
Und jetzt erst greift die zweite Lesart. Die Vision, die aus der Tiefe aufsteigt und ihren »Sinn« im Betrachter findet, ist ebenso der Zeit entrückt wie die Sterne. Die Froststim-

mung schlägt um in ein Zeichen des Lebens, in die Inspiration. Zwar bleibt die schwarze Tiefe des Weltraumes und des Sees von ihm geschieden, aber das punktuelle Zünden der Welt im lyrischen Subjekt macht die Spannung erträglich, läßt den Betroffenen die Totenstarre überwinden. Es bleibt die Melancholie, nicht hinabsteigen zu können zur Nixe.

GOTTFRIED KELLER
WINTERNACHT

Nicht ein Flügelschlag ging durch die Welt,
Still und blendend lag der weiße Schnee.
Nicht ein Wölklein hing am Sternenzelt,
Keine Welle schlug im starren See.

Aus der Tiefe stieg der Seebaum auf,
Bis sein Wipfel in dem Eis gefror;
An den Ästen klomm die Nix herauf,
Schaute durch das grüne Eis empor.

Auf dem dünnen Glase stand ich da,
Das die schwarze Tiefe von mir schied;
Dicht ich unter meinen Füßen sah
Ihre weiße Schönheit Glied um Glied.

Mit ersticktem Jammer tastet' sie
An der harten Decke her und hin –
Ich vergeß das dunkle Antlitz nie,
Immer, immer liegt es mir im Sinn!

WERNER WEBER
SCHAUER UND RESPEKT

In Heyses Novelle »Das Seeweib« passiert es: Louison, vernachlässigt in einer Abendgesellschaft, greift »mechanisch« nach einem Buch, das vor ihr auf dem Tisch liegt, blättert ein wenig und bleibt hängen bei einem Gedicht, »dessen schauerliche Schönheit selbst auf ihre nicht sonderlich tiefe Natur einen wundersamen Eindruck machte«. Sie liest es den Damen und Herren vor – Gottfried Kellers »Winternacht«.

Wie Heyses Louison, immer wieder, sind Leserinnen und Leser bei diesem Gedicht hängengeblieben. Wasserfrauen, allbekannt, tun es einem an, von Undine bis zur schönen Lau in Mörikes Blautopf; und gar Melusine, deren Name (Fontane wußte es) wirklich tief blicken läßt, tief wie Kellers Nixe. »Winternacht« ist erstmals im Rahmen der »Neueren Gedichte« erschienen, 1851; dort steht es am Schluß der Abteilung »Jahreszeiten«. In den »Gesammelten Gedichten«, 1883, schließt mit ihm das »Buch der Natur«. Nicht zufällig; Keller hat es so arrangiert: von Stück zu Stück ein Spiel um Wohlsein, aber zuletzt die Trauer, unverhohlen, die zu jenem Spiel gehört.

»Winternacht«; die Gegenwartsrede der letzten beiden Verse (nach dem von Keller in der Schlußredaktion eingesetzten Gedankenstrich) macht deutlich, was das Gedicht gibt. Es gibt in Vergangenheitsrede ein Nachsinnen über Erlebtes. Es erzählt, und im Erzählen drängt Vergangenes herauf, so, daß zuletzt in jenem verkürzten *tastet' sie* nur das Auge das volle »tastete sie« ausmachen kann; das Ohr hört pure Gegenwart, »tastet sie«.

Erlebtes, Vergangenes, das zur Gegenwart drängt. Die erste Strophe schafft dafür ein Raumverhältnis, in welchem Kosmos (Welt, Sternenzelt) und Lokal (eingeschneiter Ort, zugefrorener See) verschränkt sind. Was sich da anmeldet, trifft im Folgenden ein: Mythisierung des Erlebens; *Seebaum*, *Nix*, *schwarze Tiefe*, *weiße Schönheit* – davon ist das erlebende Ich in seiner Gewöhnlichkeit höchst prekär geschieden und doch mythisch beschienen.

Es gibt zum Gedicht »Winternacht« eine von Keller für den Druck verworfene Strophe; darin die Verse: *Mich durchschauerte ein bang Gefühl, / Wie wenn ich die eigne Seele sah*. Was aber sieht das erlebende Ich? Was sagt das Nixe-Bild? Nicht einmal mit Bezug auf Gottfried Keller selbst ist der Sinn auszuschöpfen. Ein Hinweis etwa auf den wunderbaren Schock des grünen Heinrich vor Judith in der Heidenstube gibt dem Geheimen nur noch tiefere Geltung. Judith, die Frau, wird Wasserfrau. Ihre Kleider legt sie ab am Saum zwischen tragendem Grund und rieselnden Wellen; »zu oberst ein weißes Hemd«, noch warm, »wie eine soeben entseelte irdische Hülle«. Verwandelt erscheint sie wieder in der Mondnacht. Heinrich sieht »jedes Glied in dem hellen Lichte deutlich, aber wie fabelhaft vergrößert und verschönt«. Ein Seelenbild, im reinen Sinne schamlos. »Von einem heißkalten Schauer und Respekt durchrieselt«, weicht Heinrich vor der mythisch großen Erscheinung zurück, »aber sie nicht aus den Augen verlierend«.

Das ist das sommernächtliche Gegenbild zum Nixe-Bild im Gedicht »Winternacht«. Schauer und Respekt; es sind

Schlüsselwörter für Gottfried Kellers Empfinden vor der Frau. Schauer und Respekt – und der erstickte Jammer, der damit verbunden ist: das ist im Nixe-Bild und in seinen Motiven in »schauerlicher Schönheit« aufgehoben.

Aber damit ist der Sinn des Gedichts nicht eingeholt. Es sagt mehr. Seine Bildrede steht für alles, was einem an Ersehntem, Erwartetem nahe kommt, doch einen nicht erreicht. Es nicht aus den Augen verlieren heißt: hoffen; oder einfach: überwintern.

MAX SCHNECKENBURGER
DIE WACHT AM RHEIN

Es braust ein Ruf wie Donnerhall,
wie Schwertgeklirr und Wogenprall:
Zum Rhein, zum Rhein, zum deutschen Rhein!
Wer will des Stromes Hüter sein?
  Lieb Vaterland, magst ruhig sein:
  Fest steht und treu die Wacht am Rhein!

Durch Hunderttausend zuckt es schnell,
und aller Augen blitzen hell:
Der deutsche Jüngling, fromm und stark,
beschirmt die heilge Landesmark.
  Lieb Vaterland, magst ruhig sein:
  Fest steht und treu die Wacht am Rhein!

Er blickt hinauf in Himmelsaun,
wo Heldengeister niederschaun,
und schwört mit stolzer Kampfeslust:
»Du, Rhein, bleibst deutsch wie meine Brust!«
  Lieb Vaterland, magst ruhig sein:
  Fest steht und treu die Wacht am Rhein!

»Und ob mein Herz im Tode bricht,
wirst du doch drum ein Welscher nicht.
Reich wie an Wasser deine Flut
ist Deutschland ja an Heldenblut.«
  Lieb Vaterland, magst ruhig sein:
  Fest steht und treu die Wacht am Rhein!

»So lang ein Tröpfchen Blut noch glüht,
noch eine Faust den Degen zieht,
und noch ein Arm die Büchse spannt,
betritt kein Feind hier deinen Strand.«
   Lieb Vaterland, magst ruhig sein:
   Fest steht und treu die Wacht am Rhein!

Der Schwur erschallt, die Woge rinnt,
die Fahnen flattern hoch im Wind:
Zum Rhein, zum Rhein, zum deutschen Rhein!
Wir alle wollen Hüter sein!
   Lieb Vaterland, magst ruhig sein:
   Fest steht und treu die Wacht am Rhein!

JÖRG VON UTHMANN
POETISCHE FRUCHT EINER NAHOSTKRISE

Wie sich die Zeiten ändern! Wenn heute vom Rhein die Rede ist, denkt jeder sofort an Chlorbenzol und tote Fische. Vor hundertfünfzig Jahren sang das deutsche Volk mit dem Bonner Gerichtsschreiber Nikolaus Becker: »Sie sollen ihn nicht haben, den freien deutschen Rhein!« Sie – das war nicht die chemische Industrie, das waren die Franzosen. Auf dem Wiener Kongreß hatte Frankreich seine linksrheinischen Eroberungen herausgeben müssen. Wirklich abgefunden mit dem Verlust hatte es sich jedoch nicht. 1840, nach einer schweren diplomatischen Schlappe im Nahen Osten, suchte Premierminister Thiers die Aufmerksamkeit der Öffentlichkeit abzulenken. Er verlangte die Rheingrenze und war bereit, dafür in den Krieg zu ziehen. Zwar blitzte er bei seinem friedfertigen König Louis Philippe ab und mußte zurücktreten. Aber das Unglück war geschehen: Die alte Wunde begann wieder zu bluten.

Während die Pariser Presse in schrillen Tönen nach einer Revision des schmachvollen Friedens schrie, machten sich in Deutschland die Dichter ans Werk. Eine unvorstellbare Massenproduktion vaterländischer Lyrik setzte ein. Bekkers Rheinlied war nur das bekannteste; es wurde nicht weniger als hundertmal in Musik gesetzt. Der Germanistik-Professor Hoffmann von Fallersleben unterlegte der alten Kaiserhymne einen neuen Text – das Deutschlandlied. Derweil beschloß man in Köln, am Dom – dem Sym-

bol der unvollendeten deutschen Einheit – die im Mittelalter unterbrochenen Bauarbeiten wiederaufzunehmen. Der preußische König Friedrich Wilhelm IV. legte den Grundstein und hielt dabei eine antifranzösische Rede.
In diesem überhitzten Klima wollte auch der schwäbische Hütteningenieur Max Schneckenburger nicht zurückstehen. In einer Eisengießerei im fernen Bern küßte ihn die patriotische Muse. Er griff zur Feder und brachte »Die Wacht am Rhein« zu Papier. (Auch das Deutschlandlied entstand im Ausland – auf Helgoland, das damals englisch war.) Den überwältigenden Erfolg seines Gedichts erlebte Schneckenburger nicht mehr. Er starb 1849, gerade dreißig Jahre alt.
1854 wurde »Die Wacht am Rhein« von einem gewissen Karl Wilhelm, Direktor der Liedertafel in Krefeld, vertont und zur Silberhochzeit seines Namensvetters, des Prinzen und späteren Kaisers Wilhelm, erstmals gesungen. Im Krieg 1870/71 stieg »Die Wacht am Rhein« zur inoffiziellen deutschen Nationalhymne auf und blieb es bis zum Ende des Kaiserreichs. Sie zur offiziellen Nationalhymne zu erheben, zögerte der Berliner Hof, da – wie »Meyers Großes Konversationslexikon« von 1908 feinsinnig anmerkt – »dieselbe wegen ihrer antifranzösischen Spitze nicht bedingungslos für die internationale Repräsentation geeignet« schien. Mit dem amtlichen Liedgut hatten die Deutschen, wie man sieht, schon damals ihre Not.
Nationalhymnen – auch inoffizielle – auf ihre dichterischen Qualitäten abzuklopfen, ist eigentlich nicht fair. Unter den Jupiterlampen der strengen Textkritik schmelzen sie rasch dahin. Jedes Kind kann die schiefen Bilder – den glühenden Tropfen Blut – und die vom Reimzwang diktierten Gewaltsamkeiten mit Händen greifen. Immer-

hin ist dem Freizeitpoeten mit dem dreifachen Paukenschlag »Donnerhall«, »Schwertgeklirr« und »Wogenprall« ein imposanter Auftakt gelungen, dessen Echo bis zum Schluß vorhält.

Auch wenn wir den frommen, starken, deutschen Jüngling heute belächeln – daß frühere Geschlechter den rhetorischen Bogen zwischen der Frage in der ersten Strophe und der Antwort in der letzten als begeisterndes Crescendo empfanden, läßt sich mühelos nachvollziehen.

HERMANN LINGG
DAS KROKODIL

Im heil'gen Teich zu Singapur
Da liegt ein altes Krokodil
Von äußerst grämlicher Natur
Und kaut an einem Lotosstiel.
Es ist ganz alt und völlig blind,
Und wenn es einmal friert des Nachts,
So weint es wie ein kleines Kind,
Doch wenn ein schöner Tag ist, lacht's.

JÖRG VON UTHMANN
VON WEGEN TIERISCHER ERNST

Goethe hat einen Floh besungen, Rilke einen Panther, Schiller die Kraniche des Ibykus. Hermann Lingg beschreibt ein Krokodil. Lingg, der von 1820 bis 1905 lebte, gehört zu den heute vergessenen Dichtern des neunzehnten Jahrhunderts, die vor allem die Stätten des klassischen Altertums und die Geschichte Deutschlands in Reime faßten. Als sein Meisterstück gilt »Die Völkerwanderung«, ein Versepos in vierundzwanzig Gesängen, an dem er drei Jahre lang feilte. Daß er sein Handwerk verstand, zeigt aber auch »Das Krokodil«. Den von ihm gewählten Rhythmus – vierhebige jambische Zeilen – hält Lingg eisern durch, während sogar ein Mörike (»Gelassen stieg die Nacht ans Land, / Lehnt träumend an der Berge Wand«) bisweilen schon nach wenigen Versen aus dem Takt kam: »Sie singen der Mutter, der Nacht, ins Ohr / Vom Tage / Vom heute gewesenen Tage«. Auch die Reime sind sauber gebildet. Mundartliche Schlampereien (»Ach neige, / Du Schmerzenreiche«), die man zwar in Frankfurt, nicht jedoch in Lübeck oder Berlin für Reime hält, hätte sich Lingg nie gestattet.

Warum beschäftigt sich ein Mann, der sonst Gedichte schreibt mit Überschriften wie »Paestum« oder »Friedrich der Große nach der Schlacht bei Torgau«, plötzlich mit tropischen Reptilien? Die Antwort, auch wer historische Balladen verfasse, habe schließlich ein Recht auf heitere Gelegenheitsverse, ist zu simpel. Wo kämen wir hin,

wenn wir den Dichtern erlaubten, sich einfach gehenzulassen und ohne die Hilfe der amtlich bestallten Sinnvermittler direkt vors Publikum zu treten? Dann könnte man ja gleich die germanistischen Lehrstühle abschaffen und die Sekundärliteratur dem Recycling zuführen. Nein, das geht nicht. Es ist klar, daß Lingg mit seinem Ausflug nach Südostasien etwas Tieferes gemeint haben muß.
Bekanntlich haben die Krokodile im Lauf der Geschichte eine höchst unterschiedliche Bewertung erfahren. Die alten Ägypter verehrten sie als heilige Tiere; manche wurden nach dem Tode sogar mumifiziert und beigesetzt. Die alten Juden dagegen sahen in ihnen feindselige Ungeheuer. Daß der biblische Leviathan und der Fisch, der den Propheten Jona verspeiste, in Wahrheit Krokodile waren, steht außer Frage. Auch in den Kirchen des Mittelalters wird das Höllentor, das die Sünder verschlingt, häufig als aufgesperrter Rachen eines Krokodils dargestellt. Damals kam das Tier – vermutlich wegen seiner stark entwickelten Augenwülste – in den Verdacht, nachdem es einen Menschen verzehrt habe, weine es »Krokodilstränen«. So heißt es zum Beispiel im Bestiarium des Philip de Thaun (um 1120): »S'il pot hom devure / quant manget ad si plure (frei übersetzt etwa: Erst kommt das Fressen, dann kommt die Trübsal). Nach Erasmus vergießt das Tier Tränen, *bevor* es sein Opfer angreift: »Das Crocodyl, so es eynes Menschen erblikket, weynet und frisset yhn ohnverzüglich.«
Lingg ist der erste, der dem albernen Ammenmärchen mit den Waffen der Poesie entgegentritt. Gewiß, so räumt er ein, weint das Krokodil – aber aus einem völlig anderen Grund, nämlich wenn das Wetter schlecht ist. Scheint dagegen die Sonne, lacht es. Wen der Dichter mit seiner Pa-

rabel im Visier hat, ist klar: das grämliche deutsche Volk, das fünfzehnhundert Jahre nach der Völkerwanderung noch immer nicht zur Ruhe kommen will. Vergeßt Atommüll, Aids, eure giftigen Nudeln und eure toten Wälder – so ruft er uns zu –, und denkt lieber an Friedrich den Großen, der seinen Soldaten zwar nicht bei Torgau, aber bei Kunersdorf die berühmte Frage stellte: »Kerle, wollt ihr ewig leben?« Denkt an das blinde Krokodil, fahrt in die Sonne nach Paestum oder Singapur, lacht und laßt euch den Lotos schmecken!

HERMANN ALLMERS
HEIDENACHT

Wenn trüb das verlöschende letzte Rot
Herschimmert über die Heide,
Wenn sie liegt so still, so schwarz, so tot,
Soweit du nur schauest, die Heide,
Wenn der Mond steigt auf und mit bleichem Schein
Erhellt den granitnen Hünenstein,
Und der Nachtwind seufzet und flüstert darein
Auf der Heide, der stillen Heide –

Das ist die Zeit, dann mußt du gehn
Ganz einsam über die Heide,
Mußt achten still auf des Nachtwinds Wehn
Und des Mondes Licht auf der Heide:
Was nie du vernahmst durch Menschenmund,
Uraltes Geheimnis, es wird dir kund,
Es durchschauert dich tief in der Seele Grund
Auf der Heide, der stillen Heide.

HERMANN KUNISCH
ALTE UNNENNBARE TAGE

Der Schulweg in meiner niedersächsischen Heimatstadt führte mich, als ich fünfzehn oder sechzehn Jahre alt war, täglich an einer Buchhandlung vorbei (gegenüber dem romanischen Dom – mit dem Löwenpudel Karls des Großen davor), wo ich stehenblieb mit unbestimmtem Suchen, nicht wissend, daß einmal Bücher mein Schicksal sein würden.

Dort hing – wann? – im Fenster eine große Radierung eines heimischen Künstlers, eine Heidelandschaft: ein Hünengrab unter vom Sturm bewegten Eichen, darüber dräuende Wolken. Das Bild trug zwei Verszeilen als Unterschrift: »Wenn trüb das verlöschende letzte Rot / Herschimmert über die Heide.«

Mehr als das Bild mit dem vertrauten Gegenstand berührten mich die Worte; ich behielt sie im Gedächtnis, ohne mich um Herkunft und Verfasser zu kümmern. Viel später fand ich in einer alten, von der Mutter überkommenen Lyrik-Anthologie (»Aus tiefster Seele«, um 1890) das Gedicht, dessen erste zwei Zeilen mich berührt hatten, und den Namen des friesischen Dichters Hermann Allmers (1821-1902), des Verfassers des »Marschenbuches« (1858). Wer kennt ihn heute noch? Es sei denn, er kenne die Vertonung eines anderen Allmers-Gedichtes durch Johannes Brahms: »Feldeinsamkeit«.

Was hatte mich damals berührt: Klang, rhythmische Bewegung, Stimmung? Nichts eigentlich Gegenständli-

ches, es sei denn ein unbestimmt Herkömmliches, Überliefertes, mir als Lebensraum Gehöriges. Jedenfalls kein weltanschaulich Programmatisches, Ideologisches. Das Buch aber, in dem ich das Gedicht fand, war herausgegeben von einem Mann, der später die falsche, unheimliche, rauschhafte »Weltanschauung« der Boden- und Blutverfallenheit vertrat: Adolf Bartels.
Hat dieses Gedicht etwas damit zu tun? Gewiß, wir werden heute unruhig und argwöhnisch, wenn die Stimmen der Natur als Offenbarung eines uns übergreifenden, geheimnisgesättigten Alls vorgetäuscht werden. So müssen wir, auch wenn Vertrautes schöner Vergangenheit dadurch seinen Reiz verlöre, genau prüfen. Die erste Strophe ist eine anrührende Vergegenwärtigung jener Landschaft, die auch sonst Anlaß zu bildnerischer Gestaltung geworden ist (in der Dichtung etwa bei Storm): Sonnenuntergang, Mond, Hünenstein, Nachtwind. Dem Ohr sich kundtuend in der eindringlichen Wiederholung des alle Einzelheiten zusammenfassenden Reimes: Heide.
Die zweite Strophe mit der Anrede an den Hörer: »dann mußt du gehn« beschwört nun ein Fühlen, das später ins Ideologische verkehrt wurde: Wahrnehmen eines »uralten Geheimnisses«, von dem der Mensch nichts weiß. Ist das falsch oder unerlaubt, weil es dem Mißbrauch Vorschub geleistet hat, weil es entstellt werden konnte? Dann müßte auch vor Goethes »Füllest wieder Busch und Tal«, vor Mörike und vielem anderen gewarnt werden. Aber welches Glück und welchen Reichtum gäben wir dahin!
So sollten wir auch diese Strophe, auch wenn hinter ihrer traumhaften Überredungskraft uns heutigen Heimgesuchten das Bedenkliche spürbar ist, dennoch annehmen. Ihre sprachliche Verführung wird von der ersten, ganz der

Gegenwart hingegebenen Strophe entzaubert. Über dem Ganzen aber stehen die ersten beiden einfach schönen Zeilen: dicht, genau, kein Wort zuviel. Sie leisten, was Dichtung leisten soll: Empfundenes ins Gültige, Dauernde zu heben, anrührende Gegenwart zu gestalten, dem ganzen Empfinden, Auge und Ohr, mitzuteilen.

HERMANN ALLMERS
FELDEINSAMKEIT

Ich ruhe still im hohen grünen Gras
und sende lange meinen Blick nach oben,
von Grillen rings umschwirrt ohn' Unterlaß,
von Himmelsbläue wundersam umwoben.

Und schöne weiße Wolken zieh'n dahin
durchs tiefe Blau, wie schöne stille Träume; –
mir ist, als ob ich längst gestorben bin,
und ziehe selig mit durch ew'ge Räume.

GABRIELE WOHMANN
ZU GAST BEIM TOD

Plötzlich, zwischen der einen und der nächsten Unschlüssigkeit, bin ich beim planlosen Lesen in einer Lyrikanthologie auf den Titel »Feldeinsamkeit« gestoßen und habe mich gefreut. Warum? Endlich hatte ich den Text zu einer sehr geliebten Melodie gefunden. Den Namen des Verfassers las ich zum erstenmal. Es war schwierig, etwas zu erfahren über ihn, der von 1821 bis 1902 in Rechtenfleth bei Bremen als Bauer lebte, unterm Einfluß des Naturforschers Haeckel wissenschaftliche und künstlerische Studien betrieb, Ehrendoktor der Philosophie in Heidelberg wurde; der dichtete, malte, komponierte: eine Art Folklorist, um dessen Angedenken sich heute noch in Allmersheim eine »Allmers-Gesellschaft« kümmert.
Und warum entdeckte ich in diesem bis jetzt Unbekannten einen Altbekannten? Die vorletzte Zeile von »Feldeinsamkeit« begleitet mich seit meiner Kindheit, und immer, wenn sie mir zufällig einfällt, kann ich mich durch sie angenehm melancholisieren. Allerdings: mit Johannes Brahms' Hilfe. Der Satz fällt mir als Musikzeile ein. Brahms hat das Gedicht von Allmers vertont und mir dessen Glücks- und Trauerschönheit erst erschlossen. Nachträglich läßt sich nicht klären, ob ich für diese Verse ohne die Musik empfänglich wäre.
Also »hörte« ich, nun von Anfang an lesend, die zwei Strophen; ich hörte, zur Klavierbegleitung meines damals sehr jungen älteren Bruders, meiner Mutter zu, die für ih-

ren Gesangsunterricht übte. Schon bevor die Natur »Umwelt« hieß – ihre Moribundenbezeichnung –, empfand ich zum Beispiel eine hochsommerliche Ruheseligkeit wie die des Einsamen im Feld nur in einer Kunstform mit; im »wirklichen« Gras würden Insekten, Hitze, Heuschnupfen stören. Fehlt nicht aber auch bei Allmers jegliche naiv-robuste Natur-Lust? »Ich ruhe still ...« kündigt an, wie wenig ich es mit der heutigen Freizeit-Auffassung zu tun bekommen werde. Diesen Freund der »Feldeinsamkeit« müßte die Ausflüglermentalität unserer Ära verscheuchen. Wozu dient ihm sein Ausruhen im »hohen grünen Gras«? Er schaut »nach oben«, in Kierkegaards Lieblingsblickrichtung, und mich freut Allmers' Kunstinstinkt, durch den verschwiegen bleibt, warum »oben« das ersehnte Ziel ist. Es gibt kein Genügen zwischen den Grillen und unter Wolken.
Das irdische Glücksgefühl zerfließt in Träume, die schön und still sind, bis hin zur entscheidenden Zäsur, markiert durch Strichpunkt und Gedankenstrich. Die trennen die Erdenbehaglichkeit ab vom endlich befriedigten Todestrieb. Wer hat mit dieser Abkehr gerechnet? Wer erschrickt? Nur der, dem die Zeitlichkeit ausreicht. Der lange Blick nach oben aus der zweiten Zeile war ein Vorbote der Hinwendung zur transzendenten Vision, ohne die das Gedicht bloß eine sinnlich-szenische Verträumtheitsidylle bliebe, und ich hätte gedacht: Ach, Naturlyrik, ach, Allmers, gut warst du dran in deiner Zeit unter unvergifteten Wolken im bleifreien Gras. Sie konnten guten Gewissens besungen werden, sogar in Reimen (obgleich das Reimwort »bin«, das zu »dahin« passen soll, im Konjunktiv stehen müßte).
Aber wir haben sie ja, die interessante Pointe: den Todes-

eindruck, die schöne Täuschung. Feldeinsamkeitswahrnehmung spiegelt die Ewigkeit wider. Keine trübe Stimmung, keine Abschiedskläglichkeit. Vielmehr schätzt der Sterbensträumer, wie infiziert mit den Wolken dahinziehend, sich »selig«, tot zu sein. Und sogar: »längst«! Das schließt alle nur weich-wehmütige Todesspielerei aus. Das Wort »längst« ist definitiv, und es gibt dieser Zeile einen radikalen Schub. »Der Abschied ist gemacht« aus Bachs Kantate »Ich habe genug« fällt mir ein. Schluß mit dem – gelegentlich in einer »Feldeinsamkeit« ja doch sehr verlokkenden, aber alles in allem unzulänglichen – Diesseits.
Ich höre wieder den Gesang meiner Mutter, die jedes meiner Kinderbedürfnisse befriedigen konnte. Die meisten galten gewiß der Lebenslust, damals. Aber ein großes rätselhaftes Verlangen nach Melancholie spürte ich auch, und meine Mutter ließ mich teilnehmen an der Höchstdosis: Feldeinsamkeit.

CONRAD FERDINAND MEYER
AUF DEM CANAL GRANDE

Auf dem Canal grande betten
Tief sich ein die Abendschatten,
Hundert dunkle Gondeln gleiten
Als ein flüsterndes Geheimnis.

Aber zwischen zwei Palästen
Glüht herein die Abendsonne,
Flammend wirft sie einen grellen
Breiten Streifen auf die Gondeln.

In dem purpurroten Lichte
Laute Stimmen, hell Gelächter,
Überredende Gebärden
Und das frevle Spiel der Augen.

Eine kurze kleine Strecke
Treibt das Leben leidenschaftlich
Und erlischt im Schatten drüben
Als ein unverständlich Murmeln.

HELMUT KOOPMANN
VENEZIANISCHER LEBENSAUGENBLICK

Das Venedig, das uns hier vorgestellt wird, ist nicht das des modernen Tourismus, sondern das Zeitlose der Legende, und es ist reduziert auf einige, unverwechselbare Charakteristiken: Gondeln, Paläste, der Canal grande. Von den Kirchen und Plätzen ist nicht die Rede, nicht von den zahllosen dunklen Gassen, den Menschen in ihnen, der Lagune draußen. Die Seitenwege und Nebenstraßen interessieren den Dichter nicht, das Panorama ringsum schon gar nicht.

Der Konzentration auf einen Ort, eben den allerweltsbekannten Canal grande, entspricht das Zusammenschrumpfen der Zeit auf einen Moment: Abenddämmerung, ein letzter Sonnenstrahl, der das Geschehen auf dem Wasser noch einmal hell ausleuchtet – und plötzlich wird aus dem Flüstern (selbst wenn es nur vergleichsweise erwähnt wird) ein helles Gelächter; wir sehen Einzelheiten und sogar manches, was das Tageslicht vielleicht besser scheuen würde. Aber wir sehen es nur momenthaft. Der grelle Streifen Lichtes hat geradezu filmische Effekte. Eine eigentlich hochdramatische Situation – als ob der Sonnenstrahl nun auch erst hörbar machte, was sich da auf den Gondeln tut.

Ein Postkarten-Venedig, eine neugierige Momentaufnahme aus jener Stadt zwischen Himmel und Wasser, der auch das Verruchte seit Jahrhunderten anhängt, ein lyrisches Canaletto-Porträt? Aber so kann es nur dem ungenauen Leser erscheinen. Denn spätestens beim wiederholten Lesen wird das Fassadenhafte durchsichtig, und wir erkennen ein symbolistisches Gedicht. Das Impressionistische ist Mittel, nicht Selbstzweck, der eine strahlende Augenblick zwischen den Dunkelheiten ein Abbild des Lebens selbst, der Canal grande der Lebensstrom, Vergängliches befördernd. In den Gondeln treibt's dahin, die abendliche Erotik ist wachgeworden – aber wir sehen: ein Moment ist's nur, nicht mehr. Das ist Schopenhauer-Stimmung, wie sie dem ganzen neunzehnten Jahrhundert nicht fremd war. Das Leben nur ein buntes Bild, rasch wieder in Dämmerung und Dunkel tauchend. Das ist die Stimmung einer sich selbst nicht mehr sehr sicheren Generation, wissend zwar, aber vom Leben selbst doch ausgeschlossen.

Was macht das Gedicht so einzigartig? Es ist gerade das, was auf den ersten Blick so abstoßend wirken mag: die Stilisierung dessen, was sich kaum darstellen läßt. Man muß nicht Pessimist sein, um Gefallen zu finden an diesem Gedicht: an der strengen Form, am so scharf zugeschnittenen Augenblick, an der sparsamen Präsentation der Lebensrequisiten, der bloßen Andeutung dessen, was Leben ist. Nichts von der Griesgrämigkeit dessen, der am Leben nicht mehr teilhat – es ist die Unbestechlichkeit des Blickes von außen. Ein kleines existentielles Lehrgedicht, gewiß. Doch die Lehre ist hier so eindringlich, weil sie anschaulich geworden ist.

Was sich anfangs wie eine statuarische Szene ausnehmen mochte, ist voller Bewegung; dem einen Moment, in dem die Sonne ihre Flammen auf die Boote wirft, steht das Gleiten der Schiffe entgegen, und einen Augenblick lang scheint stillzustehen, was in Wirklichkeit doch unaufhaltsam entlangtreibt. Das ist eine höchst raffinierte Bildkomposition. Überhaupt haben wir es in diesem Gedicht ja nur mit Bildern zu tun, die ihre Sprache sprechen; von Gedankenlyrik keine Spur, auch nicht von Bedauern oder Trauer; der Kommentar, wenn man die letzte Zeile so benennen will, stellt fest, was die Bilder lehren. Aber braucht ein Gedicht überhaupt mehr als das?

CONRAD FERDINAND MEYER
DAS ENDE DES FESTES

Da mit Sokrates die Freunde tranken
Und die Häupter auf die Polster sanken,
Kam ein Jüngling, kann ich mich entsinnen,
Mit zwei schlanken Flötenbläserinnen.

Aus den Kelchen schütten wir die Neigen,
Die gesprächesmüden Lippen schweigen,
Um die welken Kränze zieht ein Singen ...
Still! Des Todes Schlummerflöten klingen!

EMIL STAIGER
AN DER SCHWELLE DES TODES

Die beiden Strophen sind im Sommer 1891 entstanden, also kaum ein Jahr vor Conrad Ferdinand Meyers zweiter Umnachtung. Wir kennen das Fest aus Platons »Gastmahl«. Dort wird erzählt, in vorgerückter Stunde sei Alkibiades in trunkenem Zustand mit Freunden und einer Flötenbläserin erschienen und habe Sokrates gepriesen. Meyer kannte zweifellos auch das Gemälde Anselm Feuerbachs, das diesen Auftritt darstellt. Weder bei Platon noch bei Anselm Feuerbach ist ein Hinweis auf den Tod zu finden, es sei denn in der Schwermut, die der Maler auch bei festlichen Themen nie ganz überwindet. Conrad Ferdinand Meyer aber drängte der Bezug sich auf. Er fühlte sich gerade in erhöhtem Leben am tiefsten bedroht.

In »Ende des Festes« sind die Zeilen mit der äußersten Behutsamkeit in das trochäische Metrum eingelegt. Keine unbetonte Silbe ist auch nur im geringsten beschwert. Kein Zeilensprung verrät eine Spur von jener Unruhe und Zufälligkeit, die bei den meisten Dichtern der neueren Zeit, im Widerspiel zum Gesetz, den Reiz lebendiger Verse ausmacht. Dennoch wirkt die Sprache nicht despotisch wie so oft bei Schiller, auch nicht peinlich abgezirkelt wie bei Dichtern des Rokoko. Sie scheint entrückt. Vielmehr, wir glauben ihrer Entrückung beizuwohnen. Es ist, als ob sie auf der Schwelle von dem Reich der Lebenden in das Totenreich verlauten würde, als ob sie eben erst – mit einem Wort aus Conrad Ferdinand Meyers Gedicht »Im Spätboot« – »süß erkalte«.

Dem scheint nun auch die dritte Zeile der ersten Strophe zu entsprechen: »Kam ein Jüngling, kann ich mich entsinnen«. Der Verdacht liegt nahe, daß die Worte »kann ich mich entsinnen« nur die Zeile füllen und den erforderten Reim erzielen müssen. Dann glauben wir aber zu verstehen: Ein Sterbensmüder fährt über die Stirn, um aus verlöschender Erinnerung ein bezauberndes Bild zu retten.

Die Entstehungsgeschichte des Gedichts bestätigt diese Deutung. Ursprünglich waren die Verse nämlich als Teilstück einer längeren Rede des tödlich verwundeten Kaisers Julianus an seine Freunde gedacht. Es ist nicht anzunehmen, daß es der Abfall dieses Kaisers vom Christentum war, der Meyer zu ihm hinzog. Was ihm Eindruck machte, war wohl eher der Versuch, im Stil einer untergegangenen Zeit zu leben, das Künstlertum eines Herrschers der Welt, das seine Todesstunde krönte. Ammianus Marcellinus berichtet, der sterbende Kaiser habe seine Freunde im Zelt versammelt und sie ermahnt, nicht traurig zu sein, wenn seine Seele nun, von keinem Frevel belastet, aus diesem Leben in ein höheres übergehe – ein Auftritt, der in jeder Gebärde dem Sterben des Sokrates nachgespielt ist, wie Platon es im »Phaidon« schildert.

Ähnlich hat Conrad Ferdinand Meyer, von der Gegenwart angewidert, zwar nicht im Leben, doch in der Dichtung sein Denken und Empfinden auf vorgeprägte Muster der bildenden Kunst und der Geschichte ausgerichtet und seine Sehnsucht als Chastelard, seine geheime Schwäche im Namen Pescaras, die Sorge des Menschenbildners im Gewand Michelangelos vorgetragen. So verfährt ein Spätling, der sich einer gewaltigen Überlieferung nicht entziehen kann und will, weil er, von ihr getragen, eine Vollendung erreicht, die Zeiten der Frühe des Aufbruchs ins Ungewisse versagt bleibt.

Auf eine späte Stunde deutet aber alles in diesem Gedicht. Das Fest ist zu Ende, die Kränze sind welk, die Becher bis zur Neige geleert. Der Kaiser Julianus gehört einer Welt an, die sich schon selbst überlebt hat; und seine milden Worte spricht er angesichts des nahen Todes, wie der Dichter, dessen Geist, schon einige Jahre vor seinem Tod, die innere Nacht zu umfangen beginnt.

CONRAD FERDINAND MEYER
DIE TOTE LIEBE

Entgegen wandeln wir
Dem Dorf im Sonnenkuß,
Fast wie das Jüngerpaar
Nach Emmaus,
Dazwischen leise
Redend schritt
Der Meister, dem sie folgten,
Und der den Tod erlitt.
So wandelt zwischen uns
Im Abendlicht
Unsre tote Liebe,
Die leise spricht.
Sie weiß für das Geheimnis
Ein heimlich Wort,
Sie kennt der Seelen
Allertiefsten Hort.
Sie deutet und erläutert
Uns jedes Ding,
Sie sagt: So ist's gekommen,
Daß ich am Holze hing.
Ihr habet mich verleugnet
Und schlimm verhöhnt,
Ich saß im Purpur,
Blutig, dorngekrönt,
Ich habe Tod erlitten,
Den Tod bezwang ich bald,

Und geh in eurer Mitten
Als himmlische Gestalt –
Da ward die Weggesellin
Von uns erkannt,
Da hat uns wie den Jüngern
Das Herz gebrannt.

ELISABETH ENDRES
DER SCHMERZ DES HIMMLISCHEN

Conrad Ferdinand Meyer ist uns bekannt als ein Dichter, der die Geschichte mit den kräftigen Farben der Sehnsüchte des neunzehnten Jahrhunderts wiedergab, der die italienischen Feldherren und die sarazenischen Prinzessinnen so schilderte, daß jedem Bürger im industriellen Zeitalter das Herz höher schlug: so müßte man bei Schwerterklang und Herzensqual leben können.

Aber lassen wir die Erzählungen und die Balladen beiseite! Es gibt einige Gedichte Meyers, die auf eine erschreckende Weise modern sind. Dieser Schweizer Dichter, der sich in die Historie verliebt hat, findet für die Leiden seiner Zeit, die doch so anders sind, Worte, die das Herz erschüttern. Seiner Zeit? Besser gesagt, unserer Zeit.

Zwei Menschen, die sich lieb hatten, gehen einem Dorf entgegen.

Eine biblische Assoziation stellt sich ein. So gingen die beiden Jünger, von denen der Evangelist Lukas berichtet, nach dem Kreuzestod von Jesus Christus nach Emmaus. Sie erlebten ein Wunder. Ein Unbekannter gesellte sich ihnen zu. Er hörte sich ihre Reden des Zweifels an und schalt sie. Dies alles, was sie beklagten, mußte geschehen, mußte erlitten werden. Nur so konnte Christus in seine Herrlichkeit eingehen. Er legte ihnen Moses und die Propheten aus. Als sie schließlich in Emmaus angekommen waren, verweilte er im abendlichen Zwielicht noch bei ihnen, segnete das Brot und ver-

schwand. Ihre Augen waren geöffnet worden. Sie hatten Jesus erkannt.
Den beiden Menschen, die in Meyers Gedicht wandeln, wird von einer rätselhaften, offenbar im Zwielicht beheimateten Weggefährtin etwas erklärt. Sie weiß die Vergangenheit zu deuten, weiß von der Liebe zu sprechen. Sie kennt die Geheimnisse der Seelen, und sie kennt die Passion, die man mit dem Wort Leiden übersetzen kann, aber auch mit dem Wort Leidenschaft. Ihre Zuhörer sind keine blassen, frommen Jünger mehr. Sie sind Betroffene, Schuldige. Sie sind es, die ihre Weggesellin verhöhnt und gepeinigt haben, die dafür sorgten, daß sie »am Holze hing«.
Welch kühnes Bild in dieser Zeit, in dieser gesitteten Zürcher Umgebung! An die Stelle von Christus tritt eine Allegorie der Liebe, die irdisch ist. Stellen wir uns den Hintergrund vor: ein Paar, das nicht durch äußere Umstände getrennt wurde, sondern sich gegenseitig das Leben grauenhaft schwer machte. Wenn der andere gequält wurde, ging es nicht ohne Schmerz für den Quäler ab. Er schlug auf sein eigenes Empfinden ein. Der Tod, den er der Liebe gab, war ein Stück seines eigenen Todes.
Und doch weiß der Dichter, daß eine Verwandlung möglich ist. Mit einer Geste, die an barocke Auferstehungsbilder erinnert, spricht die Weggefährtin: »Den Tod bezwang ich bald.« Die tote Liebe dieser Erde erscheint als himmlische Gestalt. Sie öffnet die verblendeten Augen.
Welch kühne Allegorie im Rahmen der poetischen Sitten! Die Weggefährtin Liebe hat die Leiden auf sich genommen. Sie hat sich in eine poetische Figur verwandelt, die den Schmerz zu Ende führt. Ob sie die Menschen von ihrer Schuld zu erlösen vermag? Der Dichter bleibt uns die

Antwort schuldig. Er hat, immerhin, das tröstliche, wenn auch nicht hoffnungsvolle Wort »Abendlicht« ausgesprochen. Das poetische Bild verweist uns auf einen Gott – dem Schatten gleich, der sich dem Anblick rasch entzieht. Am Ende steht die Trauer. Es sind Verse, die von dem schrecklichen, augenblicklich seligen Brennen der in Schuld geratenen Herzen künden.

CONRAD FERDINAND MEYER
EIN PILGRIM

’s ist im Sabinerland ein Kirchentor
– Mir war ein Reisejugendtag erfüllt –
Ich saß auf einer Bank von Stein davor,
In einen langen Mantel eingehüllt,
Aus dem Gebirge blies ein harscher Wind –
Vorüber schritt ein Weib mit einem Kind,
Das, zu der Mutter flüsternd, scheu begann:
Da sitzt ein Pilgerim und Wandersmann!

Mir blieb das Wort des Kindes eingeprägt,
Und wo ich neues Land und Meer erschaut,
Den Wanderstecken neben mich gelegt,
Wo das Geheimnis einer Ferne blaut,
Ergriff mich unersättlich Lebenslust
Und füllte mir die Augen und die Brust,
Hell in die Lüfte jubelnd rief ich dann:
Ich bin ein Pilgerim und Wandersmann!

Es war am Comer- oder Langensee,
Auf lichter Tiefe trug das Boot mich hin
Entgegen meinem ew’gen stillen Schnee
Mit einer andern lieben Pilgerin –
Rasch zog mir meine Schwester aus dem Haar,
Dem braungelockten, eins, das silbern war,
Und es betrachtend, seufzt ich leis und sann:
Du bist ein Pilgerim und Wandersmann!

Mit Weib und Kind an meinem eignen Herd
In einer häuslich trauten Flamme Schein
Dünkt keine Ferne mir begehrenswert.
So ist es gut! So sollt es ewig sein ...
Jetzt fällt das Wort mir plötzlich in den Sinn
Der kleinen furchtsamen Sabinerin,
Das Wort, das nimmer ich vergessen kann:
Da sitzt ein Pilgerim und Wandersmann!

GOLO MANN
LEBENSLUST UND WELTANGST

Durch alle die Jahrzehnte hieß es in meinem Gedächtnis: Jugendwandertag. So war ich, dem Klang wie der Sache nach, enttäuscht, »Reisejugendtag« zu finden. Gerne hätte ich mir den jungen Meyer als einen Wanderer in den Sabiner Bergen vorgestellt, einsam, wandermüd und abends zufrieden. Es war aber, meine ich nun, wirklich eine »Reise«, zusammen mit der Schwester, der Freundin und Helferin, die davon erzählt: Man fuhr im Einspänner von Rom über Castel Gandolfo nach Albano, wo übernachtet wurde. Am nächsten Tag Ritt, von einem Führer begleitet, auf den Monte Cavo, von dort hinunter nach Frascati und Grotta Ferrata. Dort mag der Dichter vor einer Kapelle, Betsy Meyer erwähnt sie, gesessen haben, bis der bestellte Vetturino eintraf, um das Paar vor Dunkelheit nach Rom zurückzubringen. Schönes hatten sie unterwegs allerdings gesehen, das weite Land vom Gipfel des Monte, die Seen tief unten, die uralte, der Natur vermählte Zivilisation, so daß von erfüllten Tagen die Rede sein durfte. Übrigens war Conrad Ferdinand nicht mehr *ganz* jung, 33 Jahre. Wir wissen, daß er spät sich fand, mit 33 noch nichts seinen Mitbürgern Schätzenswertes getan hatte, erst mit 45 eigentlich begann.

»Begann« – die Wortwahl in der ersten Strophe ist um des Reimes willen. Das Kind beginnt ja keine Rede, es sagt nur dies und nichts anderes. Oft habe ich mich gewundert, wie das leichte, untergeordnete Talent, zu reimen, bei großen

Dichtern mit ihren höchsten Gaben wie selbstverständlich koinzidiert, zum Beispiel bei Goethe. Dagegen fiel es Conrad Ferdinand schwer, die rechten Reime zu finden, das ließe sich zeigen.

Weil auf Schwächen angespielt wird, das Gedicht enthält noch eine: »am Comer- *oder* Langensee«. Er mußte doch wissen, welcher See es gewesen war. Aber er brauchte vier Silben; und die durch ein Epitheton zu finden, »am lieblich-blauen Langensee« oder dergleichen, das wollte er nicht. – Zwei Mattheiten in einem Sprachwerk, das sonst mir vollkommen scheint.

Es steht am Ende der ganzen Sammlung, als »Epilog«, letztes Wort, Résumé. So war ich, bin ich noch, so mein Bild von mir selber. Lebenslust, immer gesucht, manchmal gefunden, und Weltangst, die gar nicht gesucht zu werden brauchte, hier rationalisiert zu Angst vor Alter, Tod, Vergänglichkeit überhaupt.

In Meyers Erlebnisdichtung spielt Wandern sehr stark mit, Quell der Freude, »noch einmal ein flüchtiger Wandergesell«, wie auch Schicksal:

> Zu Wandern ist das Herz verdammt,
> Das seinen Jugendtag versäumt ...

Wandern in Bünden, »Burg Fragmirnichtnach«, Wandern im Tal der Reuß, »Die alte Brücke«, Gotthard, italienwärts. Nordgebirge mit südlichem Licht, germanisch-romanische Landschaft. Liebe zur Natur und zur Vergangenheit in einem. Flucht vor »der Märkte Dunst, der Städte Staub«. »Ich bedarf Schneenähe. Die Herberge soll höchstens vier Gastzimmerchen haben, geländerlose Treppen und Bedienung ohne Kellner. Sie darf nur nach frischem Heu riechen.« Eben: Sehnsucht nach der »Heilen

Welt«; Entfremdung. Die Gescheiten lehren es uns neuerdings: In Conrad Ferdinand Meyer haben wir den ersten spätbürgerlichen Dichter zu erblicken. Weil es Poeten, die an ihrer Zeit und Umwelt, also an sich selber litten, ihr Leid zu Rhythmen gestalteten, die kühl erscheinen, aber nur scheu sind, und dem, der lesen mag, ihre tiefste Aussage recht wohl enthüllen – weil es solche, bekanntlich, im Zeichen von Früh- und Hochbürgertum gar nicht geben konnte ...

Der Schluß: der gefeierte Dichter nun, Ehrenbürger von Kilchberg, Weib und Kind, das gesellige Haus. »So ist es gut!« Völlig gut war es trotzdem nicht, weder damals noch später. Die Frau hat zu der Schwester, der wahren Lebensgefährtin, sich schändlich verhalten. Die Furcht des Pilgrims möchte auch Furcht vor der Geisteskrankheit gewesen sein, die ihn 1892 ergriff. Die Tochter, in den dreißiger Jahren eine große, obgleich zurückgezogen lebende Zürcher Dame, starb plötzlich, es wurde verborgen, wie. In dem Gedicht »Schwüle« heißt es:

> Eine liebe, liebe Stimme ruft
> Mich beständig aus der Wassergruft –
> Weg, Gespenst, das oft ich winken sah! ...

Wen hat Meyer da gemeint? Die Mutter, die den Wassertod starb, wie einmal die Tochter ihn sterben würde.

Aus der Heilanstalt entlassen, war er kein Dichter mehr, nahm aber seine großen Spaziergänge alsbald wieder auf. Ich kenne die Gegend, die arg sich verwandelt hat, wo gebaut werden durfte. Der »vielliebe Wald«, »mein täglich Wanderziel«, ist geblieben.

CONRAD FERDINAND MEYER
NICOLA PESCE

Ein halbes Jährchen hab ich nun geschwommen
Und noch behagt mir dieses kühle Gleiten,
Der Arme lässig Auseinanderbreiten –
Die Fastenspeise mag der Seele frommen!

Halb schlummernd lieg ich stundenlang, umglommen
Von Wetterleuchten, bis auf allen Seiten
Sich Wogen türmen. Männlich gilt's zu streiten.
Ich freue mich. Stets bin ich durchgekommen.

Was machte mich zum Fisch? Ein Mißverständnis
Mit meinem Weib. Vermehrte Menschenkenntnis.
Mein Wanderdrang und meine Farbenlust.

Die Furcht verlernt' ich über Todestiefen,
Fast bis zum Frieren kühlt' ich mir die Brust –
Ich *bleib* ein Fisch und meine Haare triefen!

PETER VON MATT
DER MEERMENSCH

Es hat sich gerächt, daß Conrad Ferdinand Meyer dieses Gedicht den Lesern kommentarlos vorlegte. So gebildet war man nun auch wieder nicht in jenen besseren Kreisen, an die der Dichter beim Schreiben als an die seinen zu denken liebte. Niemand kannte Nicola Pesce, einen Italiener anscheinend, aber gleich eingestehen mochte man das auch nicht – vielleicht war's doch eine peinliche Lücke. Und da sich ohnehin kein rechter Reim auf das Gedicht machen ließ, blätterte man eben weiter und hielt sich um so inniger an den »Römischen Brunnen«. Den kannten viele von der Hochzeitsreise.
Nur der Verleger äußerte einmal ganz diskret den Wunsch, der Autor möge doch dieses seltsame Stück wieder aus der Sammlung entfernen. Was nicht geschah. Zum Glück. So blieb eines der wenigen genuin phantastischen Gedichte aus dem späten deutschen neunzehnten Jahrhundert erhalten.
Daß jede Erläuterung fehlt, ist nämlich der Clou. Es zwingt die Vorstellungskraft auf das Ereignis selbst, auf das unerhörte Phänomen. Was man wissen muß, steht alles da, ausführlich sogar. Einer hat die Menschen kennengelernt und sie satt bekommen, hat eine Ehe geführt und das Glück nicht unersetzlich gefunden. Er war stets schon ein Schwimmer, ein Meermensch; nun bleibt er immer länger im Wasser, länger, als es menschenmöglich scheint, menschenmöglich ist – Wandlung geschieht tat-

sächlich, amphibisch wird er, kühl und kühler, ein Fisch und Mann zugleich, und ein Glück erschwimmt er, erstmals schwimmt er in einem unersetzlichen Glück.
Ein Asozialer, ganz ohne Zweifel. Wenn er wenigstens karitativ tätig würde, Schiffbrüchige rettete zum Beispiel, bescheiden, ein Barry des Ozeans: die Geretteten möchten ihm danken, da schaufelt er schon wieder fern am Horizont dahin... Nichts davon. Er hat der Menschheit den Laufpaß gegeben und genießt es. Farben und Lichter, Schweben, Schaukeln, Gleiten, abgekühlt – wörtlich – bis ans Herz hinan.
Das darf nicht sein, ist unmoralisch. Misanthropen sind doch verbittert, düstere, heimlich ächzende Gesellen. Sie leiden am Alleinsein noch mehr als vorher an der Gesellschaft. Eines Tages kehren sie schluchzend zurück und dienen zur Belehrung für die Heranwachsenden. Hier trifft das alles nicht zu. Der Verleger, scheint es, hatte Grund zu seinen Bedenken.
Für Psychologen ist der Text verlockend: ein kleines narzißtisches Lehrstück. Nur liegt die Diagnose in diesem Fall ein bißchen zu sehr auf der Hand. Die labile Schwebe, die der Schwimmer findet zwischen dem Ersticken an den Menschen oben und dem Ertrinken in der Tiefe unten, ist mehrdeutig, aus einem Punkt allein nicht auszulegen.
Übrigens kennen alle den Mann, sie haben nur nicht gewußt, wie er heißt. Schiller hat ihn als Taucher verewigt, auf Grund des gleichen sizilianischen Sagenstoffs. Bei ihm ist die Lösung sittlich einwandfrei. Der Held stirbt.

MATHILDE WESENDONK
IM TREIBHAUS

Hochgewölbte Blätterkronen,
Baldachine von Smaragd,
Kinder ihr aus fernen Zonen,
saget mir, warum ihr klagt?

Schweigend neiget ihr die Zweige,
malet Zeichen in die Luft,
und der Leiden stummer Zeuge,
steiget aufwärts süßer Duft.

Weit in sehnendem Verlangen
breitet ihr die Arme aus,
und umschlinget wahnbefangen
öde Leere nicht'gen Graus.

Wohl, ich weiß es, arme Pflanze:
ein Geschicke teilen wir,
ob umstrahlt von Licht und Glanze,
unsre Heimat ist nicht hier!

Und wie froh die Sonne scheidet,
von des Tages leerem Schein,
hüllet, der, der wahrhaft leidet,
sich in Schweigens Dunkel ein.

Stille wird's, ein säuselnd Weben
füllet bang den dunklen Raum:
schwere Tropfen seh' ich schweben
an der Blätter grünem Saum.

H. H. STUCKENSCHMIDT
RAFFINIERTE POETIK

Unter den »Fünf Gedichten für eine Frauenstimme in Musik gesetzt von Richard Wagner« steht »Im Treibhaus« an dritter Stelle. Der königlich sächsische Kapellmeister und Freund des Anarchisten Michael Bakunin, steckbrieflich verfolgt wegen Beteiligung am Dresdner Mai-Aufstand 1849 und in die Schweiz emigriert, hatte Anfang 1857 ein Asyl gefunden. Otto Wesendonk, Kaufmann aus Düsseldorf, stellte dem bewunderten Komponisten ein Häuschen nahe der eigenen Villa am Zürichsee billig zur Verfügung. An so willkommener Hilfe hatte die wachsende Neigung Mathilde Wesendonks zu Wagner teil. In dem Briefwechsel der beiden, der von 1853 bis 1875 dauerte, finden sich Reflexe der »Fünf Gedichte« und ihrer Vertonungen.

So schrieb Wagner der Freundin am 1. Mai 1858: »...Deine schönen, edlen Verse ...« Es war der Tag, als Mathilde ihm das Treibhausgedicht hinübergeschickt hatte. Er arbeitete an der »Ring«-Partitur; seit dem Sommer 1857 beschäftigte ihn auch der »Tristan«-Stoff.

Die schöne Mathilde, 1828 in Elberfeld geboren, schrieb schon als junges Mädchen Gedichte, Märchen und Schauspiele. Von den Dichtungen, die sie Wagner schenkte, hat er zwei als »Studien zu Tristan« vertont: »Träume« und »Im Treibhaus«, das im Juni 1858 als letztes der Lieder komponiert wurde. Sein musikalischer Hauptgedanke, d-Moll, Sechsachtel, »langsam und schwer«, kehrt als Vorspiel zum dritten Aufzug von »Tristan und Isolde« wieder, nach f-Moll transponiert, metrisch und rhythmisch leicht verändert. Die Töne streben aufwärts, in mehrfachem, chromatisch durchsetztem Gleiten, das mit einer hohen Quinte ätherisch endet.

Über Mathildens Versen hängt das zerstreute Licht botanischer Glaspaläste. Das Gedicht ist als Stimmungsbild suggestiv und dabei voll symbolischer Anspielungen, die in der vierten Strophe deutlich werden. Hier identifiziert sich die Verfasserin mit den Kindern aus fernen Zonen: »arme Pflanze: / ein Geschicke teilen wir, / ob umstrahlt von Licht und Glanze, / unsre Heimat ist nicht hier!«

Wer Wagners Texte der gleichen Zeit kennt, kann sich der Assoziationen nicht erwehren: die Dreiecke Hunding-Sieglinde-Siegmund und Marke-Isolde-Tristan reflektieren das Verhältnis der Freundnachbarn auf dem »grünen Hügel« am Zürichsee: Otto-Mathilde-Richard.

Im »Treibhaus« herrscht eine raffinierte Poetik. Mathilde verschränkt die Reime ihrer sechs Vierzeiler mit wagnerischen Alliterationen. Die zweite Strophe schwelgt in Gleichklängen des Doppellautes »ei«: »Schweigend neiget ihr die Zweige ... Zeichen ... Leiden ... Zeuge, steiget ... «. Aus der Schlußzeile mit dem aufsteigenden süßen Duft hat Wagner die Inspiration zu der himmelwärts gleitenden Figur seines Liedes empfangen.

Mathilde verstand sich auf höhere Formkünste als die gut erzogenen Reimerinnen von Stammbuchversen. Sie hat nicht nur Heine, sondern auch Platen gelesen. Ihre Wortwahl ist eindringlich vom ersten Einfall der »hochgewölbten Blätterkronen« an, und die »Baldachine von Smaragd« beschwören ein Bild, dem schon die Kombination italienisch-arabisch-griechischer Wurzeln die Aura des Absonderlichen gibt. An die Blätterkronen wird die letzte Strophe mit »der Blätter grünem Saum« anknüpfen, während als Gegenkraft des steigenden süßen Duftes »schwere Tropfen ... schweben«. Die innere Komposition des Gedichtes tritt auch in der Verwandtschaft von zweiter und fünfter Strophe zutage; wie dort begegnen sich hier die Doppellaute: ... scheidet ... Schein ... leidet ... Schweigens ... ein.«

Seelenschmerz einer reichen, unbefriedigten Frau hat dichterische Verklärung gefunden. Das etwas selbstgefällige Leiden, das sich einhüllt »in Schweigens Dunkel«, gehört zu dem Bilde romantischer Sehnsucht, die ihr Gedicht ausdrückt.

WILHELM RAABE
DES MENSCHEN HAND

Legt in die Hand das Schicksal dir ein Glück,
mußt du ein anderes wieder fallenlassen;
Schmerz und Gewinn erhältst du Stück um Stück,
Und Tiefersehntes wirst du bitter hassen.

Des Menschen Hand ist eine Kinderhand,
Sie greift nur zu, um achtlos zu zerstören;
Mit Trümmern überstreuet sie das Land,
Und was sie hält, wird ihr doch nie gehören.

Des Menschen Hand ist eine Kinderhand,
Sein Herz ein Kinderherz im heftgen Trachten.
Greif zu und halt! ... Da liegt der bunte Tand,
Und klagen müssen nun, die eben lachten.

Legt in die Hand das Schicksal dir den Kranz,
So mußt die schönste Pracht du selbst zerpflücken;
Zerstören wirst du selbst des Lebens Glanz
Und weinen über den zerstreuten Stücken.

WALTER HELMUT FRITZ
NICHT AUS ALLEN FEHLERN WIRD MAN KLUG

Ich lernte das Gedicht vor bald vierzig Jahren kennen, während der Schulzeit, und schrieb es mir damals ab. Es hatte mich sehr berührt, obwohl ich es nicht verstand.
Daß die Strophen ein bißchen sentimental sind, daß wir nicht mehr von »heftgem Trachten« und zumindest zögernder von »Schicksal« sprechen, liegt auf der Hand. Aber was der Text sagt, deckt sich mit einer schmerzlichen Erfahrung, die früher oder später, in schwächerem oder stärkerem Maß, viele Menschen machen.
Des Menschen Hand ist eine Kinderhand: diese Einsicht, formuliert am Anfang der zweiten und der dritten Strophe, ist die Mitte des Gedichts. Alles andere ist von ihr her zu verstehen: daß man jetzt Sehnsucht nach etwas hat und nachher nicht mehr; daß man »achtlos« zerstört, was einem eben noch wichtig schien; daß einem auch das, was man »hält«, nicht gehört.
Wehleidigkeit? Keine Spur. Bitterkeit? Vielleicht. Eher beherrschte Fassungslosigkeit über die erschreckende Beobachtung. Und die zwar nicht formulierte (auch nicht bündig zu beantwortende), aber doch im Hintergrund stehende Frage, warum des Menschen Hand eine Kinderhand ist, warum wir den Kranz zerpflücken und den Glanz des Lebens, wenn er uns einmal begegnet, zerstören.
Woher die Unruhe, die Ungeduld, die Unbeständigkeit, die uns dazu bringt, fallenzulassen, was wir gerade noch in

Händen hatten? Weil uns die Neugier, ein Verlangen weitertreibt? Weil das Glück seiner Natur nach jeweils nur ein besonderer Augenblick sein kann? Weil das alltägliche Chaos, das wir Leben nennen, ein Nicht-Chaos nur kurz erträgt? Weil, wie Arthur Miller einmal schrieb: »Endgültiges immer so unwirklich« ist?

Gewiß ergänzt der heutige Leser in Gedanken, daß nicht nur wir selbst verantwortlich sind für die »Trümmer«, die »zerstreuten Stücke« unseres Lebens. Und gewiß hat auch Wilhelm Raabe nicht davon abgesehen. Was er aber in diesem Gedicht akzentuierte, ist etwas, was schwieriger zu verstehen ist: daß wir nicht »erwachsen« werden (was immer das heißen mag), daß unser Herz ein Kinderherz bleibt und daß wir am Ende »weinen«, wenn wir sehen, was wir angerichtet haben.

Bestimmte Fehler machen wir immer wieder. Das alte Sprichwort, aus Fehlern werde man klug, stimmt nicht in jedem Fall. Es gibt Fehler, aus denen man *nicht* klug wird.

WILHELM BUSCH

Sahst du das wunderbare Bild von Brouwer?
Es zieht dich an, wie ein Magnet.
Du lächelst wohl, derweil ein Schreckensschauer
Durch deine Wirbelsäule geht.

Ein kühler Doktor öffnet einem Manne
Die Schwäre hinten im Genick;
Daneben steht ein Weib mit einer Kanne,
Vertieft in dieses Mißgeschick.

Ja, alter Freund, wir haben unsre Schwäre
Meist hinten. Und voll Seelenruh
Drückt sie ein andrer auf. Es rinnt die Zähre,
Und fremde Leute sehen zu.

GERT UEDING
AUFGESPÜRT UND AUFGESCHNITTEN

Adrian Brouwers »Operation am Rücken« hängt im Städelschen Kunstinstitut, und Wilhelm Busch wird es dort schon gesehen haben, als er im Juni 1867 als Gast im Hause Keßler weilte, zwei Jahre bevor er Atelier und Wohnsitz in Frankfurt bezog. Das Gedicht auf dieses Bild erschien 1874 in dem Gedichtband »Kritik des Herzens«, der so wenig Anklang beim Publikum fand, daß der Verleger seinem Autor mitteilen mußte, nur »mehrere alte Geheimräte und Professoren wie junge Privatdozenten« hielten »dies Büchlein« für sein bestes. In einer Zeit großer Worte und pathetischer Phrasen, nach der glorreichen Reichsgründung, war man mehr auf den altdeutsch hohen Ton eines Julius Wolff oder auf die sentimentale Butzenscheibenlyrik nach Art Rudolf Baumbachs gestimmt.

Wilhelm Busch hat sich noch einmal mit Brouwers Bild auseinandergesetzt: siebzehn Jahre später kopiert er es in Wiedensahl nach einigen Fotografien, die er von seinem letzten Besuch in Frankfurt kurz zuvor mitgebracht hatte. Das Ergebnis schickt er der nach einem langen Zerwürfnis gerade wieder versöhnten Johanna Keßler, damit sie daraus ersehen könne, »was eine geschicktere Hand in ein oder zwei Stunden mit der Manier so beiläufig fertig brächte.« Buschs Kopie gibt nicht das ganze Bild wieder, sondern konzentriert sich auf den Operationsvorgang. Stuhl und Tisch mit den medizinischen Utensilien fallen weg und die drei beteiligten Personen sind nur mit ihrem

Oberkörper im Bilde zu sehen. Die Aufmerksamkeit des Malers konzentriert sich genau wie früher die des Lyrikers auf die Operation, selbst das greinend verzerrte Gesicht des Patienten wird vom Bildrand zur Hälfte weggeschnitten.

»Mein genre ist genre«, so hat Wilhelm Busch einmal seine künstlerische Konfession formuliert, und ob in Bild, Vers oder Prosa, immer sind es die Sujets des gewöhnlichen bürgerlichen oder bäuerlichen Alltags, der gemeinen und kleinen Leute, ihrer Sorgen, Nöte und Vergnügungen, die ihn interessieren. Während Genremalerei und Genredichtung im 19. Jahrhundert zunehmend verflachen, weil sie sich immer ausschließlicher der sentimentalen Verschönerung des kleinbürgerlichen Lebens widmen, konzentriert sich Busch auf das Angesicht der menschlichen Dinge, das sichtbar wird, wenn die Ordnung des Genres zerfällt.

Brouwers Bild, und darin liegt seine programmatische Bedeutung für Busch, wurde ihm zum Gleichnis für die *Condition Humaine*, die nur aus den Sonderlichkeiten und Gemeinheiten, den unedlen Begierden und peinlich berührenden Emotionen des Menschen noch erschließbar ist. Die ganze poetologische Bedeutung seines Gedichts wird aber erst aus dem Zusammenhang jener »Operationen« ersichtlich, die in der »Kritik des Herzens« vorgeführt werden.

Dabei handelt es sich nun nicht um eine Anthologie selbständiger Gedichte, die für sich bestehen könnten. Die Busch eigentümliche Kompositionsweise der lockeren, offenen, aber dennoch gegliederten Reihung, wie sie die Bildergeschichten und noch jene zu »Sammelbildern« auf einem Karton vereinigten Ölskizzen zeigen, bestimmt auch die Konstellation der Gedichte: sie stehen in einem engen philosophisch begründeten Zusammenhang. Dem frühen Leser Kants, der dann aber in Schopenhauer den philosophischen Gewährsmann seiner Ansichten fand, bedeutet das Herz die natürliche Unfähigkeit des Menschen, das moralische Gesetz in die Maxime seiner Handlungen aufzunehmen, und was Kant das gute Herz genannt hat, ist für Busch nur das Zeichen seiner Neigung, die unmoralischen Triebfedern mit moralischen Motiven zu verdecken. Seiner Gebrechlichkeit, Unlauterkeit und Bösartigkeit gilt die Kritik des Herzens, und der Schriftsteller gleicht darin dem kühlen Doktor auf Brouwers Bild, daß er die menschlichen Schwären im Rücken des Bewußtseins, dort, wo es die »gebildeten wohldressierten Leute« gar nicht merken, aufspürt und aufschneidet, zum höchst gemischten Vergnügen des zuschauenden Publikums, das die Absicht wohl merkte und daher eben verstimmt reagierte.

Daß Busch sich dazu auch noch jener Literaturgattung bediente, von der man, nach seinen Worten, »rührend schöne Herzgeschichten« zu hören gewöhnt war, liegt in der ästhetischen Konsequenz seines ganzen Werkes, das die überkommenen Formen und Figuren in sich selber auflöst und zerfallen läßt, um dann »möglichst schlicht und bummlig die Wahrheit zu sagen«.

WILHELM BUSCH
TRÖSTLICH

Nachbar Nickel ist verdrießlich,
und er darf sich wohl beklagen,
weil ihm seine Pläne schließlich
Alle gänzlich fehlgeschlagen.

Unsre Ziege starb heut morgen.
Geh und sag's ihm, lieber Knabe!
Daß er nach so vielen Sorgen
Auch mal eine Freude habe.

CHRISTA ROTZOLL
MITLEID UND SCHADENFREUDE

Man kann gegen Lyrik unempfindlich, man kann geradezu verhärtet sein, sie streift und ritzt das eigene Leben doch. Das kleine Stück Gedicht, das »Ich besaß es doch einmal« beginnt, hat schon die wildesten Schmerzen nach einem Liebesentzug – nein, nicht betäubt, aber durch Wohlklang und so etwas wie ein fernes Mitgefühl gelindert und ein bißchen in Genuß, in Selbstgenuß verwandelt. Es muß nicht Goethe sein und auch nicht Rilke – »Wer jetzt kein Haus hat«, diese immer wieder nutzbare Passage –, unter Umständen und in den Grenzen meiner Altersklasse ist schon Peter Igelhoff was wert: »Ach, verzeih'n Sie, meine Dame, Gottfried Schulze ist mein Name, und ich liebe Sie!«

In der Gesellschaftsklasse, die mich einst umfangen hat, im Mittelstand, im deutschen Bildungsbürgertum oder wie immer man das schimpfen mag, wurden, soweit ich zurückdenken kann, hauptsächlich Busch und Morgenstern aufgesagt. »Ein Architekt, der dieses sah ...« und »Heissa, rufet Sauerbrot!« – vom achtjährigen Vetter habe ich's gehört und später von der höheren Tochter auf dem Flur der Universität, und eben erst vom pensionierten Lehrer nebenan. Je öfter ich nun Busch und Morgenstern von neuem lese – gerade das halbtot Zitierte, schrecklich Populäre –, um so heftiger bedrängt mich eine Konsequenz: Ein Bürgertum, daß so viel hohe Albernheit und schöne Nüchternheit nicht bloß geduldet, sondern für den

täglichen Gebrauch bevorzugt hat, muß besser sein, als man es macht.
Das unbebilderte Gedicht »Tröstlich« von Wilhelm Busch ist längst nicht so berühmt wie viele Busch-Zweizeiler, die zu Zeichnungen gehören. Das Thema des Gedichts, die Macht der Schadenfreude, allerdings wird überall bei Busch so drastisch durchgespielt, daß einige Pädagogen nach dem Krieg auch unseren Humoristen mit dem Hitler-Urschlamm wegzukippen wünschten.
»Unsre Ziege starb heut morgen.« Ist das nicht als nachbarliches Unglück, aus dem jemand Trost saugt, eigenes Glück, etwas zu schlicht? Eine andere Busch-Weisheit gibt ein schon etwas diffizileres Verfahren preis: »Die Reiter machen viel Vergnügen. Besonders, wenn sie drunten liegen.« Wer hoch zu Roß sitzt, blickt auf Fußgänger, auch wenn sie seinesgleichen sind, hernieder. Ein Sturz gleicht das zugunsten jener, die schon unten waren, aber wenigstens nicht auf der Nase, wieder aus. An jedem Unglück unserer Freunde, sagt der geistreiche Franzose, sei auch etwas, das uns nicht mißfalle. Mitleid und Schadenfreude sind einander eng verwandt, weit enger, als sich Schopenhauer, für den eins das Beste war, das Menschen fertigkriegen, und das andere das Schlimmste, träumen ließ.
Jene Menschen, die am gierigsten nach Unglück ausschauen, sind es, die, sobald sie darauf stoßen, auch am innigsten mitweinen und am freundlichsten trösten und zufassen. Die Schadenfreude ist ein unermeßlich weites Feld, ein Labyrinth, der große Abgrund, wie Sie wollen. Das »Ätsch«, mit dem wir über unsere Feinde und Verräter triumphieren, braucht noch keinen Reim. Mit Nachbars Ziege aber hat der Hauspoet, so glaube ich, den rech-

ten Griff getan. Der Nachbar, dürfen wir wohl annehmen, ist nur der Nachbar, weder Freund noch Feind. Was Wilhelm Busch auf dem so weiten Feld, auf einem kleinen Ausschnitt dieses Feldes, sieht, kann uns verblüffen, aber keinesfalls verwirren. Der Ausschnitt läßt sich ohne Mühe überblicken – kein geringer Vorzug. Wer will, mag weiterforschen und, vielleicht, auch weiterreimen.

FERDINAND VON SAAR
HERBST

Der du die Wälder färbst,
Sonniger, milder Herbst,
Schöner als Rosenblühn
Dünkt mir dein sanftes Glühn.

Nimmermehr Sturm und Drang,
Nimmermehr Sehnsuchtsklang;
Leise nur atmest du
Tiefer Erfüllung Ruh.

Aber vernehmbar auch
klaget ein scheuer Hauch,
Der durch die Blätter weht,
Daß es zu Ende geht.

HELMUTH NÜRNBERGER
WORTE FÜR DAS UNSAGBARE

Als »Blüte und Krone der Dichtung« hat Ferdinand von Saar die Lyrik gepriesen, denn »überall sonst befehden sich Stoff und Form /.../ Du aber, atmend reinster Empfindung Hauch, / Folgest in sanften Rhythmen dem Geist / Und lenkst ihn zuletzt, / Die du Worte hast für das Unsagbare...« Wer so reflektiert, ist mutmaßlich kein Meister der Lyrik, er hat nur die Sehnsucht nach Meisterschaft. Tatsächlich ist Saar als Lyriker nicht lebendig geblieben, und aus der großen Mehrzahl seiner kunstvoll geformten Poesien weht uns heute der Geist eines vergangenen Jahrhunderts an, mit dem wir zuweilen heftig hadern, weil es uns noch so nahe ist.

Worte für das Unsagbare kann es nicht geben, und doch fehlt es nicht an Stimmungen der Natur und der Seele, die nach solchem Ausdruck verlangen. Saars »Herbst«, eins unter mehreren Herbstgedichten aus seiner Feder, sucht eine Stunde undefinierbaren Glücks und undefinierbaren Schmerzes in der Sprache zu bewahren. Es geht um eine Weile der Ruhe und späten Erfüllung, der keine Dauer beschieden sein kann. Zugespitzt läßt sich sogar sagen: Saar beschreibt den Augenblick der Umkehr, das Noch-Nicht und das Nicht-Mehr, Besitz und Verlust. Leidenschaftlich und doch zurückgenommen wird die Wahrnehmung beschrieben, »sanft« ist das »Glühn« des Herbstes, und solchem Farbenschauspiel wird vom Betrachter der Vorzug gegeben vor »Rosenblühn«. Die Metaphorik von

Rosen und Herbst für die Prozesse von Werden und Vergehen, Jugend und Alter ist nicht originell. Der konventionelle Ausdruck wird jedoch nicht naiv gebraucht. Er stimmt zu der gedämpften, unaufdringlichen Aussage.
Der Ausdruck des Elegischen ist Saar besonders gemäß, auch seine vielen österreichischen Festgedichte sind ungeachtet der mehr oder weniger glanzvollen Anlässe letztlich elegisch gestimmt. Die Äußerungen seiner Naturliebe, wie wir sie auch in seinen Briefen finden, sind stets von dem Wunsch nach Harmonie und Frieden begleitet. Es handelt sich bei Saar letztlich immer um ein Danach – nach der Höhe des Sommers, nach dem Zenit der Kunst, nach der Fülle des Lebens beginnt seine, Saars Zeit.
Drückt »Herbst« nur eine Naturstimmung aus, oder spricht es auch von Kultur und Geschichte? Claudio Magris hat an Saars Erzählwerk gerühmt, es sei »bis in die feinsten Schattierungen von einem wehmütigen Wissen um den habsburgischen Untergang durchdrungen«. Er beschreibt die »Novellen aus Österreich« als »Bild einer Welt im Augenblick ihres Einsturzes« und rühmt die analytische Klarheit und verzehrende Anteilnahme, mit denen ein bevorstehender Verfall beschrieben wird, sowie Saars »Fähigkeit des Durchfühlens«. So treffend dies gesehen ist, so schwer ist es zu vermitteln. Auch als Novellist hat Saar wie jeder Dichter Worte für das Unsagbare gesucht, aber die Reflexe dieser Bemühung sind unlösbar mit dem Stoff verbunden: Was Saars Novellen voraussetzen, bedarf mittlerweile der Erklärung, was sie beschreiben, ist nicht mehr gegenwärtig, und wie sie es sagen, scheint konventionell. Keiner der üblichen Schlüssel für das Interesse paßt.
Durch die österreichische Kultur des neunzehnten Jahr-

hunderts und bis weit ins zwanzigste Jahrhundert hinein zieht sich eine Geste des Verzichts, die aus den historischen und gesellschaftlichen Gegebenheiten ableitbar ist. Schlägt man in der Literatur einen Bogen von Grillparzer zu Joseph Roth, so findet man Saar annähernd in der Mitte. Diesen und vielen anderen Künstlern der Epoche eignete jene besondere Fähigkeit des Durchfühlens, von der Magris spricht, eine gefährliche Gabe, die bis zur Selbstaufgabe führen kann und geführt hat. Der ästhetische Gewinn ist unberechenbar. Saars melodisches Herbstgedicht ist dafür ein schlechtes Zeugnis – in einem großen Kontext.

CHRISTIAN WAGNER
OSTERSAMSTAG

Wie die Frauen
Zions wohl dereinst beim matten Grauen
Jenes Trauertags beisammen standen,
Worte nicht mehr, nur noch Tränen fanden;

So noch heute,
Stehen als in ferne Zeit verstreute
Bleiche Zionstöchter, Anemonen,
In des Nordens winterlichen Zonen:

Vom Gewimmel
Dichter Flocken ist er trüb der Himmel;
Traurig stehen sie, die Köpfchen hängend,
Und in Gruppen sich zusammendrängend.

Also einsam,
Zehn und zwölfe hier so leidgemeinsam,
Da und dort verstreut auf grauer Öde,
Weiße Tüchlein aufgebunden Jede.

Also trauernd,
Innerlich vor Frost zusammenschauernd,
Stehn alljährlich sie als Klagebildnis
In des winterlichen Waldes Wildnis.

PETER HÄRTLING
FAST MUSIK

Dieses Gedicht scheint an ein Datum gebunden, an den Ostersamstag, den Tag nach der Kreuzigung Christi, doch es erzählt von einem Schnee, der immer und überall fallen, und einem Frost, der einen auch in der größten Hitze überkommen kann. Wenn ich die metrisch eigensinnigen Strophen mehrfach nacheinander lese, kommt es mir vor, als hörte ich eine helle Stimme makellos singen, als sei es ein Lied, dessen Melodie ich schon lange kannte und dessen Wörter die Erinnerung an die Musik brauchten, um wieder gegenwärtig zu sein. Christian Wagners Gedicht befindet sich in der schwebenden Mitte zwischen Kunst- und Volkslied, so wie manche Gedichte Mörikes oder Brentanos. Es hat seinen Autor schon beinahe vergessen. Es ist denkbar, daß der es gar nicht anders wollte.
Mit fünfzig Jahren hat Wagner sein erstes Buch veröffentlicht, »Sonntagsgänge«, in dem auch das Gedicht von den fröstelnden Anemonen steht. Das Leben, das er bis dahin geführt hatte, war arm, eng und voller verborgener Phantastereien gewesen. 1835 wurde er in Warmbronn, einem kleinen Dorf unweit von Stuttgart, geboren. Sein Vater war Schreiner und Bauer. Er besuchte die Volksschule mit so viel Erfolg, daß die Familie ihn aufs Lehrerseminar nach Esslingen schickte. Lang konnte er dort nicht bleiben. Der Vater starb. Er mußte das elterliche Anwesen übernehmen und blieb Zeit seines Lebens Bauer. (Das kleine Haus steht noch, man kann es besuchen; die Gemeinde pflegt das An-

denken ihres sonst weithin vergessenen Sohnes.) Tagsüber arbeitete er auf dem Feld, im Stall, nachts las er, was er nur in die Hände bekam. Er war ein Sinnierer, ein Spinner, verquickte seine selbstverständlichen Kenntnisse der Natur mit religiösen Gedanken aus dem Hinduismus und dem Christentum, bezeichnete sich als »Märchenerzähler, Bramine und Seher« und verband die Gedichte in den »Sonntagsgängen« mit krausen, naiven Prosabetrachtungen. Als er 1918 starb, wurde er verehrt von so unterschiedlichen Geistern wie Hermann Hesse und Gustav Landauer.

Albrecht Goes, der einen liebevollen Hinweis auf Wagner schrieb, vergleicht die Anemonen-Verse mit dem Bariton-Rezitativ aus Bachs Matthäuspassion: »Am Abend, da es kühle ward ...« Wieder hört einer zuerst Musik. Es fragt sich, weshalb. Schon der Auftakt jeder Strophe suggeriert es. Es sind jeweils vier Silben; und reiht man die Anfänge auf, ergibt sich fast wieder ein Gedicht: Wie die Frauen, So noch heute, Vom Gewimmel, Also einsam, Also trauernd. Verhaltene, eigentümlich ruhige Auftakte – und dann, in der ersten Strophe, ein nicht zu Ende gekommener Satz, der, ehe er zur Frage werden will, aufgefangen wird; ein einfaches, unerhört einfach ausgesprochenes Bild: die trauernden Frauen Zions. Es ist nicht vom Kreuz die Rede, im Gegenteil: ein Eindruck furchtbarer Leere stellt sich her. Man kann den begonnenen Satz nicht auseinanderreißen, keine Details zitieren. Er teilt, ein vollkommenes Arioso, das Thema mit: Klage, Verlassenheit, Kälte.

»So noch heute«: ein weiterer Auftakt und schon keiner mehr, eine aufseufzende Überleitung zur Metamorphose, zur dauerhaften Verwandlung der Frauen Zions ins Sinnbild. Der singende Bauer holt sich die Trauernden in die winterliche Einöde seiner Heimat. Er macht das, was zum Beispiel viele Maler vor ihm getan haben. Jerusalem und Golgatha bekommen einen vertrauten Hintergrund und werden darum um so befremdender. Nach dieser Zäsur und dem zweiten Thema kommt kein drittes mehr hinzu. Es wird variiert. Doch wie! Die Nähe und das Wohlbekannte frieren förmlich in eine nie enden wollende Trauer hinein. Zwar erscheinen die Anemonen dem Dichter für einen Augenblick wie Frauen aus seinem Dorf, »Weiße Tüchlein aufgebunden Jede«, doch gleich erstarrten sie wieder zum »Klagebildnis«.

Nicht ein einziger Schnörkel, nicht eine falsche Koloratur unterbricht die ruhig fließende, alle Trauer aufnehmende Rede (eine Prägung wie »leidgemeinsam« kann einen allerdings entzücken), bis zu den Schlußversen hin, die die Wiederholung (»Stehn alljährlich sie als Klagebildnis«) zur Ewigkeit werden lassen. Wagners »Ostersamstag« gehört zu jenen poetischen Gebilden, die nur so sein können und, eben weil sie so sind, sich von ihrem Autor entfernt haben.

CHRISTIAN WAGNER
SPÄTES ERWACHEN

So wie ein Mensch nach lärmendem Gelag
Noch spät zu Mitternacht nicht schlafen mag
Und seine Ruh erst findet knapp vor Tag;

Und süß erst schläft beim hellen Morgenschein,
So reichte in die Jugend mir hinein
Versäumter Schlaf von einem vorigen Sein. –

O wüßt ich doch, was mich nicht schlafen ließ!
Ob mich ein Gott vom Bacchanal verstieß?
Ob ich betrunken kam vom Paradies?

WALTER HELMUT FRITZ
UNAUFHÖRLICHE VERWANDLUNG

In Ludwig Tiecks »William Lovell« heißt es einmal: »Wir sollten überhaupt zu unseren Kinderjahren in die Schule gehen ... Es ist, als wenn noch ein flüchtiger Schein einer früheren Existenz in die zarten Kinderjahre hineinspiegelte.« Die Ahnungen, die zu solchen Sätzen führen und die viele Menschen aus eigener Erfahrung kennen, auch wenn sie immer nur für Bruchteile von Sekunden da und von Täuschungen nicht zu unterscheiden sind – diese Ahnungen nennt Christian Wagner, der von 1835 bis 1918 lebte, »Lichtreflexe ... vorüberhuschend wie die Spieglung eines Glasscherbchens von wer weiß woher? Vorüberhuschend wie die Spieglung einer blanken Pflugschar irgendwo im Felde.«

Solche Worte und Wagners Gedicht kommen – unter anderem – aus seinem Glauben an Seelenwanderung, an den Wechsel der Formen und die Dauer der Kraft, die die Formen hervorbringt; aus der uralten Sehnsucht, sich weiter zurückerinnern zu können (»O wüßt ich doch, was mich nicht schlafen ließ!«).

Es wäre aber falsch, nähme man an dem Gedicht nur das Grüblerische, Sinnierende wahr. Wagner (einziges Kind eines Schreiners in dem Dorf Warmbronn bei Stuttgart), der nach kurzem Besuch eines Lehrerseminars daheim das kleine Anwesen bewirtschaftete, weil sein Vater gestorben war, alle vier Kinder aus seiner ersten Ehe nicht lange nach der Geburt verlor, mitansehen mußte, wie seine zweite

Frau in geistige Umnachtung trieb – Wagner arbeitete, schrieb vor allem mit einem wachen Blick für die Schönheit der Natur, für die unauffälligen oder aufleuchtenden, die bewußtseinshellen oder rauschhaften Formen des Lebens. Nicht umsonst tauchen in seiner Träumerei, seiner Vorstellung die orgiastischen Feste der Römer, die Bacchanalien, auf.

Kurt Tucholsky notierte in einem Brief aus dem Krieg, daß er die Gedichte Christian Wagners immer bei sich führe. Was ihn anrührte, war dessen brüderliches Gefühl allen Lebewesen gegenüber. (»Gräßlicher Irrtum der Menschen«, schrieb Wagner zum Beispiel, »zu wähnen, daß die Tierwelt bloß um ihretwegen da sei und folglich rücksichtslos verbraucht werden dürfe. Ein entsetzlicher Irrtum ...«)

Das alles gehörte für diesen Dichter zusammen: der Umgang mit Mensch, Tier, Pflanze, Stein; das Aufspüren der zwischen ihnen bestehenden Gemeinsamkeiten; die Wahrnehmung der unaufhörlichen Verwandlung, der wir unterworfen sind (»Du bist nicht mehr ganz derselbe, der du gestern, und gar nicht mehr derselbe, der du vor Jahren warst«) und das Nachdenken über Zusammenhänge, wie sie in dem Gedicht »Spätes Erwachen« zum Ausdruck kommen, einem »kindlichen«, die Meditation anregenden, unmittelbar verständlichen Gedicht. Hermann Hesse sprach im Hinblick auf diese und andere Strophen Christian Wagners von der »Erinnerung hinter der Erinnerung«.

FRIEDERIKE KEMPNER
FROHE STUNDEN

Jedesmal, wenn frohe Stunden
Mir im Herzen stattgefunden,
Haben sich mir vorgestellt
Auch die Leiden dieser Welt.

Schon, daß gar so sehr verschieden
Unsre Lose sind hienieden –
Goethe zwar fand nichts dabei,
Doch mir scheint's nicht einwandfrei.

Pilz des Glücks ist dieser eine,
Jener Stiefpilz des Geschicks;
Einem sind als O die Beine,
Andern wuchsen sie als X.

Sorglos aalen sich die Reichen,
Andern sind die Gelder knapp,
Und noch ungestorb'ne Leichen
Senkt zum Orkus man hinab.

Wißt ihr nicht, wie weh das tut,
Wenn man wach im Grabe ruht?

RUDOLF KRÄMER-BADONI
DAS GLÜCK IST NICHT GEHEUER

Sie beginnt mit einer scharfen Antithese: ihre eigenen frohen Stunden rufen im Herzen der Dichterin das Gegenbild der Leiden anderer hervor. Sie ist sozial engagiert. Außerdem ist sie antiidealistisch, sogar in der Wortwahl: Frohe Stunden werden ihr nicht aus mystischer Höhe geschenkt, sondern sie finden schlicht und einfach statt.
Soziale Unterschiede sieht sie kritisch. Um die Leser aufzustören, bricht sie furchtlos das Tabu des damals unantastbaren Namens Goethe; sie tadelt seine soziale Indifferenz, ganz in der Nachfolge des ihr teuren Börne. Sie selbst nämlich findet die sozialen Verhältnisse keineswegs »einwandfrei«. Man beachte diese Wendung, die nicht aus sozialromantischem Gehabe, sondern aus der hier angebrachten sachlichen Sphäre des Geschäftsgebarens stammt.
Die Metapher »Pilz des Glücks« statt »Glückspilz« ist zwar ein Metaplasmus, rückt aber gleichzeitig die allegorische Funktion des rasch aufschließenden Pilzes scharf vors Auge. (Im Englischen genügt der Einzelbegriff *»mushroom«* für »Emporkömmling«.) Auf der gleichen Grundlage folgt unmittelbar eine kühne Neuschöpfung: »Stiefpilz«, der gerade nicht hochschießt, ganz so wie Stiefkinder gewollt oder ungewollt niedergehalten werden. Im Altertum hätte man diese vollmundige Kühnheit als Asianismus bezeichnet. Doch ist ihr auch das Glück nicht geheuer, denn es folgt eine scheinbar parallele Figur

über den Wuchs der Menschenpilze, die der Autorin in keinem Fall so richtig gerade gewachsen vorkommen, sondern immer nur in der Abweichung entweder in Richtung O- oder in Richtung X-Beine.

Noch einmal werden den Glückspilzen, den Reichen, die Stiefpilze gegenübergestellt, aber nicht als »Arme«, sondern wieder in registrierender Sprache als Leute, denen »die Gelder knapp« sind. (Denn überhaupt nichts hat ja wohl niemand.)

Jetzt aber mitten in der Strophe die eminent lyrische Wendung, Verzicht auf logische Deduktion, ruckartiger thematischer Umschwung. Stärker als alles andere rufen die im Grabe erstickenden Scheintoten das Engagement der Dichterin auf. Das geht alle an, ob ihnen die Gelder knapp und unknapp sind. Und dabei gelingt ihr eine große Redefigur, die bei den Alten Antiphrasis hieß: »Ungestorb'ne Leichen«. (Dieselbe Figur hat der zeitgenössische Volksdichter Philipp Keim benutzt, den ich in »Deutschland, deine Hessen« nicht umhin konnte, den Homer von Diedenbergen zu nennen. Über die Pulverexplosion in der Mainzer Zitadelle dichtete er: »Der oben lag, schien tot zu sein, / der unten lag, der war aus Bretzenheim. / Auch viele Tote grub man aus, / die noch lebendig waren.«)

Und hier muß vermerkt werden, daß die Dichterin nicht nur gegen alle Zeitübel insgesamt engagiert war, gegen Unsoziales, gegen Vivisektion, Alkohol, Luftverschmutzung, Jagd, Singvogelmord, Einzelhaft auf Lebenszeit, eilfertige Verscharrung der Toten und so weiter, sie hatte auch ganz im Gegensatz zu den heutigen engagierten Dichterinnen und Dichtern praktischen Erfolg! Mit ihren Gedichten und mit zahlreichen Denkschriften an den Kaiser erreichte sie die Abschaffung der lebenslänglichen Einzelhaft und die Errichtung von Leichenhäusern zwecks mehrtägiger Aufbahrung zwischen Tod und Beerdigung. Wilhelm I. nahm bei seiner Anordnung ausdrücklich Bezug auf die Denkschrift der Dichterin.

Der Schluß unseres Gedichtes ist eine aggressive »Apostrophe« an den Leser: »Wißt ihr nicht, wie weh das tut« – poetisch gemildert durch zierliche Alliterationen. Das Wort »ruht« ist in diesem Zusammenhang ein Euthymema.

Wer das Gedicht trotz der poetologischen Analyse für einen verselbständigten Asteismos nimmt, begibt sich ins Gebiet der Wirkungsästhetik, die hier außer acht bleibt. Er erlebt dann das »Stattfinden« einer frohen Stunde.

DETLEV VON LILIENCRON
DER HANDKUSS

Viere lang,
Zum Empfang,
Vorne Jean,
Elegant,
 Fährt meine süße Lady.

Schilderhaus,
Wache raus.
Schloßportal,
Und im Saal
 Steht meine süße Lady.

Hofmarschall,
Pagenwall.
Sehr graziös,
Merveillös
 Knixt meine süße Lady.

Königin,
Hoher Sinn.
Ihre Hand,
Interessant,
 Küßt meine süße Lady.

Viere lang,
Vom Empfang,
Vorne Jean,
Elegant,
  Kommt meine süße Lady.

Nun wie wars
Heut bei Czars?
Ach, ich bin
Noch ganz hin,
  Haucht meine süße Lady.

Nach und nach,
Allgemach,
Ihren Mann
Wieder dann
  Kennt meine süße Lady.

IRING FETSCHER
DER HAUSMANN

Hier werden wir nicht belastet mit deutscher Schwere und teutschem Tiefsinn, das Gedicht kommt flott und leicht daher wie die vierspännige Kutsche, die jene elegante Dame zum Empfang bei Hofe fährt. Auf zwei Reimpaare folgt jeweils eine längere Zeile, die gleichsam als Unterschrift das pointillistische Bild bezeichnet: Die süße Lady fährt, steht, knixt, küßt, kommt, haucht und kennt. Siebenmal erfahren wir nur jeweils diese eine Tätigkeit von ihr, allein in der vorletzten Strophe läßt sie sich wörtlich vernehmen »Ach, ich bin / Noch ganz hin«. Wer so spricht, ist jung und eindrucksfähig.
Ein toller Kerl, der hier seine Erfahrung mit einer Frau – seiner Frau? – beschreibt, so denkt man nach der ersten Lektüre. Die »süße Lady«, die er nonchalant so nennt, muß ja wohl einer vornehmen Familie angehören, wie sonst könnte die Wache für sie raustreten; auch die vierspännige Kutsche und der Diener Jean sind ja nicht von armen Leuten. Ein Interpret meinte, der Hauptmann a. D. Friedrich Freiherr von Liliencron, der sich als Dichter Detlev nannte, habe hier ein Erlebnis mit der Baronin Helene von Bodenhausen beschrieben, die er 1878 geheiratet hatte. Davon kann keine Rede sein.
Das Gedicht ist 1881 oder 1882 entstanden, seit 1882 war Liliencron Hardesvogt auf der kleinen friesischen Insel Pellworm. Vermutlich lebte er schon damals von seiner Frau getrennt, 1883 erfolgte die offizielle Scheidung. Die

Armut des stets verschuldeten Dichters und Verwaltungsbeamten war schließlich für die Baronin unerträglich geworden.

In einem Brief klagt Liliencron, daß er sich nicht einmal ein Dienstmädchen leisten könne, noch viel weniger eine Kutsche und vier Pferde – von einem Diener ganz zu schweigen. Aber selbst wenn er sich das alles hätte leisten können, von Pellworm aus wäre es keiner süßen Lady möglich gewesen, per Kutsche zum Empfang bei Hofe zu fahren. Gewiß war Liliencron ein Naturalist und ein entschiedener Gegner süßlich-idealistischer Lyrik, wie sie seinerzeit in der »Gartenlaube« zu lesen stand. Das Gedicht »Der Handkuß« aber dürfte ein reines Phantasieprodukt sein. Zahlreiche Liebschaften des Freiherrn stammten – wie dessen Freund Otto Julius Bierbaum 1909 in seinem Nachruf, übrigens in der Frankfurter Zeitung, berichtete – aus den unteren Bevölkerungsschichten. Vielleicht schlug er da seinem Großvater nach, der schließlich eine Leibeigene heiraten mußte, weil der dänische König, sein Landesherr, die Legalisierung seiner Beziehung verlangte.

Nur einmal habe er sich »in eine höhere Sphäre begeben«, weiß Bierbaum zu melden, »damals glaubte er ernsthaft, es handele sich um eine Prinzessin von Geblüt, in Wahrheit war es eine Gesellschafterin. Aber er hegte die ihm sympathische Phantasie von der Dame aus dem Hofkalender ruhig weiter, als es sich längst ergeben hatte, daß diese nur ihm zu Gefallen auf die Rolle der Prinzessin aus dem ›Tasso‹ eingegangen war«. Liliencron liebte Glanz und Gloria. In dem Gedicht »Der Handkuß« hat er durch eine imaginierte Geliebte teil am Treiben bei Hofe – und bleibt doch im stillen Heim zurück, um die Geliebte zu erwarten.

Er schätzte die frühe Lyrik Goethes und Heines Gedichte. Auf seine Ironie hat er sich selbst etwas zugute gehalten. Ironisch dürfte auch die Frage »Nun wie wars / Heut bei Czars?« zu deuten sein. Nehmen wir an, daß es sich um den Berliner Hof handelt, dann wäre mit dem Czar der Kaiser gemeint, der zugleich preußischer König war. »Nun wie wars heut bei Kaisers?« hätte aber doch allzu respektlos geklungen.

DETLEV VON LILIENCRON
DIE MUSIK KOMMT

Klingling, bumbum und tschingdada,
Zieht im Triumph der Perserschah?
Und um die Ecke brausend bricht's
Wie Tubaton des Weltgerichts,
   Voran der Schellenträger.

Brumbrum, das große Bombardon,
Der Beckenschlag, das Helikon,
Die Piccolo, der Zinkenist,
Die Türkentrommel, der Flötist,
   Und dann der Herre Hauptmann.

Der Hauptmann naht mit stolzem Sinn,
Die Schuppenketten unterm Kinn,
Die Schärpe schnürt den schlanken Leib,
Beim Zeus! Das ist kein Zeitvertreib!
   Und dann die Herren Leutnants.

Zwei Leutnants, rosenrot und braun,
Die Fahne schützen sie als Zaun;
Die Fahne kommt, den Hut nimm ab,
Der bleiben treu wir bis ins Grab!
   Und dann die Grenadiere.

Der Grenadier im strammen Tritt,
In Schritt und Tritt und Tritt und Schritt,

Das stampft und dröhnt und klappt und flirrt,
Laternenglas und Fenster klirrt.
   Und dann die kleinen Mädchen.

Die Mädchen alle, Kopf an Kopf,
Das Auge blau und blond der Zopf;
Aus Tür und Tor und Hof und Haus
Schaut Mine, Trine, Stine aus.
   Vorbei ist die Musike.

Klingling, tschingtsching und Paukenkrach,
Noch aus der Ferne tönt es schwach,
Ganz leise bumbumbumbum tsching;
Zog da ein bunter Schmetterling,
   Tschingtsching, bum, um die Ecke?

PETRA KIPPHOFF
UND DANN DIE KLEINEN MÄDCHEN

Ein Herr in den allerbesten Jahren erzählte mir, daß seine ganze Knaben-Klasse in schallendes Gelächter ausgebrochen sei, als man, das war im Berlin der Vorkriegszeit, beim Vorlesen von Detlev von Liliencrons Ballade »Die Musik kommt« zu der Zeile »Und dann die kleinen Mädchen« gelangt war. Warum?

Natürlich haben die bösen Berliner Buben sich amüsiert über die törichten kleinen Mädchen vom Lande, über Mine, Trine, Stine, die so ganz Auge und Ohr sind, wenn die Kompanie mit dem Musikzug durch das Städtchen zieht. Aber dieses Lachen hatte wahrscheinlich eine andere Qualität als das höhnische Gelächter, mit dem wir im Deutschunterricht Gedichte wie zum Beispiel Uhlands »Glück von Edenhall« plattzuwalzen suchten. Denn Liliencron selber freut und amüsiert sich ja über das bunte, bewegte Bild, das er vor unseren Augen entwirft, das kleine, klingende Schauspiel, das da abrollt. Er amüsiert sich, obwohl er, der in seinen Tagebüchern über den Krieg von 1870/71 ebenso naiv schwärmerisch wie auch betroffen berichtete, die Soldatenuniform liebte: durch sie erhielt sein Draufgängertum die Legitimation, den staatlichen Segen.

Nicht das Militär kommt, sondern, wie es im Titel präzise heißt, die Musik. Und deshalb sehen wir zunächst auch nichts, sondern spitzen (mit Mine, Trine, Stine) die Ohren. Wir hören fröhliche Musik (nicht in der Beschreibung, sondern in Aktion), die wie ein jubelndes Donnerwetter in den, die Namen sprechen dafür, holsteinischen Sommertag hineinplatzt. Wir hören die mit Lautmalerei evozierten Töne und Klänge, dann erst sehen wir die Instrumente, danach die Musikanten, schließlich die Militärs, die sich in einer letzten, refrainartigen Zeile ein bißchen schleppend anschließen an das flirrende Geschehen und erst in der ersten Zeile der nächsten Strophe richtig vorgestellt werden.

Eine kleine Szene rollt ab, Klänge und Bilder kommen näher, entfalten ihre volle Pracht, entschwinden wieder. Mit Tubaton, dem Schellenträger und dem Herren Hauptmann beginnt es triumphal, mit dem sich entfernenden Trommelklang und einem Schmetterling klingt es aus – und Mine, Trine, Stine schauen wohl versonnen hinterdrein, horchen noch einmal nach.

Ein Kindergedicht, und heute nicht einmal mehr das, denn die Kinder von heute werden mit zur Demo geschleppt, und durch das Städtchen rollt höchstens eine olivfarbene Wagenkolonne der Bundeswehr. Ein Gedicht für Augen und Ohren, ohne die Sinnfrage, Gedankenballast und langwierige Beschreibungen. Mit ein paar Worten ist die Szene hingetupft, das Geschehen zum Leben und Klingen gebracht. Keiner kann das so wie Detlev von Liliencron, der, ein Nachfahr halb von Eichendorff und halb von Heine, neben schrecklichem Sprachgerümpel hier ein paar Verse und dort ein paar Strophen hinterlassen hat, die reiner, leuchtender Impressionismus sind. Wie zum Beispiel: »Die Musik kommt«.

Gewiß, die Lyrik dieses Mannes, der so gern den tollen Junker spielte, aber es weder zu Geld noch Ansehen brachte, bewegt sich eigentlich nur zwischen den Knicks und Küsten von Schleswig-Holstein. Aber was er angesichts dieser Erfahrung in ein paar glücklichen Zeilen formulierte, läßt die Region weit hinter sich und manches Alpenglühen erblassen.

DETLEV VON LILIENCRON
DORFKIRCHE IM SOMMER

Schläfrig singt der Küster vor,
Schläfrig singt auch die Gemeinde.
Auf der Kanzel der Pastor
Betet still für seine Feinde.

Dann die Predigt, wunderbar,
Eine Predigt ohnegleichen.
Die Baronin weint sogar
Im Gestühl, dem wappenreichen.

Amen, Segen, Türen weit,
Orgelton und letzter Psalter.
Durch die Sommerherrlichkeit
Schwirren Schwalben, flattern Falter.

BENNO VON WIESE
IDYLL OHNE VERKLÄRUNG

Eigentlich war er zum Reiteroffizier oder zum Großgrundbesitzer geboren; statt dessen wurde er frühzeitig verabschiedet und geriet in Schulden. Ich spreche von Detlev von Liliencron, dem damals hochberühmten, heute fast vergessenen Lyriker der Bismarckzeit, gefeiert von der jungen revolutionären Generation der »Naturalisten«, heute von vielen abgetan als Poet von gestern und vorgestern, noch dazu mit patriotischem Hintergrund.
Ich liebe ihn trotzdem. Gewiß: das Denken war nicht seine Stärke. Aber die dichterische Sensibilität und Wahrnehmungsfähigkeit dieses Aristokraten, der eigentlich ein Bohemien und ein armer Teufel war, haben kaum ihresgleichen. Leidenschaftlich in das Leben verliebt, kam er trotzdem und eben deswegen nie zur Ruhe.
»Dorfkirche im Sommer« überrascht durch seine schlichte Gegenständlichkeit. Keinerlei Reflexion, keine »Probleme«. Vers und Rhythmus bieten keine Schwierigkeiten. Wer es gelangweilt als verklärende spätbürgerliche Idylle beiseite schiebt, hat es nicht verstanden. Wer es allzusehr mit symbolischem Tiefsinn überfrachtet, sieht an Liliencrons beobachtender und verknappender Stilkunst vorbei. Es steckt eine Gerechtigkeit gegen das Leben darin, die das Kleine und das Große gleichzeitig gelten läßt, ohne »ideologisch« Partei zu ergreifen. Das Kleine, Begrenzte ist hier die Dorfkirche mit Küster, Pastor und Gemeinde und dem rituell ablaufenden, etwas sommerlich

»schläfrigen« Gottesdienst und seiner »wunderbaren« Predigt, einer »Predigt ohnegleichen«.

Wer urteilt hier eigentlich? Gewiß nicht der Autor, der eher ein Atheist als ein Christ war. Die Atmosphäre des Ganzen ist gemeint, das Einverständnis zwischen Pfarrer und Gemeinde bis zum Ausklingen in Amen, Segen, Orgelton und letztem Psalter. Das hat etwas Rührendes, jedoch ohne jeden kitschigen oder auch nur empfindsamen Unterton, ebenso wie der Landpastor, der still für seine Feinde betet.

Der Realismus der genauen Beobachtung hat aber auch seine sozialkritische Note. Der Vers über die Baronin rückt die »wunderbare« Predigt in eine andere Beleuchtung. In seinem unverkennbaren Spott könnte er von Heine sein. Bereits räumlich ist die vornehme, adelige Dame durch ihren bevorzugten Sitz in der Kirche von der simplen Gemeinde geschieden. »Stilles« Gebet und tränenreiche Selbstdarstellung werfen sehr verschiedene Schlaglichter auf dieses Idyll eines sonntäglichen Friedens. Nostalgische Verklärung ist das nicht, sondern eine sehr realistische und perspektivenreiche Darstellungskunst.

Liliencron lehnt sich nicht etwa auf. Er war ein Einzelgänger, der es als Dichter verstanden hat, der Alltagssprache einen damals neuen poetischen Reiz abzugewinnen; in seiner politischen Haltung war er jedoch eher konservativ als revolutionär. Er relativiert, er skizziert, er zeigt die genauen Umrisse und läßt die »Stimmung« nur zwischen den Zeilen mitschwingen; er läßt gelten. Aber das »Türen weit« ist für ihn dennoch ein Akt der Befreiung aus der liebenswürdigen Enge und Beschränktheit dieser kleinen Dorfkirche in die Unermeßlichkeit des Draußen, in die

bewegte lebendige Natur, die ihm weit mehr bedeutet als jede Art von kirchlicher Institution.
Erst der Schlußvers ist die Alternative zum ganzen vorausgegangenen Gedicht. Er ist das poetische Credo des lyrischen Ich, ohne daß der nach außen gerichtete Realismus der Darstellung dabei ins Symbolische oder Tendenziöse verfälscht würde. In seiner Art bleibt dieses kleine Gedicht ein Meisterwerk.

DETLEV VON LILIENCRON
SCHÖNE JUNITAGE

Mitternacht, die Gärten lauschen,
Flüsterwort und Liebeskuß,
Bis der letzte Klang verklungen,
Weil nun alles schlafen muß –
Flußüberwärts singt eine Nachtigall.

Sonnengrüner Rosengarten,
Sonnenweiße Stromesflut,
Sonnenstiller Morgenfriede,
Der auf Baum und Beeten ruht –
Flußüberwärts singt eine Nachtigall.

Straßentreiben, fern, verworren,
Reicher Mann und Bettelkind,
Myrtenkränze, Leichenzüge,
Tausendfältig Leben rinnt –
Flußüberwärts singt eine Nachtigall.

Langsam graut der Abend nieder,
Milde wird die harte Welt,
Und das Herz macht seinen Frieden,
Und zum Kinde wird der Held –
Flußüberwärts singt eine Nachtigall.

CHRISTA MELCHINGER
EINE KETTE BUNTER FÄHNCHEN

Was an diesem Gedicht kann unsre Aufmerksamkeit über die Minute hinaus fesseln, die wir zum Lesen brauchen? Gleich vorweg: Ich finde keine ästhetischen Kriterien, die erklärten, warum ein Gedicht, das sich in eine Tradition fügt, ein konventionelles Gedicht also, von einem bestimmten Zeitpunkt an schwer zu ertragen ist.
Um 1880, als Liliencron zu dichten beginnt, dichtet auch Nietzsche, auch Mallarmé, rüsten sich die Programmatiker des Naturalismus. Holz protestiert gegen die Reimklingelei, die Leierkastenrhythmik. Geschwätz mit den Mitteln der Romantik. Eichendorff-Ton. Wir hören ihn auch aus diesem Gedicht: die romantische Thematik, das traditionelle Andichten der Natur, die konventionelle Symbolik, das Versschema, die einfachen Vierheber, der stimmungsvolle Refrain, der das Volksliedhafte unterstreicht.
»Man mag von ihm aussagen, was man will: es ist immer auch das Gegenteil richtig ...« – so Richard Dehmel über Liliencron. Das gilt bis heute. Und nicht nur für den Dichter, auch für die Zeit, in der er dichtet. Für beide muß man im Auge haben: die Gleichzeitigkeit von Tradition und Protest dagegen, von Übernahme des Überlieferten und Abkehr davon. Diese Mischung schafft eine eigene Form, einen eigenen Reiz.
Darin liegt für mich der Wert des Gedichts mit dem belanglosen Titel »Schöne Junitage«. Zugegeben: die letzte

Strophe mit ihrer altbackenen Symbolik schleppt sich kaum über die Jahrhundertwende. Ich lasse sie, für mich, einfach weg. Den Refrain nehme ich mit in Kauf, des lokkenden »Flußüberwärts« wegen. Und die Natur, die da vor mich hingestellt wird – ich habe sie ganz gern, weil in dem alten Rahmen die neuen Farben so viel heller leuchten: artikellose Substantive, lauter Signale, eins neben das andre gesetzt, eine Kette bunter Fähnchen, nichts bedeutend als sich selbst.

Das ist neu. Und ganz in Übereinstimmung mit dem, was das naturalistische Programm für die Lyrik fordert: die Verknappung und Intensivierung des Ausdrucks, die Reduktion der Sprache auf Nomina, das direkte umweglose Benennen, Registrieren von Sinneseindrücken.

Und besonders reizvoll: Zur Präsentation des Neuen bedient sich Liliencron einer Urform der Poesie, des »Summationsschemas« (Curtius), das verschiedene Gegenstände in paralleler Aufzählung aneinanderreiht und in einem Schlußglied zusammenfaßt. Ich denke, Liliencron greift, ohne sich dessen bewußt zu sein und nur aus seinem künstlerischen Instinkt heraus, zu einem Mittel, das aus der Antike bekannt ist und auch in der mittelalterlichen und barocken Lyrik gebraucht wird und das hier so ganz am rechten Platz erscheint:

Auf kurzem Weg führen die Zeilen, jeweils einen Sinneseindruck nennend, Stufe für Stufe auf den Gipfel. »Tausendfältig Leben rinnt –«. Nach den Einzelausblicken des Aufstiegs ergibt sich der Rundblick vom Gipfel ganz von selbst: Leben, der wichtigste Begriff des 19. Jahrhunderts – die Fülle des Lebens, abgelesen, abgeschaut den Bildern, wie sie sich ergeben an schönen Junitagen, und in Worte gebracht, die nichts hinzutun. Keine bewußte Absicht,

keine vorgefaßte Form, keine tiefere Bedeutung, nur Auge und Ohr, für alles Lebendige geschärfte Sinne.
Nun, damit ist das Gedicht angekommen in seiner Zeit, steht da am rechten Platz. Von hier aus kann die letzte Strophe nicht anders gedeutet werden als eine Konzession an die Tradition, die man vergessen soll. Um der vorangegangenen Verse willen, die sich daran nicht messen lassen.

FRIEDRICH NIETZSCHE
DIE KRÄHEN SCHREI'N

Die Krähen schrei'n
Und ziehen schwirren Flugs zur Stadt:
Bald wird es schnei'n –
Wohl dem, der jetzt noch – Heimat hat!

Nun stehst du starr,
Schaust rückwärts ach! wie lange schon!
Was bist du Narr
Vor Winters in die Welt – entflohn?

Die Welt – ein Thor
Zu tausend Wüsten stumm und kalt!
Wer Das verlor,
Was du verlorst, macht nirgends Halt.

Nun stehst du bleich,
Zur Winter-Wanderschaft verflucht,
Dem Rauche gleich,
Der stets nach kältern Himmeln sucht.

Flieg', Vogel, schnarr'
Dein Lied im Wüsten-Vogel-Ton! –
Versteck', du Narr,
Dein blutend Herz in Eis und Hohn!

Die Krähen schrei'n
Und ziehen schwirren Flugs zur Stadt:
Bald wird es schnei'n,
Weh dem, der keine Heimat hat!

HERMANN KURZKE
TRISTESSE DER LEBENSGIER, TRISTESSE DER EINSAMKEIT

Stockend in den kurzen, treibend in den langen Zeilen, zerreißt schon der Rhythmus dieses Gedichts das teilnehmende Herz. Fliehen oder bleiben? Die zwei Krähenstrophen umrahmen ein unheimliches Selbstgespräch. Einer verhöhnt sich: du Narr!

Den Einsamen lockt die Welt und verrät ihn zugleich. Was ist »die Welt«? Sie ist Liebe und Leben, Glück und Gier; der Ort des Widersachers, wie in der asketischen Tradition. Ein Tor zu tausend Wüsten nennt sie der Enttäuschte. Was sind Wüsten? Die Wüste ist die Weltlust. »Unter Töchtern der Wüste« heißt der gequälte Bordellpsalm, in dem Nietzsche seinen Zarathustra, »umsphinxt« von »Mädchen-Katzen«, »lüstern nach einem runden Mädchen-Maule«, zeigt.

Nach Freiheit vom wüsten Begehren lechzt der Unerlöste, zum Trieb Verfluchte. Die Lust ist Pein. Ihr Geräusch ist nicht lieblich, sondern rasselnd. Schnarr dein Lied im Wüsten-Vogel-Ton! Die R-Laute des Gedichtes bilden die ratternde Mechanik der Weltgier ab. In »schwirr« und »starr«, »Narr« und »schnarr« echot der heisere Schrei der Krähen. In Schwärmen fliegen sie zur Stadt. Sie fliehen vor dem Winter. Sie lassen den Einsamen in der Kälte zurück. Derjenige, der hier mit sich selbst spricht, behauptet, stolz zu sein auf seine Einsamkeit. Angeblich will er nichts anderes. In einem Antwortgedicht zu »Die Krähen schrei'n«

verspottet er das »dumpfe deutsche Stuben-Glück«. Er verachtet sich für seine Sehnsucht nach der Welt und panzert sich mit einer nihilistischen Winter-Metaphysik. Der wirbelnde Schnee bedeutet die tödliche Leere, die radikale Ungeborgenheit, das absolute Nichts. Der Einsame will ein Freigeist sein, der das Nichts aushält. Lieber mit den Zähnen klappern als Götzen anbeten. Aber in Wirklichkeit ist er eine Krähe. Die Krähen ziehen schwirren Flugs zur Stadt.

Nietzsche hat dem im Herbst 1884 entstandenen und erst aus dem Nachlaß veröffentlichten Gedicht wechselnde und einander widersprechende Titel und Untertitel gegeben – »Vereinsamt« und »Der Freigeist«, »Abschied«, »Heimweh«, »Aus der Wüste« und »Die Krähen schrei'n«. Man kann es biographisch lesen als Reaktion auf enttäuschte Liebe und als Flucht in die Selbststilisierung zum Einsiedler im ewigen Eis.

Aber nicht Nietzsches Person soll hier interessieren, sondern die fundamentale Erfahrung, die sein Gedicht zum Ausdruck bringt. Die Welt ist schal. Es gibt in ihr keine Erfüllung ohne Verrat am Anspruch des Geistes. Es gibt umgekehrt keinen Anspruch des Geistes, der je erfüllt werden könnte, und doch blutet das Herz, wenn es enttäuscht wird. Es ist der ewige Widersinn der Liebe, daß sie sich in der Sehnsucht verzehrt und in der Erfüllung zerstört – die Tristesse der Lebensgier, die Tristesse der Einsamkeit. Daher kommt die Melancholie des Krähenrufes. »Flieg, Vogel, schnarr' dein Lied im Wüsten-Vogel-Ton!«

Je größer ein Gedicht, desto größer die Gefahr, mit allen erklärenden Worten dahinter zurückzubleiben und plötzlich innehalten zu müssen wie ein Ertappter.

FRIEDRICH NIETZSCHE
DIE SONNE SINKT

Heiterkeit, güldene, komm!
  du des Todes
heimlichster süssester Vorgenuss!
–Lief ich zu rasch meines Wegs?
Jetzt erst, wo der Fuss müde ward,
  holt dein Blick mich noch ein,
  holt dein *Glück* mich noch ein.

Rings nur Welle und Spiel.
  Was je schwer war,
sank in blaue Vergessenheit,
müssig steht nun mein Kahn.
Sturm und Fahrt – wie verlernt er das!
  Wunsch und Hoffen ertrank,
  glatt liegt Seele und Meer.

Siebente Einsamkeit!
  Nie empfand ich
näher mir süsse Sicherheit,
wärmer der Sonne Blick.
–Glüht nicht das Eis meiner Gipfel noch?
  Silbern, leicht, ein Fisch
  schwimmt nun mein Nachen hinaus ...

WERNER ROSS
WELLE UND SPIEL, SEELE UND MEER

Als Prediger, Prophet, Hammerschwinger war er aufgebrochen, als Gesetzgeber für ein neues Jahrtausend. Der Zarathustra war das neue Evangelium. Aber unter der Hand gedieh ihm dieser Donnertext zur Dichtung, zu einem großen, pathetischen, verkündenden Gesang, und als er Bilanz zog, konnte er sich durchaus zu Recht »Nur Narr! nur Dichter!« nennen, seufzend und triumphierend.

»Nur Narr! nur Dichter!« ist das erste der Gedichte überschrieben, die zunächst die Überschrift »Lieder Zarathustras« trugen, die er dann in dem euphorischen Zustand, der im Herbst 1888 seinem Wahnsinn voranging, noch einmal säuberlich abschrieb und mit dem Titel »Dionysos-Dithyramben« versah. Dithyramben nicht für Dionysos, sondern *des* Dionysos, denn der spricht nun durch ihn, den Sänger, wie Zarathustra durch ihn gesprochen hatte.

Unversehens wurde der schnauzbärtige Philosoph zum größten Lyriker des ausgehenden Jahrhunderts, niemand von den Älteren war mehr da, Storm in ebendiesem Jahr 1888 gestorben, Kellers »Gesammelte Gedichte« waren 1883 erschienen, aber was waren Storm und Keller, die Dichter des deutschen Bürgerhauses, gegen diese Sprachgewalt, die sich wahrhaft dithyrambisch nennen konnte, ohne vor-gegebene Form, *ein*gegeben!

Eines der schönsten Gedichte der Dionysos-Dithyramben

ist mit »Die Sonne sinkt« überschrieben. Unser Text ist das dritte und letzte Stück davon. Es bezeugt die Glücksstimmung des vielgeliebten Herbstes, die er bei der Ankunft in Turin so beschrieb: »Wunderbare Klarheit, Herbstfarben, ein exquisites Wohlgefühl auf allen Dingen.« Der Tod nicht als Drohung, sondern als Elysium, die goldene Sterbezeit als süßester Vorgenuß. Heiterkeit, *serenitas*, die den Himmel meint und die vom südlichen Klima erzeugte getragene Gelassenheit. Sie wird angerufen, so wie Ahnherr Goethe einst den »süßen Frieden« angerufen hat. Keine Reime, nur sanftes Vor-sich-hin-Sprechen, aber es reimen am Ende der ersten Strophe »Blick« und – vom Autor unterstrichen – »Glück«, das zweite der Superlativ des ersten.
Rückblickend sah er den ganzen Zarathustra so, schrieb in der Vorrede zur »Genealogie der Moral« von »dem halkyonischen Element, aus dem jenes Werk geboren ist, seiner sonnigen Helle, Ferne, Weite und Gewißheit«. Aber damals war er noch der kühne Seefahrer auf seinem »Genueser Schiff«. Nun nichts mehr davon, und die zweite Strophe wiegt sich wie der Kahn, von dem sie spricht, zwischen Welle und Spiel, und Seele und Meer. Meeresstille nicht mehr als Hemmnis, sondern als Ziel. Absage an die Schwere, auch an die hochgetürmte Aufgabe, unerhörtes Glücksgefühl in der bescheidensten Turiner Existenz. »Alles wird mir leicht, alles gerät mir«, schreibt er an Overbeck.
Kein Pathos mehr versiegelt die »siebente Einsamkeit« des Zarathustra. Das schlichteste Glück ist in die einfache und intensive Formel gefaßt, die süße Sicherheit, den wärmenden Blick der Sonne. Nur einmal zuckt die Erinnerung an einstige Größe auf, an die Gipfel, die der Wanderer mit

eigenen Füßen oder symbolisch bestieg, an Eis und Glut. Weg damit! Kein Genueser Abenteuer mehr. Die Metapher vom Nachen gleitet leicht in eine andere hinüber. Der silbern schimmernde Fisch ist die Antwort des lyrischen Ichs auf die güldene Heiterkeit der Welt. Zwar immer noch »hinaus«, aber Fische, glücklicherweise, haben kein Ziel.

»Meine Kellner«, schrieb er an Overbeck, »glänzen von Feinheit und Entgegenkommen«, die Obstverkäuferin sucht ihm die schönsten Trauben aus und läßt sie ihm billiger. Dieser euphorische Zustand sublimiert sich in den Glücksversen von »Die Sonne sinkt«. »Silbern, leicht, ein Fisch«, schwimmt sein Kahn hinaus – in den Wahnsinn hinein.

FRIEDRICH NIETZSCHE
VENEDIG

An der Brücke stand
Jüngst ich in brauner Nacht.
Fernher kam Gesang:
Goldener Tropfen quoll's
Über die zitternde Fläche weg.
Gondeln, Lichter, Musik –
Trunken schwamm's
    in die Dämmerung hinaus ...

Meine Seele, ein Saitenspiel,
Sang sich, unsichtbar berührt,
Heimlich ein Gondellied dazu,
Zitternd vor bunter Seligkeit.
– Hörte jemand ihr zu? ...

CHRISTA MELCHINGER
ZU EINSAM WUCHS ICH UND ZU HOCH

Die absolute Einsamkeit – umspielt in leichten, eleganten Wendungen und Bildern: Wo kann man das sonst so lesen?
Der Einsatz tausendfach gehabt: traditionelles Andichten der Natur nach romantischem Muster. Und, nimmt man die Überschrift hinzu, in der Bildungstradition des 19. Jahrhunderts. Platens Venezianische Sonette fallen mir ein, ich denke an C. F. Meyers »Auf dem Canal Grande«. Aber von diesem symbolischen Tiefsinn (typisch für die achtziger Jahre), der den lyrischen Vorgang nur als uneigentlich gelten läßt, als Mittel zur Erkenntnis: so ist auch das menschliche Leben – nichts davon in diesem Gedicht. Doch die romantische Subjektivierung? Der empfindsame Blick, die Perspektive des lyrischen Ichs, aus der die Szenerie sich füllt – das Gegenständliche ist rasch dahin, was wird bestimmend?
Wo sind Gefühle, die von den Dingen erregt werden, auf sie bezogen sind? Die Programmatiker der Zeit fordern: genaues Benennen der Dinge. Nietzsche spricht von der »zitternden Fläche«. Die Eigenschaft verselbständigt sich, dient nicht länger dem Gegenstand, verweigert die Eindeutigkeit. Und worauf bezieht sich die Metapher? »Goldener Tropfen quoll's« – Gondeln, Lichter oder Musik? Sie scheint auf merkwürdige Weise zerdehnt, nicht fixierbar, in ihrer ambitiösen Künstlichkeit den Realitätsbezug zerstörend. Dafür Assoziationen schaffend: Stimmungen,

Reize, Impressionen: »trunken schwamm's ...« – die Welt zerflimmert, sie erscheint als Projektion des Ichs, seiner Empfindungen. Die Subjektivierung Nietzsches geht weit über die der Romantiker hinaus.

Das Ich füllt alles aus, alles ist in ihm begründet: »zitternd vor bunter Seligkeit« – das ist nicht mehr eine subjektive Deutung der Welt, das ist die Welt als Ich, das Ich als Welt. Es gibt keinen Bezugspunkt mehr, mit den Bezügen fallen die Beziehungen. Absolute Subjektivität – absolute Einsamkeit. »Zu einsam wuchs ich und zu hoch«, heißt es an anderer Stelle (»Pinie und Blitz«). Und: »Hoch wuchs ich über Mensch und Tier; / Und sprech ich – niemand spricht mit mir.«

Mit sparsamsten Mitteln schafft Nietzsche eine äußerste Steigerung. Die aus wenigen suggestiven Bildern aufgebaute Szenerie der ersten Strophe, das »heimliche« Saitenspiel der Seele, das sie ausfüllt, sie weisen auf einen Zuschauer hin. Und um einen Zuhörer geht es auch in der ironisch pointierenden Frage am Schluß.

Max Kommerell hat Nietzsche den »Erfinder des transzendentalen Mimus« genannt. Eine ungemein treffende Formulierung. Nietzsche führt das lyrische Ich in einer bis dahin nicht bekannten Rolle ein: Da die Einsamkeit, die er statuiert, so umfassend ist, daß sie kein Publikum mehr zuläßt, erfüllt das Ich beide Funktionen, nämlich Sänger und Zuhörer zu sein. Und jede seiner Äußerungen ist zugleich Selbstentwurf, Selbstdarstellung, Selbstbeobachtung, Selbstdeutung, Selbstgespräch.

Anhang

QUELLENHINWEISE

HERMANN ALLMERS 1821 in Rechtenfleth bei Bremen geboren, dort 1902 gestorben.
Heidenacht, S. 389. Aus: Hermann Allmers, Werke. Sachse & Pohl Verlag, Göttingen 1965.
Feldeinsamkeit, S. 393. Aus: Buch der Lyrik. Herausgegeben von Friedrich Mauer. Franz Cornelsen Verlag, Berlin 1947.

WILHELM BUSCH 1832 in Wiedensahl geboren, gestorben 1908 in Mechtshausen.
Sahst du das wunderbare Bild vom Brouwer?, S. 431. Tröstlich, S. 435. Aus: Wilhelm Busch, Gedichte. Herausgegeben von Friedrich Bohne. Diogenes Verlag, Zürich 1974.

THEODOR FONTANE 1819 in Ruppin geboren, gestorben 1898 in Berlin.
Aber es bleibt auf dem alten Fleck, S. 291. Mein Herze, glaubt's, ist nicht erkaltet, S. 303. Aus: Theodor Fontane, Herr von Ribbeck auf Ribbeck. Gedichte und Balladen. Ausgewählt von Gottfried Honnefelder. Insel Verlag Frankfurt am Main und Leipzig 1992.
Es kribbelt und wibbelt weiter, S. 295. Lebenswege, S. 299. Meine Gräber, S. 307. Publikum, S. 313. Vom Fehrbelliner Schlachtfeld, S. 317. Würd' es mir fehlen, würd' ich's vermissen?, S. 321. Aus: Theodor Fontane, Werke, Briefe und Schriften. 20 Bände in vier Abteilungen. Herausgegeben von Walter Keitel und Helmuth Nürnberger. Band 6: Gedichte. Carl Hanser Verlag, München 1978.

EMANUEL GEIBEL 1815 in Lübeck geboren, dort 1884 gestorben.
Deutschlands Beruf, S. 269. Aus: Das große deutsche Gedichtbuch. Herausgegeben von Karl Otto Conrady. Anton Hain Verlag, Frankfurt am Main 1987.

HERMANN VON GILM ZU ROSENEGG 1812 in Innsbruck geboren, gestorben 1864 in Linz.
Allerseelen, S. 247. Aus: Liebe. Liebesgedichte deutscher, österreichischer und Schweizer Autoren vom 16. Jahrhundert bis zur Gegenwart. Herausgegeben von Nina Kindler. Kindler Verlag, München 1980.

Adolf Glassbrenner 1810 in Berlin geboren, dort 1876 gestorben.
Das Märchen vom Reichtum und der Not, S. 243. Aus: Der politisierende Eckensteher. Auswahl und Nachwort von Jost Hermand. Verlag Philipp Reclam jun., Stuttgart 1969.

Friedrich Wilhelm Güll 1812 in Ansbach geboren, gestorben 1879 in München.
Will sehen, was ich weiß, vom Büblein auf dem Eis, S. 251. Aus: Hausbuch der schönsten Kindergedichte. Gesammelt von Herbert Heckmann und Michael Krüger. Rowohlt Taschenbuch Verlag GmbH, Reinbek 1980.

Friedrich Hebbel 1813 in Wesselburen geboren, gestorben 1863 in Wien.
Dämmerempfindung, S. 257. Aus: Friedrich Hebbel, Gedichte. Verlag Philipp Reclam jun., Stuttgart 1977.
Herbstbild, S. 261. Aus: Friedrich Hebbel, Werke. Band 3. Herausgegeben von Gerhard Fricke und anderen. Carl Hanser Verlag, München 1966.
Sommerbild, S. 265. Aus: Das große deutsche Gedichtbuch. Herausgegeben von Karl Otto Conrady. Athenäum Verlag, Königstein/Taunus 1977.

Heinrich Heine 1797 in Düsseldorf geboren, gestorben 1856 in Paris.
An die Jungen, S. 13. An einen ehemaligen Goetheaner, S. 17. An einen politischen Dichter, S. 21. Anno 1839, S. 25. Autodafé, S. 31. Belsatzar, S. 35. Das Fräulein stand am Meere, S. 41. Das Meer erglänzte weit hinaus, S. 45. Der Asra, S. 49. Der Scheidende, S. 53. Die alten, bösen Lieder, S. 57. Die Grenadiere, S. 63. Die Jahre kommen und gehen, S. 69. Doktrin, S. 73. Ein Fichtenbaum, S. 77. Enfant perdu, S. 81. Gedächtnisfeier, S. 85. Ich hab im Traum geweinet, S. 89. Ich hatte einst ein schönes Vaterland, S. 93. Lotosblume, S. 97. Mein Kind, wir waren Kinder, S. 101. Nachtgedanken, S. 107. »Nicht gedacht soll seiner werden«, S. 113. Prolog, S. 119. Sie haben dir viel erzählet, S. 123. Wenn ich, beseligt von schönen Küssen, S. 127. Wo?, S. 131. Worte! Worte! Keine Taten!, S. 135. Zum Lazarus, S. 139. Aus: Heinrich Heine, Sämtliche Gedichte in zeitlicher Folge. Herausgegeben von Klaus Briegleb. Insel Verlag Frankfurt am Main und Leipzig 1993.

Georg Herwegh 1817 in Stuttgart geboren, gestorben 1875 in Lichtenthal/Baden-Baden.
Ludwig Uhland, S. 275. Aus: Georg Herwegh, Werke in einem Band. Aufbau-Verlag, Berlin 1967.

HOFFMANN VON FALLERSLEBEN 1798 in Fallersleben bei Lüneburg geboren, gestorben 1874 in Corvey/Weser.
Der deutsche Zollverein, S. 143. Aus: Hoffmann von Fallersleben, Unpolitische Lieder. 1. Theil. Hoffmann & Campe, 1840.

GOTTFRIED KELLER 1819 in Zürich geboren, dort 1890 gestorben.
Abendlied, S. 325. Am fließenden Wasser, S. 329. Ehescheidung, S. 333. Friede der Kreatur, S. 339. Jugendgedenken, S. 343. Schöne Brücke, S. 349. Seemärchen, S. 353. Waldlied, S. 357. Weihnachtsmarkt, S. 361. Wie glänzt der helle Mond, S. 367. Winternacht, S. 371. Aus: Gottfried Keller, Sämtliche Werke und ausgewählte Briefe. Drei Bände. Herausgegeben von Clemens Heselhaus. Band 3: Gedichte, Dramatische Versuche, Autobiographische Aufzeichnungen und Tagebücher, Ausgewählte Briefe. Carl Hanser Verlag, München, 4. Auflage 1980.

FRIEDERIKE KEMPNER 1836 in Opatow/Posen geboren, gestorben 1904 in Friederikenhof bei Reichthal/Breslau.
Frohe Stunden, S. 451. Aus: Friederike Kempner, Ausgewählte Gedichte. Sanssouci Verlag, Zürich 1972.

NIKOLAUS LENAU 1802 in Csatád/Ungarn geboren, gestorben 1850 in Oberdöbling bei Wien.
Die drei Zigeuner, S. 155. Einsamkeit (2), S. 161. Aus: Nikolaus Lenau, Sämtliche Werke und Briefe in zwei Bänden. Erster Band: Gedichte. Versepen. Auf der Grundlage der historisch-kritischen Ausgabe von Eduard Castle herausgegeben von Walter Dietze. Insel Verlag Frankfurt am Main 1971.

DETLEV VON LILIENCRON 1844 in Kiel geboren, gestorben 1909 in Hamburg.
Der Handkuß, S. 455. Die Musik kommt, S. 461. Schöne Junitage, S. 471. Aus: Detlev von Liliencron, Werke. Band 1: Gedichte. Band 2: Erzählungen und Charakteristiken. Herausgegeben und eingeleitet von Benno von Wiese. Insel Verlag Frankfurt am Main 1977.
Dorfkirche im Sommer, S. 467. Aus: Detlev von Liliencron, Ausgewählte Werke. Herausgegeben von Hans Stern Holsten Verlag, Hamburg 1964.

HERMANN LINGG 1820 in Lindau geboren, gestorben 1905 in München.
Das Krokodil, S. 385. Aus: Deutsche Unsinnspoesie. Herausgegeben von Klaus Peter Dencker. Verlag Philipp Reclam jun., Stuttgart 1978.

CONRAD FERDINAND MEYER 1825 in Zürich geboren, gestorben 1898 in Kilchberg bei Zürich.

Auf dem Canal Grande, S. 397. Das Ende des Festes, S. 401. Die tote Liebe, S. 405. Ein Pilgrim, S. 411. Nicola Pesce, S. 417. Aus: Conrad Ferdinand Meyer, Sämtliche Gedichte. Verlag Philipp Reclam jun., Stuttgart 1978.

EDUARD MÖRIKE 1804 in Ludwigsburg geboren, gestorben 1875 in Stuttgart.

An eine Äolsharfe, S. 165. Auf eine Christblume, S. 171. Auf einen Klavierspieler, S. 177. Auf einer Wanderung, S. 181. Das verlassene Mägdlein, S. 185. Denk es, o Seele, S. 189. Früh im Wagen, S. 193. Restauration, S. 199. Sommer-Refektorium, S. 203. Um Mitternacht, S. 207. Verborgenheit, S. 211. Zu viel, S. 215. Aus: Eduard Mörike, Sämtliche Gedichte. Herausgegeben von Herbert G. Göpfert. Nachwort von Georg Britting. R. Piper & Co. Verlag, München 1987.

JOHANN NESTROY 1801 in Wien geboren, gestorben 1862 in Graz.

Lied des Fabian, S. 151. Aus: Johann Nestroy, Gesammelte Werke in sechs Bänden. Verlag Anton Schroll, Wien/München 1962.

FRIEDRICH NIETZSCHE 1844 in Röcken bei Lützen geboren, gestorben 1900 in Weimar.

Die Krähen schrei'n, S. 475. Aus: Friedrich Nietzsche, Sämtliche Werke in Einzelbänden. Kritische Studienausgabe in 15 Bänden. Herausgegeben von Giorgio und Mazzino Montimari. Band 2: Nachgelassene Fragmente 1884-1885. Deutscher Taschenbuch Verlag, München 1988.

Die Sonne sinkt, S. 479. Aus: Friedrich Nietzsche, Sämtliche Werke in Einzelbänden. Kritische Studienausgabe in 15 Bänden. Herausgegeben von Giorgio und Mazzino Montimari. Band 6: Der Fall Wagner. Götzen-Dämmerung. Der Antichrist. Ecce Homo. Dionysos-Dithyramben. Nietzsche contra Wagner. Deutscher Taschenbuch Verlag, München 1988.

Venedig, S. 483. Aus: Das große deutsche Gedichtbuch. Herausgegeben von Karl Otto Conrady. Athenäum Verlag, Königstein/Taunus 1977.

WILHELM RAABE 1831 in Eschershausen bei Braunschweig geboren, dort 1910 gestorben.

Des Menschen Hand, S. 427. Aus: Wilhelm Raabe, Sämtliche Werke. Herausgegeben von Karl Hoppe. Band 20: Halstenbeck. Altershausen. Gedichte. Verschiedenes. Vandenhoek & Ruprecht Verlag, Braunschweig 1968.

FERDINAND VON SAAR 1833 in Wien geboren, gestorben 1906 in Döbling bei Wien.

Herbst, S. 439. Aus: Der tausendjährige Rosenstrauch. Deutsche Gedichte. Ausgewählt und eingeleitet von Felix Braun. Wilhelm Heyne Verlag, München 1981.

MAX SCHNECKENBURGER 1819 in Talheim/Württemberg geboren, dort 1849 gestorben.

Die Wacht am Rhein, S. 379. Aus: Allgemeines Deutsches Kommersbuch. 96.-99. Auflage. Schauenburg Verlag, Lahr 1910.

THEODOR STORM 1817 in Husum/Schleswig geboren, gestorben 1888 in Hademarschen/Holstein.

Abends, S. 279. Hyazinthen, S. 283. Meeresstrand, S. 287. Aus: Theodor Storm, Sämtliche Werke. Vier Bände. Herausgegeben von Karl E. Lange und Klaus Lohmeier. Deutscher Klassiker Verlag Frankfurt am Main 1988.

CHRISTIAN WAGNER 1835 in Warmbronn/Württemberg geboren, dort 1918 gestorben.

Ostersamstag, S. 443. Aus: Christian Wagner, Sonntagsgänge. Jürgen Schweier Verlag, Kirchheim/Teck 1976.

Spätes Erwachen, S. 447. Aus: Christian Wagner, Gedichte. Herausgegeben von Ulrich Keicher. Mit einem Vorwort von Albrecht Goes und Zeichnungen von Gunter Böhmer. Konrad Theiss Verlag, Stuttgart und Aalen, 2. Auflage 1981.

MATHILDE WESENDONK 1828 in Elberfeld geboren, gestorben 1902 in Traunblick.

Im Treibhaus, S. 421. Nach: Richard Wagner, Fünf Gedichte von Mathilde Wesendonk. Für Frauenstimme und Klavier. Musikverlag C.F. Peters, Frankfurt am Main.

UNBEKANNTER DICHTER/DES KNABEN WUNDERHORN

Das bucklichte Männlein, S. 219. Aus: Allerleirauh. Viele schöne Kinderreime versammelt von Hans Magnus Enzensberger. Insel Verlag Frankfurt am Main 1974. © Suhrkamp Verlag Frankfurt am Main 1961.

Die Judentochter, S. 225. Wie kommt es, daß du traurig bist?, S. 231. Rewelge, S. 237. Aus: Des Knaben Wunderhorn. Alte deutsche Lieder, gesammelt von Achim von Arnim und Clemens Brentano. Kritische Ausgabe in drei Bänden. Herausgegeben und kommentiert von Heinz Rölleke. Verlag Philipp Reclam jun., Stuttgart 1987.

Unbekannter Dichter
Kein Feuer, keine Kohle, S. 147. Aus: Deutsche Lieder. Texte und Melodien. Zwei Bände. Ausgewählt und eingeleitet von Ernst Klusen. Insel Verlag Frankfurt am Main 1981.

VERZEICHNIS DER INTERPRETEN

Cyrus Atabay geboren 1929 bei Teheran, lebt in München. Er veröffentlichte unter anderem: »Puschkiniana« (1990), »Gedichte« (1991) und »Leise Revolten« (1992).

Armin Ayren geboren 1934 in Friedrichshafen, lebt in Oberweschnegg. Er veröffentlichte unter anderem: »Der Brandstifter und andere Abweichungen« (1968), »Der Helweg« (1972), »Asam oder der Mythos vom Überleben« (1974), »Elias Canetti« (1977), »Der Mann am Kamin« (1980), »Buhl oder Der Konjunktiv« (1982) und »Der flambierte Säugling« (1985).

Hans Bender geboren 1919 in Mühlhausen/Kraichgau, lebt in Köln. Er war von 1954 bis 1980 Mitherausgeber der Zeitschrift »Akzente« und veröffentlichte unter anderem die Erzählungsbände »Wölfe und Tauben« (1957), »Mit dem Postschiff« (1962) und »Bruderherz« (1987), den Roman »Wunschkost« (1959), den Sammelband »Worte Bilder Menschen« (1959) sowie die Aufzeichnungen »Einer von ihnen« (1979).

Hanspeter Brode geboren 1940 in Ludwigshafen, lebt als Gymnasiallehrer an einer deutschen Auslandsschule in Brasilien. Er veröffentlichte unter anderem: »Benn-Chronik« (1978), »Günter Grass. Autorenbuch« (1979) und »Deutsche Lyrik – eine Anthologie« (1990).

Hans Christoph Buch geboren 1944 in Wetzlar, lebt in Berlin. Er veröffentlichte Romane, Erzählungen und Essays, unter anderem: »Unerhörte Begebenheiten« (1966), »Kritische Wälder« (1972), »Aus der neuen Welt« (1975), »Die Hochzeit von Port-au-Prince« (1984), »Haïti Chérie« (1990), »Rede des toten Kolumbus am Tag des Jüngsten Gerichts« (1992) und »Tropische Früchte, Afro-amerikanische Impressionen« (1993).

Hermann Burger geboren 1942 in Burg/Schweiz, starb 1989 in Brunegg/Schweiz. Er veröffentlichte die Romane »Schilten« (1976), »Die künstliche Mutter« (1982) und »Brunsleben« (1989), Gedichte (»Kirchberger Idyllen«, 1980), Erzählungen (»Diabelli«, 1979, »Blankenburg«, 1986) und Essays »Ein Mann aus Wörtern« (1983).

Hans Daiber geboren 1927 in Breslau, lebt in Rösrath. Er veröffentlichte unter anderem: »Argumente für Lazarus« (1966), »Vor Deutschland wird gewarnt« (1967), »Doppelspiel« (1969), »Gerhart Hauptmann« (1971) und »Deutsches Theater seit 1945« (1976).

Elisabeth Endres geboren 1934 in München, wo sie auch heute lebt. Sie ist Essayistin und Kritikerin und veröffentlichte unter anderem: »Jean Paul, die Struktur seiner Einbildungskraft« (1971), »Autorenlexikon der deutschen Gegenwartsliteratur 1945-1975« (1975) und »Die Literatur der Adenauerzeit« (1980).

Joachim C. Fest geboren 1926 in Berlin, lebt in Kronberg bei Frankfurt am Main. Er war von 1973 bis 1994 Mitherausgeber der »Frankfurter Allgemeinen Zeitung«. Zu seinen Veröffentlichungen gehören die Bücher »Das Gesicht des Dritten Reiches« (1963), »Hitler« (1973), »Aufgehobene Vergangenheit« (1981) und »Die unwissenden Magier. Über Thomas und Heinrich Mann« (1985), »Im Gegenlicht. Eine italienische Reise« (1988) sowie »Der zerstörte Traum. Über das Ende des utopischen Zeitalters« (1991).

Iring Fetscher geboren 1922 in Marbach am Neckar, ist emeritierter Professor für Politikwissenschaft und Sozialphilosophie an der Universität Frankfurt am Main. Er veröffentlichte unter anderem: »Wer hat Dornröschen wachgeküßt, das Märchenverwirrbuch« (1972), »Utopien, Illusionen, Hoffnungen« (1991), »Überlebensbedingungen der Menschheit – ist der Fortschritt noch zu retten?« (1991).

Walter Helmut Fritz geboren 1929 in Karlsruhe, wo er auch heute lebt, ist Lyriker und Erzähler. Er veröffentlichte unter anderem die Bände »Gesammelte Gedichte« (1979), »Wunschtraum Alptraum« (1981), »Werkzeuge der Freiheit« (1983), »Cornelias Traum und andere Aufzeichnungen« (1985), »Immer einfacher, immer schwieriger« (1987), »Zeit des Sehens« (1989) und »Die Schlüssel sind vertauscht« (1992).

Hans J. Fröhlich geboren 1932 in Hannover, starb 1986 in München. Er schrieb Romane (»Tandelkeller«, 1967, »Engels Kopf«, 1971, »Anhand meines Bruders«, 1974, »Im Garten der Gefühle«, 1975 und »Mit Feuer und Flamme«, 1982), Erzählungen (»Einschüchterungsversuche«, 1979) und die Biographie »Schubert« (1978).

Gertrud Fussenegger geboren 1912 in Pilsen, lebt in Leonding/Oberösterreich. Sie schrieb Romane, Erzählungen, Essayistisches und Dramatisches. Hauptwerke: »Die Pulvermühle« (1969), »Maria Theresia« (1980), »Sie waren Zeitgenossen« (1983), »Nur ein Regenbogen« (1987) und »Herrscherinnen« (1991).

REINHOLD GRIMM geboren 1931 in Nürnberg, ist Professor für Deutsche und Vergleichende Literaturgeschichte an der Unversity of California (USA). Er veröffentlichte unter anderem: »Nach dem Naturalismus. Essays zur modernen Dramatik« (1978) und »Von der Armut und vom Regen. Rilkes Antwort auf die soziale Frage« (1981), »Texturen. Essays und anderes zu Hans Magnus Enzensberger« (1984), »Ein iberischer Gegenentwurf? Antonio Buero Vallejo, Brecht und das moderne Welttheater« (1991).

ULLA HAHN geboren 1946 im Sauerland, lebt als Schriftstellerin in Hamburg. Sie veröffentlichte die Gedichtbände »Herz über Kopf« (1981), »Spielende« (1983), »Freudenfeuer« (1985) und »Unerhörte Nähe« (1988) sowie den Roman »Ein Mann im Haus« (1991).

PETER HAMM geboren 1937 in München, lebt in Tutzing/Starnberger See. Er veröffentlichte unter anderem die Gedichtbände »Der Balken« (1981) und »Die verschwindende Welt« (1985) und ist Autor von Fernsehfilmen über Hanns Eisler, Hans Werner Henze, Alfred Brendel, Heinrich Böll, Ingeborg Bachmann, Robert Walser und Fernando Pessoa.

LUDWIG HARIG geboren 1927 in Sulzbach/Saarland, lebt dort. Er veröffentlichte unter anderem: »Sprechstunden« (1971), »Die saarländische Freude« (1977), »Rousseau« (1978), »Der kleine Brixius« (1980), »Trierer Spaziergänge« (1983), »Ordnung ist das ganze Leben« (1986) und »Weh dem, der aus der Reihe tanzt« (1990), »Die Hortensien der Frau von Roselius« (1992), »Der Uhrwerker von Glarus« (1993).

PETER HÄRTLING geboren 1933 in Chemnitz, lebt in Walldorf bei Frankfurt am Main. Er veröffentlichte Romane, Gedichte und Kinderbücher, unter anderem: »Niembsch oder Der Stillstand« (1964), »Janek« (1966), »Eine Frau« (1974), »Hölderlin« (1976), »Die dreifache Maria« (1982), »Das Windrad« (1983), »Waiblingers Augen« (1987), »Der Wanderer« (1988), »Die Gedichte 1953-1987« (1989) und »Herzwand« (1990).

HERBERT HECKMANN geboren 1930 in Frankfurt am Main, ist Professor an der Hochschule für Gestaltung in Offenbach. Seit 1984 Präsident der Deutschen Akademie für Sprache und Dichtung in Darmstadt. Er veröffentlichte unter anderem die Romane »Benjamin und seine Väter« (1962) und »Der große Knock-out in sieben Runden« (1972), die Erzählbände »Schwarze Geschichten« (1964) und »Ein Bauer wechselt die Kleidung und verliert sein Leben« (1980) sowie das Sachbuch »Die andere Schöpfung« (1982), »Frankfurter Lesebuch. Literarische Streifzüge durch Frankfurt von der Gründung bis 1933« (1986), »Das Feuer ist ein Akrobat. Gedichte« (1986), »Weinpredigten« (1987), »Über die Wolkenguckerei« (1987).

Eckhard Heftrich geboren 1928 in Stockach/Bodensee, ist Professor für Neuere Deutsche Literatur und Vergleichende Literaturwissenschaft an der Universität Münster. Er veröffentlichte unter anderem: »Nietzsches Philosophie« (1962), »Stefan George« (1968), »Novalis« (1969), »Zauberbergmusik. Über Thomas Mann – Bd. 1« (1975), »Lessings Aufklärung« (1977), »Vom Verfall zur Apokalypse. Über Thomas Mann – Bd. 2« (1982), »Musil« (1986) sowie »Geträumte Taten. Über Thomas Mann, Bd. III« (1993).

Ingrid Heinrich-Jost geboren 1950 in Bad Vilbel, lebt in Frankfurt am Main. Sie veröffentlichte unter anderem: »Literarische Publizistik Adolf Glaßbrenners« (1980), »Hoffmann von Fallersleben« (1982) und »Kladderadatsch. Die Geschichte eines Berliner Witzblattes« (1982).

Jost Hermand geboren 1930 in Kassel, ist seit 1958 Professor für Deutsche Literatur an der Universität Wisconsin (USA). Er publizierte unter anderem: »Synthetisches Interpretieren« (1968), »Von Mainz nach Weimar« (1969), »Unbequeme Literatur« (1971), »Streitobjekt Heine« (1975), »Sieben Arten an Deutschland zu leiden« (1979) und »Orte. Irgendwo. Formen utopischen Denkens« (1981).

Walter Hinck geboren 1922 in Selsingen/Niedersachsen, ist Professor für Deutsche Literatur an der Universität Köln. Er veröffentlichte unter anderem: »Die Dramaturgie des späten Brecht« (1959), »Das deutsche Lustspiel des 17. und 18. Jahrhunderts und die italienische Komödie« (1965), »Das moderne Drama in Deutschland« (1973), »Goethe – Mann des Theaters« (1982), »Theater der Hoffnung« (1988) und »Die Wunde Deutschland. Heinrich Heines Dichtung« (1990).

Walter Hinderer geboren 1934 in Ulm, ist Professor für Neuere Deutsche Literatur an der Princeton-University/USA. Er veröffentlichte unter anderem: »Elemente der Literaturkritik« (1976), »Büchner-Kommentar zum dichterischen Werk« (1977), »Der Mensch in der Geschichte. Ein Versuch über Schillers ›Wallenstein‹« (1980) und »Über deutsche Literatur und Rede« (1981) sowie »Arbeit an der Gegenwart. Zur deutschen Literatur nach 1945« (1994).

Gottfried Honnefelder geboren 1946 in Köln, ist Leiter des Insel Verlags in Frankfurt am Main; er veröffentlichte Darstellungen zur deutschen Literatur des 18. und 19. Jahrhunderts.

WALTER JENS geboren 1923 in Hamburg, ist emeritierter Professor für Rhetorik an der Universität Tübingen. Er veröffentlichte Romane, Essays, Fernsehspiele und Theaterstücke, unter anderem: »Nein – Die Welt der Angeklagten« (1950), »Von deutscher Rede« (1966), »Republikanische Reden« (1976), »Eine deutsche Universität. 500 Jahre Tübinger Gelehrtenrepublik« (1977), »Ort der Handlung ist Deutschland« (1981), »Der Untergang. Nach den Troerinnen des Euripides« (1982), »Kanzel und Katheder« (1983) und »Die Friedensfrau« (nach Aristophanes) (1986).

CHARLOTTE JOLLES geboren 1909 in Berlin, lebt in London. Sie lehrte als Professor für Deutsche Sprache und Literatur am Birbeck College der Universität London. Sie veröffentlichte unter anderem: »Theodor Fontane« (3. Auflage, 1983) und »Fontane und die Politik« (Berlin/Weimar, 1983), »Die Briefe von Theodor Fontane. Verzeichnis und Register«, herausgegeben zusammen mit W. Müller-Seidel (1988).

GERHARD KAISER geboren 1927 in Tannroda/Thüringen, ist Professor für Neuere Deutsche Philologie und Literaturwissenschaft an der Universität Freiburg. Er veröffentlichte unter anderem: »Wandrer und Idylle« (1977), »Von Arkadien nach Elysium« (1978), »Gottfried Keller. Das gedichtete Leben« (2. Auflage 1987), »Augenblicke deutscher Lyrik« (3. Auflage 1990), »Geschichte der deutschen Lyrik von Goethe bis zur Gegenwart« (1988-1991).

HERMANN KESTEN geboren 1900 in Nürnberg, lebt in Basel. Er veröffentlichte unter anderem die Romane »Josef sucht die Freiheit« (1928), »Ferdinand und Isabella« (1936), »Die Kinder von Gernika« (1939) sowie die Essaybände »Meine Freunde die Poeten« (1959), »Lauter Literaten« (1963) und »Revolutionäre mit Geduld« (1973).

PETRA KIPPHOFF 1937 in Hamburg geboren, ist Redakteurin im Feuilleton der Wochenzeitung »Die Zeit«.

ECKART KLESSMANN geboren 1933 in Lemgo/Lippe, lebt in Schleswig-Holstein. Er veröffentlichte Bücher über den Prinzen Louis Ferdinand von Preußen (1972), Caroline Schlegel-Schelling (1975) und E.T.A. Hoffmann (1988) sowie »Die Mendelssohns. Bilder aus einer deutschen Familie« (1990) und »Christiane – Goethes Geliebte und Gefährtin« (1992).

HELMUT KOOPMANN geboren 1933 in Bochum, ist seit 1974 Professor für Neuere Deutsche Literaturwissenschaft an der Universität Augsburg. Er veröffentlichte unter anderem: »Das junge Deutschland«

(1970), »Das Drama der Aufklärung« (1978), »Der klassisch-moderne Roman in Deutschland. Thomas Mann – Döblin – Broch« (1983), »Schiller« (1988) und das »Thomas-Mann-Handbuch« (1990).

RUDOLF KRÄMER-BADONI geboren 1913 in Rüdesheim, lebt in Wiesbaden. Er veröffentlichte Romane und Essays, unter anderem: »In der großen Drift« (1949), »Der arme Reinhold« (1951), »Vorsicht, gute Menschen von links« (1962), »Die niedliche Revolution« (1974), »Gleichung mit einer Unbekannten« (1977), »Galileo Galilei« (1983) und »Zwischen allen Stühlen« (1985).

HANS JOACHIM KREUTZER geboren 1935 in Essen, ist Professor für Literaturwissenschaft an der Universität Regensburg. Er veröffentlichte unter anderem »Die dichterische Entwicklung Heinrichs von Kleist« (1968), »Überlieferung und Edition« (1976), »Der Mythos vom Volksbuch« (1977), außerdem musikwissenschaftliche Arbeiten.

KARL KROLOW geboren 1915 in Hannover, lebt in Darmstadt. Er veröffentlichte unter anderem die Lyrikbände »Tage und Nächte« (1956), »Nichts weiter als Leben« (1970), »Zeitvergehen« (1972), »Der Einfachheit halber« (1977), »Herbstsonett mit Hegel« (1981), »Als es soweit war« (1988), »Ich höre mich sagen« (1992) sowie die Prosabände »Im Gehen« (1980) und »In Kupfer gestochen« (1987).

BRIGITTE KRONAUER geboren 1940 in Essen, lebt als freie Schriftstellerin in Hamburg. Sie veröffentlichte unter anderem: »Frau Mühlenbeck im Gehäus« (1980), »Rita Münster« (1983), »Berittener Bogenschütze« (1986), »Schnurrer« (1992) und »Literatur und schöns Blümelein« (1993).

JOSEPH ANTON KRUSE geboren 1944 in Dingden bei Bocholt, ist seit 1975 Direktor des Heinrich-Heine-Instituts in Düsseldorf und Honorarprofessor an der dortigen Universität. Er veröffentlichte unter anderem: »Heines Hamburger Zeit« (1972), »Heinrich Heine. Leben und Werk in Daten und Bildern« (1983) sowie »Denk ich an Heine« (1986).

GÜNTER KUNERT geboren 1929 in Berlin, lebt in Kaisborstel/Schleswig-Holstein. Hauptwerke: Die Gedichtsammlungen »Erinnerungen an einen Planeten« (1963), »Verkündigung des Wetters« (1966), »Unterwegs nach Utopia« (1977), »Abtötungsverfahren« (1980), »Stilleben« (1983), »Berlin bei Zeiten« (1987) sowie die Prosabände »Die Beerdigung findet in aller Stille statt« (1968), »Verspätete Monologe« (1981) und »Die letzten Indianer Europas« (1991).

HERMANN KUNISCH geboren 1901 in Osnabrück, lebt in München. Er war ab 1946 Professor für Deutsche Philologie in Berlin und von 1955 bis 1968 in München. Unter anderem veröffentlichte er »Kleine Schriften« (1968), »Rainer Maria Rilke« (1975) und »Von der Reichsunmittelbarkeit der Poesie« (1979).

HERMANN KURZKE geboren 1943 in Berlin, lehrt Neuere Deutsche Literaturgeschichte an der Universität Mainz. Er veröffentlichte unter anderem: »Romantik und Konservatismus. Das politische Werk Friedrich von Hardenbergs (Novalis) im Horizont seiner Wirkungsgeschichte« (1983), »Thomas Mann. Epoche – Werk – Wirkung« (1985) und »Hymnen und Lieder der Deutschen« (1990).

RUDOLF WALTER LEONHARDT, der 1921 in Altenburg geboren wurde, gehört seit 1957 der Redaktion der Wochenzeitung »Die Zeit« an, deren stellvertretender Chefredakteur er von 1973 bis 1985 war. Er veröffentlichte unter anderem: »Xmal Deutschland« (1961), »Wer wirft den ersten Stein« (1969) und »Das Weib, das ich geliebet hab'. Heines Mädchen und Frauen« (1975).

GOLO MANN geboren 1909 in München, starb 1994 in Kilchberg bei Zürich. Er schrieb unter anderem: »Friedrich von Gentz – Geschichte eines europäischen Staatsmannes« (1946), »Deutsche Geschichte des 19. und 20. Jahrhunderts« (1958), »Geschichte und Geschichten« (1962), »Wallenstein« (1971) und »Erinnerungen und Gedanken. Eine Jugend in Deutschland« (1986), »Wir alle sind was wir gelesen« (1989).

PETER VON MATT geboren 1937 in Luzern, ist Professor für Neuere Deutsche Literatur an der Universität Zürich. Er veröffentlichte Bücher über Grillparzer (1965) und E.T.A. Hoffmann (1971) sowie die Untersuchungen »Literaturwissenschaft und Psychoanalyse« (1972), »... fertig ist das Angesicht« (1984) und »Liebesverrat« (1989).

HANS MAYER 1907 in Köln geboren, lehrte deutsche Literatur von 1948 bis 1963 an der Universität Leipzig und dann bis 1971 an der Technischen Universität Hannover. Er lebt jetzt in Tübingen und veröffentlichte unter anderem: »Ansichten« (1962), »Zur deutschen Literatur der Zeit« (1967), »Goethe« (1973) und »Außenseiter« (1975) und »Ein Deutscher auf Widerruf« (1982).

CHRISTA MELCHINGER geboren 1943 in Frankfurt am Main, lebt in Freiburg. Sie veröffentlichte unter anderem: »Illusion und Wirklichkeit im dramatischen Werk Arthur Schnitzlers« (1968) und die Monographie »Albert Camus« (1969). Literaturkritik für Presse und Funk.

SIEGFRIED MELCHINGER geboren 1906 in Stuttgart, wo er 1988 starb. Er war Professor für Musik und Darstellende Kunst. Er veröffentlichte unter anderem: »Modernes Welttheater« (1958), »Schauspieler« (1968), »Geschichte des politischen Theaters« (1971) und »Die Welt als Tragödie I/II« (1979/80).

VOLKER NEUHAUS geboren 1943 in Breslau, ist Professor für Neuere Deutsche und Vergleichende Literaturwissenschaft in Köln. Er veröffentlichte unter anderem: »Typen multiperspektivischen Erzählens« (1971), »Der zeitgeschichtliche Sensationsroman in Deutschland« (1979), eine Monographie zu Günter Grass (1979) und gab 1987 die zehnbändige Grass-Werkausgabe heraus.

PETER HORST NEUMANN geboren 1936 in Neiße/Oberschlesien, ist Professor für Neuere Deutsche Literatur an der Universität Erlangen. Er veröffentlichte unter anderem: »Jean Pauls ›Flegeljahre‹« (1968), »Der Preis der Mündigkeit. Über Lessings Dramen« (1977) und »Die Rettung der Poesie im Unsinn. Der Anarchist Günter Eich« (1981).

HELMUTH NÜRNBERGER geboren 1930 in Brüx/Böhmen, lehrt deutsche Literatur an der Pädagogischen Hochschule Flensburg und an der Universität Hamburg. Er ist Herausgeber der »Werke, Schriften und Briefe Theodor Fontanes« (1970) und veröffentlichte unter anderem die Monographien »Der frühe Fontane« (1967) und »Joseph Roth« (1981).

HEINZ POLITZER geboren 1910 in Wien, starb 1978 in Berkeley. Er lehrte Deutsche Literatur an der University of California in Berkeley (USA). Hauptwerke: »Franz Kafka, der Künstler« (1965), »Das Schweigen der Sirenen« (1968) und »Hatte Ödipus einen Ödipus-Komplex?« (1974).

WOLFGANG PREISENDANZ geboren 1920 in Pforzheim, ist emeritierter Professor der Literaturwissenschaft an der Universität Konstanz. Er veröffentlichte unter anderem: »Die Spruchform in der Lyrik des alten Goethe und ihre Vorgeschichte seit Opitz« (1952), »Humor als dichterische Einbildungskraft« (1963/1985), »Über den Witz« (1970), »Heinrich Heine« (1973/1983), »Wege des Realismus« (1977).

WERNER ROSS geboren 1912 in Krefeld-Uerdingen, lebt in München. Er veröffentlichte unter anderem: »Der ängstliche Adler. Friedrich Nietzsches Lebensroman« (1980) und »Die Feder führend« (1987), »Lou Andreas-Salomé« (1992) sowie »Baudelaire und die Moderne« (1993) sowie »Der wilde Nietzsche« (1994).

CHRISTA ROTZOLL geboren 1921 in Berlin, lebt dort. Sie war Feuilletonredakteurin beim »Kurier« in Berlin und hat später für Zeitungen und Sender gearbeitet. Sie veröffentlichte »Frauen und Zeiten« (1987).

ROLF SCHNEIDER geboren 1932 in Chemnitz, lebt in Schöneiche bei Ost-Berlin. Er veröffentlichte unter anderem: »Brücken und Gitter« (1965), »Die Tage in W.« (1965), »Pilzomelette und andere Nekrologe« (1974), »Die Reise nach Jaroslaw« (1975) und »November« (1979).

GERHARD SCHULZ geboren 1928 in Löbau/Sachsen, ist Professor für Deutsche Sprache und Literatur an der University of Melbourne. Er veröffentlichte unter anderem: »Novalis« (1969), »Arno Holz« (1974) und »Die deutsche Literatur zwischen Französischer Revolution und Restauration« (2 Bde., 1983/1989).

WULF SEGEBRECHT geboren 1935 in Neuruppin, ist Professor für Neue deutsche Literaturwissenschaft an der Universität Bamberg. Er veröffentlichte unter anderem: »Autobiographie und Dichtung« (1967), »Das Gelegenheitsgedicht« (1977), »Goethes ›Über allen Gipfeln ist Ruh‹ und seine Folgen« (1978) und »Der Bamberger Dichterkreis 1936-1943« (1985).

EMIL STAIGER geboren 1908 in Kreuzlingen/Schweiz, starb 1987 in Horgen bei Zürich. Er war Professor für Deutsche Literatur an der Universität Zürich. Hauptwerke: »Meisterwerke deutscher Sprache« (1943), »Grundbegriffe der Poetik« (1946), »Goethe« (1952/1959), »Die Kunst der Interpretation« (1955) und »Schiller« (1967).

DOLF STERNBERGER geboren 1907 in Wiesbaden, starb 1989. Er war bis 1972 Professor der Politischen Wissenschaften an der Universität Heidelberg. Zu seinen Hauptwerken gehören die Bücher: »Panorama oder Ansichten vom 19. Jahrhundert« (1938), »Kriterien« (1965), »Heinrich Heine und die Abschaffung der Sünde« (1972), »Drei Wurzeln der Politik« (1978) und »Schriften« (1977-1982).

BARBARA STIERLE geboren 1938 in Hamburg, lebt in Bochum. Sie veröffentlichte die Untersuchung »Der Weg des Liebenden. Eine Studie zur mittelalterlichen Allegorie in Frankreich« (1979).

H. H. STUCKENSCHMIDT geboren 1901 in Straßburg, lebt in Berlin. Er war Professor an der Technischen Universität Berlin und ist seit 1957 Musikkritiker der »Frankfurter Allgemeinen Zeitung«. Unter anderem veröffentlichte er die Monographien »Maurice Ravel« (1966), »Ferruccio Busoni« (1967) und »Schönberg – Leben, Umwelt, Welt« (1974) sowie die Bücher »Die Musik eines halben Jahrhunderts. Essays und Kritik 1925-1975« (1976), »Zum Hören geboren« (1979) und »Schöpfer klassischer Musik« (1983).

FRIEDRICH TORBERG geboren 1908 in Wien, starb dort 1979. Hauptwerke: die Romane »Der Schüler Gerber« (1930), »Hier bin ich, mein Vater« (1948), »Die zweite Begegnung« (1950) und »Süßkind von Trimberg« (1972) sowie der Erzählungsband »Golems Wiederkehr« (1968).

GERT UEDING geboren 1942 in Bunzlau, ist Direktor des Seminars für Allgemeine Rhetorik an der Universität Tübingen. Er veröffentlichte unter anderem »Schillers Rhetorik« (1971), »Glanzvolles Elend. Versuch über Kitsch und Kolportage« (1973), »Wilhelm Busch« (1977), »Klassik und Romantik« (1987), »Friedrich Schiller« (1990) und »Jean Paul« (1993).

JÖRG VON UTHMANN geboren 1936 in Düsseldorf, verließ 1985 den diplomatischen Dienst, dem er mehr als zwanzig Jahre angehört hatte, und wurde Korrespondent der »Frankfurter Allgemeinen Zeitung« in New York. Die letzten seiner Bücher heißen: »Die Diplomatie« (1985), »Die Sehnsucht nach dem Paradies« (1986) und »Volk ohne Eigenschaften – Amerika und seine Widersprüche« (1988).

GUNTRAM VESPER geboren 1941 in Frohburg, lebt in Göttingen. Er veröffentlichte unter anderem: »Fahrplan« (1964), »Kriegerdenkmal ganz hinten« (1970), »Nördlich der Liebe und südlich des Hasses« (1979) und »Die Illusion des Unglücks« (1980).

WERNER WEBER geboren 1919 in Huttwil, war von 1951 bis 1973 Chef des Feuilletons der »Neuen Zürcher Zeitung« und ist jetzt Professor für Literaturkritik an der Universität Zürich. Er veröffentlichte die Essaybände »Figuren und Fahrten« (1956), »Zeit ohne Zeit« (1959), »Tagebuch eines Lesers« (1965) und »Forderungen« (1970). Er ist Herausgeber von Fontane, »Schriften und Glossen zur europäischen Literatur« (1965/1967) sowie »Belege. Gedichte aus der deutschsprachigen Schweiz seit 1900« (1978).

HANS WEIGEL geboren 1908 in Wien, starb dort 1991. Er war Satiriker, Erzähler, Kritiker, Kabarettist und Übersetzer. Er veröffentlichte unter anderem: »O du mein Österreich« (1955), »Flucht vor der Größe« (1960), »Das tausendjährige Kind« (1965), »Karl Kraus oder Die Macht der Ohnmacht« (1968) und »Die Leiden der jungen Wörter« (1974).

DIETER WELLERSHOFF geboren 1925 in Neuß am Rhein, lebt in Köln. Er schrieb Romane, Erzählungen, Essays, Hörspiele und Drehbücher für Fernsehfilme. Zuletzt erschienen die Novelle »Die Sirene« (1980), der Roman »Der Sieger nimmt alles« (1983), ein autobiographisches Buch mit dem Titel »Die Arbeit des Lebens« (1985), der Erzählungsband »Die Körper und die Träume« (1986) und der Essayband »Wahrnehmung und Phantasie« (1987). Er ist Herausgeber der »Gesammelten Werke« Gottfried Benns (1958 ff.), über den er auch promovierte.

Benno von Wiese geboren 1903 in Frankfurt am Main, starb 1987 in München. Er lehrte Deutsche Literatur an der Universität Bonn. Er veröffentlichte unter anderem: »Der Mensch in der Dichtung« (1958), »Friedrich Schiller« (1959), »Zwischen Utopie und Wirklichkeit« (1963) und »Literatur für Leser« (1971) sowie die Autobiographie »Ich erzähle mein Leben« (1982).

Manfred Windfuhr geboren 1930 in Remscheid/Lippe, ist Professor für Deutsche Literatur an der Universität Düsseldorf. Er veröffentlichte unter anderem: »Immermanns erzählerisches Werk« (1957), »Die barocke Bildlichkeit und ihre Kritiker« (1966) und »Heinrich Heine« (1968).

Sibylle Wirsing geboren 1936 in München, lebt in Berlin. Sie war langjährige Feuilletonredakteurin des »Tagesspiegel« und war von 1974 bis 1991 Berliner Kulturkorrespondentin der »Frankfurter Allgemeinen Zeitung«. Sie ist jetzt ständige publizistische Mitarbeiterin des »Tagesspiegel«.

Gabriele Wohmann geboren 1932 in Darmstadt, lebt dort. Sie veröffentlichte neun Gedichtbände, zuletzt »Das könnte ich sein« (1989). Ihre neuesten Prosabücher sind die Erzählungsbände »Er saß in dem Bus, der seine Frau überfuhr« (1991), »Das Salz, bitte!« (1992), »Alles an seinem Ort« (1992) und der Roman »Bitte nicht sterben« (1993).

Wolf Wondratschek geboren 1943 in Rudolstadt, lebt in München. Er veröffentlichte unter anderem den Prosaband »Früher begann der Tag mit einer Schußwunde« (1969) sowie die Lyrikbände »Chucks Zimmer« (1974), »Das leise Lachen am Ohr eines anderen« (1976), »Männer und Frauen« (1978), »Letzte Gedichte« (1980) und »Die Einsamkeit der Männer« (1983), »Carmen oder bin ich das Arschloch der achtziger Jahre?« (1986).

Hans Wysling geboren 1926 in Zürich, Professor an der Universität Zürich, leitet seit 1961 das Thomas Mann-Archiv der Eidgenössischen Technischen Hochschule in Zürich. Unter seinen Publikationen: »Thomas Mann heute« (1976), »Narzißmuß und illusionäre Existenzform. Zu den Bekenntnissen des Hochstaplers Felix Krull« (1982) und »Gottfried Keller« (1990).

VERZEICHNIS DER GEDICHTÜBERSCHRIFTEN UND -ANFÄNGE

VERZEICHNIS DER IN DEN BÄNDEN 1–10 INTERPRETIERTEN GEDICHTE